目 录

序　　　肖凤　/1

引　言　　/1

第一章　从荒岛书店到内山书店　/1

　　第一节　青岛：两个流浪文青投书鲁迅　/1
　　第二节　上海：鲁迅"即复"　/4
　　第三节　到上海去！到上海去！　/8

第二章　初到上海的土拨鼠　/12

　　第一节　窘迫与不适　/12
　　第二节　对"先生"和"太太"称呼的"抗议"　/14
　　第三节　向鲁迅求援　/18

第三章　初　会　/21

　　第一节　终于收到鲁迅的约见信　/21
　　第二节　初见：从内山书店到吃茶店　/25
　　第三节　这些小事，万不可放在心上　/29

第四章　第一次出席鲁迅邀请的宴会　/34

　　第一节　一封"豫广同具"的邀请信　/34
　　第二节　一件山寨版新"礼服"　/37
　　第三节　一桌新师友　/40

第四节　一张永久的纪念照　/43

第五章　作品初步得到鲁迅认可　/46

第一节　《生死场》送给官僚检查去了　/46
第二节　广也说问问您俩的好　/49
第三节　鲁迅安抚萧红的焦虑　/52
第四节　两萧的文字带来一股清新的风　/55
第五节　三个年轻人写信让鲁迅请客　/57

第六章　上海文坛初试啼声　/61

第一节　《小六》发表于《太白》　/61
第二节　我大约是"姑息"的一方面　/64
第三节　单独复信"悄吟太太"　/66
第四节　吟太太怎么样，仍要困早觉么？　/71
第五节　鲁迅手稿的境遇……　/74

第七章　鲁迅继续助推　/78

第一节　为印制《八月的乡村》努力筹款　/78
第二节　鲁迅全家突然光临　/80
第三节　那稿是我寄去的　/83
第四节　文学社寄来了两篇稿费的单子　/86
第五节　她很坦率真诚，还未脱女学生气　/89
第六节　贺贺你们的同居三年纪念　/93

第八章　与《生死场》有关　/97

第一节　悄吟太太的稿子退回来了　/97
第二节　久未得悄吟太太消息　/99
第三节　《生死场》的名目很好　/102

第九章　《生死场》出版前后　/106

第一节　您们俩先去逛公园之后……　/106

目 录

　　第二节　夜里写了一点序文 /110
　　第三节　索要鲁迅亲笔签名 /113
　　第四节　鲁迅和胡风高度评价《生死场》 /116
　　第五节　《生死场》带来不少的新奇与惊动 /119
　　第六节　萧红：新的名字，新的里程 /121

第十章　一九三六年年初 /126
　　第一节　我们想在旧历年内，邀些人吃一回饭 /126
　　第二节　小说写得不坏 /129
　　第三节　折翅的"海燕" /131

第十一章　搬至鲁宅附近 /134
　　第一节　只为方便往来和不劳鲁迅过多写信 /134
　　第二节　和鲁迅一家如亲人般相处 /137
　　第三节　在鲁迅家结识史沫特莱 /140
　　第四节　制葱油饼为夜餐 /145
　　第五节　对萧红进行服饰搭配常识的启蒙 /148

第十二章　沐浴师恩 /152
　　第一节　被喻为当今中国最有前途的女作家 /152
　　第二节　签约文化生活出版社 /155
　　第三节　联署《中国文艺工作者宣言》 /158

第十三章　情　殇 /161
　　第一节　感情之路亮起"黄灯" /161
　　第二节　在痛苦中寻求出路 /165
　　第三节　病中鲁迅设家宴为萧红饯行 /170
　　第四节　远托异国 /173

第十四章　这是异国了！/178
　　第一节　最初的东京 /178

第二节　彼此牵挂　心有灵犀 /182

第三节　噩耗确认——我想一步踏了回来 /185

第十五章　归国之后 /191

第一节　拜　墓 /191

第二节　撤离上海　惜别许广平 /197

第十六章　逃亡路上忆和念 /201

第一节　晴川历历　芳草萋萋 /201

第二节　《万年青》和《逝者已矣！》 /204

第三节　和聂绀弩讨论小说学 /208

第四节　师从鲁迅的文学观 /211

第十七章　山城重庆 /215

第一节　要筹办名为《鲁迅》的刊物 /215

第二节　系列回忆美文的诞生 /219

第三节　枇杷山与塔斯社记者谈鲁迅 /225

第十八章　香港的蓝天碧水　/228

第一节　鲁迅六十诞辰的纪念活动 /228

第二节　临终之托 /235

第十九章　袅袅余音 /238

第一节　许广平的萧红之忆 /238

第二节　周家子孙话萧红 /242

第二十章　篇外缀语：他们是人世间美好的相逢 /247

附　录 /261

后　记 /268

序

肖 凤

几年前,我兴致勃勃地捧读了袁权女士的大作《萧红全传》;如今,她又完成了研究萧红的另一部新作《萧红与鲁迅》,我同样兴致盎然地从开篇捧读至结尾。

袁权女士是一位学者型的作家,从《萧红全传》和《萧红与鲁迅》两书都可以看出:她非常用功,做学问踏实认真,寻找和研读有关资料时细致耐心,分析问题时入情入理,客观公正。

在《萧红与鲁迅》一书中,袁权女士运用学者的理性认识和作家的细腻感悟,继续为读者探究"萧红与鲁迅"这个在目前被不少人关注的话题。她用心细密地研读了鲁迅日记、鲁迅先生与萧红萧军的通信、许广平先生回忆萧红的文章、萧红回忆鲁迅先生的文章、聂绀弩先生回忆萧红的文章、鲁迅先生全家与两萧交往的来龙去脉,以及一切能够找得到的与此话题有关的材料,同时进行了精密仔细的梳理,对这个被她称之为"值得深度探究的话题",做出了深入浅出、合情合理、极具说服力的解读。她的解读,令人十分信服。

我作为1949年以后我国出版的第一本《萧红传》(1980年百花文

艺出版社版）的作者，30多年来，看到一位接一位的中青年学者，把萧红作为关注的对象或研究的课题，感到很欣慰。2011年，黑龙江省举办"纪念萧红诞辰百年"学术研讨会，主办方也曾邀请我参加，不巧的是，当时我不在国内而未能出席，失去了与海内外文友重新聚首的机会。不过，当我看到一本接一本以萧红为传主或为研讨主题的著作陆续出版的时候，内心的喜悦胜于老友重逢。读着这些充满了朝气的新书，心情愉悦。

不管世事如何变化，人与人之间都有高贵的感情存在。中外的不少著名作家，在现实生活里，也都有过高尚的行为表现。众所周知，远在19世纪90年代，法国作家左拉，当德莱福斯中尉被诬告案发生后，他就挺身而出，写出了《我控诉！》这样的传世檄文，为含冤受辱者发出抗议的呼声，成为了正义的化身。同样是众所周知，在20世纪30年代，当北京发生了"三一八"惨案时，在女师大执教的鲁迅先生，面对当时的暴政，拍案而起，保护自己的学生们，也写出了《纪念刘和珍君》这样的传世檄文。到了30年代，鲁迅先生身在上海当时的险恶环境里，仍然无私地保护着向他求助的两位东北流亡青年。他与两萧原本素不相识，但他利用自己的资望，帮助他们出版抗日著作，在各种杂志上发表作品，他们境况拮据的时候，还在经济上提供资助。两萧一直把鲁迅先生当作精神的导师，像尊敬父亲一样地爱戴他，他们之间纯洁的师生情谊，和鲁迅先生提携年轻一代的高洁人格，令所有心地善良的人，为之感动。说到抗日，必须谈一谈鲁迅先生的挚友郁达夫先生，他在20世纪40年代，民族存亡的紧急关头，远走东南亚，从事抗日救亡的爱国行动，直至献出宝贵的生命，成为烈士，受到中华同胞的敬仰。还有，等等，不再列举，赘述。

袁权女士曾经对我讲述过她对萧红这位前辈作家的赞赏与喜爱，

从《萧红全传》和《萧红与鲁迅》这两本书中即可看出：袁权女士很"懂得"萧红。虽然萧红去世几十年后袁权女士才出生，但是她对自己的传主的生存环境和心境，都理解得很透彻。这大概不仅因为同是女性的缘故，或许在艺术气质方面也有相仿之处吧。

总之，我郑重地向读者朋友们推荐《萧红与鲁迅》这本书，它为大家了解这两位作家之间的关系，提供了科学而准确的答案。

2014年秋于北京

（肖凤，中国传媒大学电视学院教授，1982年加入中国作家协会，是《萧红传》、《庐隐传》、《冰心传》、《肖凤文集》等书的作者。）

引 言

萧红与鲁迅,或曰鲁迅与萧红,一向是现代文学史上不倦的话题。由现存资料来看,从两萧在青岛给鲁迅的第一封信,到1936年春鲁迅给他们的最后一信——当时两萧把家搬到了离鲁迅很近的地方,通信自然中断——他们和鲁迅之间的通信有一百多封,目前可以见到的,是鲁迅写给他们的五十三封信,而根据有关记载(主要是鲁迅日记),两萧给鲁迅的信应该略多于这个数目;遗憾的是,因为处境不好出于安全考虑,在鲁迅那里,两萧(也包括其他人)写去的信都没有保留下来。而在他们交往过程中,鲁迅日记中的有关记载也达150处之多,需要说明的一个问题是,尽管在日记中,鲁迅留下的记载中有不少"得萧军信"、"复萧军信"、"寄萧军信"和"得萧军信,即复"之类,但这并不意味着仅限于萧军自己,无论是"得"还是"复",因为当时两萧是生活在一起,而写信多由萧军执笔,所以鲁迅不太可能过多地单独给萧红写信,所以不管是给鲁迅写信还是鲁迅的回信,除很少几封之外,几乎全都跟萧红有关,也就是说萧红是一直参与其中的。

实际上，作为鲁门弟子，萧红受鲁迅关爱和影响似乎更多，而她对鲁迅的感恩和答谢也格外突出，在日本得知鲁迅病逝的噩耗后，因为她的哭声不能和大家的哭声"混在一道"，她在独自承受孤独和恐惧中写信告诉萧军说："我想一步踏了回来"；后来又写了大量的回忆文字，其中有诗歌，有散文，也有在香港写下的哑剧剧本《民族魂鲁迅》。

也许正因为这些，他们之间的关系引发了一些人的猜测和联想。

不知从何时起，"萧红与鲁迅"变成了一个意味深长的话题。

近年来，随着萧红百年诞辰和鲁迅一百三十周年诞辰纪念，随着有关影视作品的热播，加上各类媒体有意无意地炒作，这一话题被关注的热度更是有增无减。其中不乏猎艳之人的好奇眼光，基于两者互为异性的师生关系层面，或直觉臆断，或想象推测，暧昧地指认这两位现代作家之间存有恋情，不然怎么会有那其间的林林总总呢……但无论是出于对名人私生活的窥探心理，还是基于学术研究的认真揣测，都在很大程度上混淆了视听，误导了读者。似这般舍本逐末，忽略两位作家在文学上精神上的影响和传承，而仅限于两者私人生活之间的交往——且多是道听途说或限于浅层的八卦之类，是不足取的。

其实，无论从哪个角度看，"萧红与鲁迅"都是一个值得深度探究的话题，只要不是仅止于暧昧就好。

如此，仔细梳理萧红与鲁迅之间的交往始末，似已成为一种必然！

萧红知道鲁迅和开始读鲁迅的作品，最早应该是在她到哈尔滨读书时。

引 言

1927年早秋，16岁的萧红经过与父亲家庭的艰苦抗争，进入哈尔滨"东省特别区区立第一女子中学"（简称"东特女一中"）初中部就读，这是一所受新思潮影响的新型女校，聘请了一批思想前卫的教师，课外活动也丰富多彩，尤以重视体育教育闻名遐迩。

在当时，由于"五四"新文化运动的波及和影响，北国冰城也吹进了启蒙的风，在国文教师的指导下，这些刚进入中学的女孩子已经开始接触到新文学作品，并广泛阅读外国名著。

我们一直未曾见到萧红对她自己最初接触鲁迅作品时的记述文字，但看到了一些间接的记录。据萧红在"东特女一中"同班好友徐薇（徐淑娟）回忆，那时，她们都爱好文学，喜欢探讨人生的真谛：

> "特别喜欢看鲁迅的书"。"那时我们最爱读的是鲁迅的《野草》，对作品中的许多妙句和篇章，我们都能背诵。有时我们轮流背，有时你一句我一句的接着背。有时我们结合文章，讨论人生的意义，讨论怎样做一个举起投枪的战士，奇怪得很，我们十分神往，鲁迅的《野草》，我们似乎就能心领神会了。我们认为，做人就要像鲁迅写的那样去做"。[1]

这应该就是萧红阅读鲁迅作品并受其影响的初始。

那年月，文学名家和一个刚进中学的女学生，或到后来，那个女学生又成了离家出走的流浪青年，进而在饥寒交迫中艰难地学习写

---

[1] 李丹、应守岩：《萧红知友忆萧红——初访徐薇同志》，"萧红文化节丛书"《萧红研究》第一辑，哈尔滨：哈尔滨出版社，1993年9月，38页。

作，这样的两个人之间几乎是不会有任何瓜葛的。

萧红与鲁迅虽然同处一个民国，却犹如银河系里两颗相距遥远的星星。他们一个是浙东绍兴式微之家的破落子弟，一个是松花江畔呼兰河边地主家的女儿。他们之间生命的年轮，隔着整整三十年的月亮。

鲁迅是上海滩叱咤风云的文坛主帅，他的名字如雷贯耳，如皓月当空；萧红是北满地区蹒跚起步的文学青年，默默无闻，名不见经传。一个俨然已是文学殿堂里的得道高僧，一个还是庙堂之外徘徊张望的俗家弟子。

他们之间本不应有什么交集，或有什么故事，那是八杆子都打不到，九杆子也许才有一点可能的。

一个是文坛主帅，一个是文学青年，也许因了这个"文"字，也许是因了文学因缘，也许就因了这点小同，他们的生命轨道终有了必然的际会。

时为公元1934年10月。

第一章　从荒岛书店到内山书店

第一节　青岛：两个流浪文青投书鲁迅

1934年9月，来自东北沦陷区的文学青年萧军和萧红旅居青岛，他们是在当年的6月15日，抵达这座海滨城市的。

此前，他们在哈尔滨的日子已失去安宁。

1931年爆发"九一八事变"，1932年日本扶持清废帝溥仪建立"满洲国"，东三省沦陷。萧军萧红因从事反满文化活动，受到当局的严密监控，他们自费出版的集子《跋涉》遭查禁；他们参与其中的"星星剧团"被解散；迫害和打击日益加剧，恐怖气氛越来越浓。反满抗日分子出逃、失踪、被捕和被杀的凶讯不时传来，自己的住所附近业已出现了"门前的黑影"，"离开"已成了不二之选，朋友们都在催，已是"非走不可"了！但是没有钱，怎么走？作为土生土长的东北人，他们在关内"一个鬼也不认识"（萧军语），又能到哪里去？

逃亡的首选目标原本是左翼文学的发源地上海，因为他们的朋友金剑啸曾在那里学过美术，约略有几个熟人，答应帮他们接洽。正当他们为乘船而不断商计"海上几月里浪小""小海船是怎样的晕法"（见《商市街·又是冬天》）时，先期逃离哈尔滨的朋友舒群来信了。

舒群1934年初匆匆离哈去了青岛——他曾就读的东北商船学校因东三省被占而迁至青岛。他通过同学和熟人，结识了当地一个倪姓家庭，并和这家的三妹倪青华结了婚。情况稍稍安定下来，他写信寻呼两萧让他们到青岛来。朋友们见信都非常高兴，马上又鼓励他们去青岛。

1934年6月10日晚，几位挚友在"天马广告社"为两萧饯行。

6月11日，化名刘毓竹的萧军与萧红在朋友的资助下乘中东铁路火车秘密离哈，6月12日抵达大连。

因为等船，在朋友家住了两天，6月14日搭乘日本邮轮"大连丸"号最经济的统舱离开大连，驶往青岛。

当时的青岛为北洋军阀所管辖，而德国和日本在此也有很大势力，这使得青岛成为国土上的一个特殊区域，因此，许多从东北逃往关内的人，都取道青岛中转。

新婚的舒群夫妇在码头上迎接来自故乡的朋友。稍事安顿，萧军和舒群在7月间同去上海探路，但无功而返。

1934年萧红在青岛中山公园　　　1934年两萧在青岛中山公园

经舒群介绍，萧军担任了《青岛晨报》的副刊编辑，除了一些散文，他续写在哈尔滨已经开始的长篇小说《八月的乡村》。《八月的乡村》的主要材料来源于舒群的同学、抗联烈士付天飞留下的"故事",讲述的是杨靖宇将军领导下的磐石游击队从小到大的发展过程和可歌可泣的英雄事迹。萧红在理家的同时也在勤奋地写作,主要是《麦场》、《菜圃》的续篇,即最终定名为《生死场》的中篇小说,它描绘的是"九一八事变"前后哈尔滨近郊农民"忙着生忙着死"的苦难生活,和他们面对外敌入侵逐步觉醒的过程及悲壮不屈的反抗。

当年两萧在青岛的居所(左首的小楼),观象一路一号

在这个美丽海滨的怀抱里,他们的写作都非常投入。萧军描述当时的情形道:"每于夜阑人静,时相研讨,间有所争,亦时有所励也。"[1]

9月9日,萧红的《麦场》率先脱稿。在为此书考虑出路时他们一筹莫展,哈尔滨固然有朋友和报刊,但含有反满抗日内容的作品是不可能在那里发表的,可除了东北,他们与文坛几乎没什么交往,又无名气,这使他们颇为焦虑。

当时青岛有一个"荒岛书店",负责经营的孙乐文是萧军的朋友,据说他在《青岛晨报》有一点兼职。在一次闲谈中,孙乐文说起去上海办业务时,曾在"内山书店"偶然遇到过鲁迅先生。这个信息直接诱发了萧军

---

[1] 萧军:《青岛怀踪录》"栈桥风雨之夜",《萧军近作》,成都:四川人民出版社,1981年6月,26页。

投石问路的想法，用萧军后来的说法是：

> 我们不确切知道我们的小说所取的题材，要表现的主题积极性与当前革命文学运动的主流是否合拍？因为我们知道鲁迅先生是当时领导上海革命文学运动的主帅。[1]

迷茫中的他们想请求指导，当然这里面也不排除有他们急于要和文坛建立联系的主观愿望。萧军问孙乐文，如果把信寄到内山书店，鲁迅先生是否能收到。孙说应该能收到（或能够转交），并鼓励他"试试看"，同时建议他可把通讯处落款为"荒岛书店"，这样，即便发生什么问题，书店亦可推托他们并不知情，是读者或顾客随意写的；在此基础上，他又提醒萧军，为防万一，不要用自己的真实姓名，可另具一名。在这种情况下，经反复商议之后，颇有一点冒险精神的"三郎"，大胆地给鲁迅先生写下署名"萧军"的第一封信，以"青岛广西路新4号 荒岛书店"的落款地址投往上海"内山书店"，时间在1934年的9月底或10月初。

至于说鲁迅先生是否能收到此信，是否回信，萧军等人则完全没有把握，心中一派茫然……

第二节 上海：鲁迅"即复"

萧军的信辗转到达鲁迅案头已是10月9日，写信人陌生的名字就是这天首次出现在鲁迅的日记中，当天的鲁迅日记全文如下：

> 九日 晴。上午得刘岘信，即复。午后得冈察罗夫所寄木刻十四幅。下午得张慧信，即复。得萧军信，即复。[2]

---

[1] 萧军：《鲁迅给萧军萧红信简注释录》，哈尔滨：黑龙江人民出版社，1981年6月，17页。
[2] 《鲁迅全集》第十六卷，北京：人民文学出版社，2005年11月，477页。

第一章　从荒岛书店到内山书店

当一封加盖着上海邮戳的信件投送到"荒岛书店"时，两个年轻人被意外的喜悦和感动淹没了。他们不仅和朋友分享这巨大的快乐，而且两个人都是一读再读；在那之后的一段时日里，他们一直被这种巨大的欣喜包围着。

"即复"的第一封信是这样的：

萧军先生：

给我的信是收到的。徐玉诺的名字我很熟，但好像没有见过人，因为他是做诗的，我却不留心诗，所以未必会见面。现在久不见他的作品，不知到那里去了？

来信的两个问题的答复——

一、不必问现在要什么，只要问自己能做什么。现在需要的是斗争的文学，如果作者是一个斗争者，那么，无论他写什么，写出来的东西一定是斗争的。就是写咖啡馆跳舞场罢，少爷们和革命者的作品，也决不会一样。

二、我可以看一看的，但恐怕没工夫和本领来批评。稿可寄"上海、北四川路底、内山书店转、周豫才收"，最好是挂号，以免遗失。

我的那一本《野草》，技术并不算坏，但心情太颓唐了，因为那是我碰了许多钉子之后写出来的。我希望你脱离这种颓唐心情的影响。

专此布复，即颂

时绥。

　　　　　　　　　　　　　　　　　　　　　　　迅　上

　　　　　　　　　　　　　　　　　　　　　　　十月九夜[1]

---

[1]《鲁迅全集》第十三卷，北京：人民文学出版社，2005年11月，224—225页。

1934年10月9日鲁迅首次给两萧的回信

回信开言便谈徐玉诺,应该是针对着萧军去信的内容。约在1927年的晚秋,在吉林一个骑兵营当兵的萧军,在执勤的业余读些古诗词,偶尔也会写写旧体诗。有一次,他带着刚买到的两本书——其中一本就是鲁迅的《野草》——到郊外看,偶然遇到了徐玉诺。在进行了颇为顺畅的谈话后,这位中学教员告诉青年萧军说:"(《野草》)这才是真正的诗!尽管它是用散文写的,它不押韵、不分行……但它是真正的诗啊!"徐是萧军所遇到的第一个称赞《野草》为真正的诗的人,也是那时他遇到的第一位文学界稍有名气的诗人,就因为这两个第一,写信时就先拿他来说事儿了。

然后是鲁迅对去信提出的两个问题的直接答复。

第一章　从荒岛书店到内山书店

1927年的初版《野草》封面

关于创作表现与文学运动的主流是否合拍,"不必问现在要什么,只要问自己能做什么"。鲁迅先生告诫他们,要什么并不重要,所以不必问,自己能做什么才是最最重要的。这个观点今日看来,仍然不失为至理名言。

对于信中所问询的稿子,即刚刚完成的《麦场》,"我可以看一看的,但恐怕没工夫和本领来批评",这样的允诺已使萧军萧红欢欣鼓舞,多么令人高兴啊!随后又告知详址,并嘱挂号,以免遗失,更令他们倍感温暖。

鲁迅散文集《野草》里的部分篇章,萧红读中学时就接触过,同时也是萧军所读的第一本鲁迅先生的书，它使萧军读后有一种"深深的哀思和漠漠的惆怅"。也许在去信中，萧军不自觉地流露过这种"惆怅"的心情而被先生觉察到，所以复信中有如下提醒：

> 我的那一本《野草》，技术并不算坏，但心情太颓唐了，因为那是我碰了许多钉子之后写出来的。我希望你脱离这种颓唐心情的影响。

鲁迅给萧军萧红的第一封信，历来被业内视为先生书信集中的珍品、名札，被诸多的研究者频频引用实属必然；对于首次投书的陌生人，回信已温暖了两颗漂泊的心，而信的内容更使他们铭记终身。先生的大手笔自不待言，更为可贵的是信中呈现的坦诚、真挚，面对素昧平生的年轻人，毫无陌生与矜持，完全是一种向多年的朋友敞开心扉的感觉，这种来自伟大胸怀的人格魅力，愈发使两萧如沐春风。

鲁迅与两萧由是结缘，从此以后恩泽永固。

第三节　到上海去！到上海去！

萧军萧红接信后不久，即复信鲁迅。查1934年鲁迅日记，10月22日有："得萧军信。"这无疑是两萧收到第一封上海来信后给鲁迅的回复。

随即，他们又往内山书店寄出一个内容丰富的邮包，其中除了《麦场》的手抄稿，还有1933年10月他们在哈尔滨自费出版的习作集《跋涉》。1934年10月28日的鲁迅日记中有"午后得萧军信并稿"之记载。

为了让鲁迅先生对他们有一个更具体的印象，同时寄往上海的，还有他们逃离哈尔滨之前的一张合影。这张被萧军的女儿萧耘称之为"美丽照"的合影中，两萧的着装风格与款式都是当时"东方莫斯科"青年人最时尚、最酷的。即使以现在的苛刻眼光来审视这张80年前的照片，我们也不能不被它所发散出来的青春气息所感染,也不得不承认它是两萧诸多遗照中最具风采和神韵的一张。我们甚至有理由猜测,也许正是这张照片入了先生的"法眼",先生在看到这张照片后更加关注和看好两位可爱的年轻人:写在脸上的稚气和"野气"一向为先生所偏爱,眉宇之间的英气与清澈的目光更能对先生有所触动。也许还因了它的魅力风采,在那以后的许多年里,不同时期的不同书刊中,这张照片的"曝光率"和"出镜率"都最高,几乎成了两萧的标识和招牌照,相当多的读者都是通过它而"认识"了"传奇"的两萧。

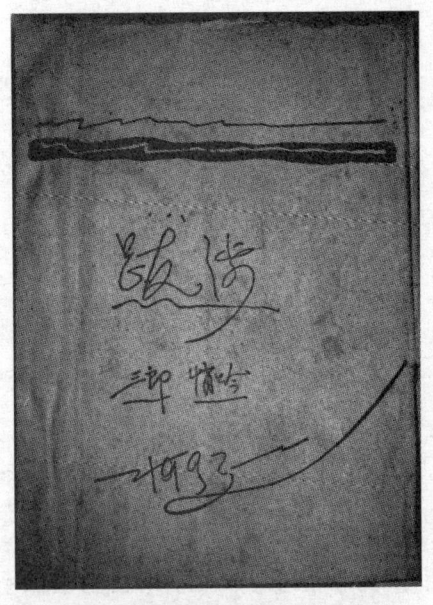

两萧寄给鲁迅的初版《跋涉》封面

书稿与照片刚刚寄出,萧军供职的报社就出了问题,其实早在一个月前,他们的生活已被各种不祥的消息频频打扰。这年秋天,山东境内不少地下党组织均遭重创,青岛的组织系统被破坏得相当严重。中秋节之夜,去岳母家过节的舒群和妻子倪青华、妻兄倪鲁平(当时的青岛市委组织部长,其公开身份是市社会局劳动股科员)一起被捕,当时的青岛市委书记高嵩(舒群在哈尔滨商船学校的同学)也在同一天被捕。萧军和萧红原本也应邀去一起过节,因临时有事未

两萧寄给鲁迅的合照,1934年于哈尔滨

能前去，因此躲过一劫。

由于《青岛晨报》和荒岛书店都是地下党的外围组织，所以两萧的处境也登时危险起来。他们被告知，报纸可能停办，要做好撤离的准备，而书店负责人孙乐文也已经暴露，风声越来越紧。不久，《青岛晨报》被迫停刊，"同人大体星散。"[1]

10月下旬一个风雨之夜，孙乐文密约萧军在栈桥最东端八角亭回澜阁阴影处匆匆话别，他翌日就要转移——离开青岛去外地避险。孙殷殷叮嘱两萧快走，并把借来的40元钱交给萧军权当盘缠。

据萧军后来的回忆，与孙乐文分手回家后，他马上就写了一封信给鲁迅先生，告知说他们马上就要离开青岛去上海，千万不要再来信了。但1934年10月底或11月初的鲁迅日记却未见收到此信的记载。

此时此刻，两个来自沦陷区不愿当亡国奴的文学青年又一次感受"浪儿无国亦无家"的痛楚，又一次面临逃亡；他们从"满洲国"好不容易逃了出来，"满想在这美丽的、安静的……山岛上生活、工作一个时期，谁知道还不到半年，又得重做逋客生涯，逃离而去！……"[2]

他们几乎在第一时间就决定要去上海——不去上海又能去哪里呢！于是，躲避监控，尽量变卖家什，11月1日，他们和梅林一起，抛弃大部家具，搭乘驶往上海的日本货轮"大连丸"号最底层的货舱，"同咸鱼包、粉条、杂货一道，席地而坐"，匆匆离开了居住了四个多月的青岛。

此番逃亡的心境与上次相比已大为不同，初逃的茫然已被期待所替换，因为联系上了鲁迅先生，上海似乎在向他们招手。

---

[1] 梅林：《忆萧红》，王观泉编《怀念萧红》，哈尔滨：黑龙江人民出版社，1981年2月，62页。
[2] 萧军：《青岛怀踪录》"栈桥风雨之夜"，《萧军近作》，成都：四川人民出版社，1981年6月，26页。

1934年10月两萧离开青岛前的合影

第二章　初到上海的土拨鼠

第一节　窘迫与不适

1934年11月2日，萧军萧红和梅林登陆上海。

初到时他们暂住在浦柏路（今太仓路）一个小客栈里。这个小客栈是当年夏天萧军和舒群来上海探路时住过的，所以刚到上海他们就直奔这里落脚，但小客栈的价位相对较贵，他们很难承受，不可久住，所以随后就租住在拉都路（今襄阳南路）北端283号杂货店二楼的亭子间。

尚未安顿妥当，11月3日，他们马上致信鲁迅，表达想尽快见到他的愿望。因为是同埠信函，所以鲁迅当天就收得，观1934年11月3日鲁迅日记有记："得萧军信，即复。"这是他们到上海后收到的第一封回信，也是他们所收到的鲁迅先生的第二封信：

刘先生：

　　来信当天收到。先前的信，书本，稿子，也都收到的，并无遗失，我看没有人截去。

　　见面的事，我以为可以从缓，因为布置约会的种种事，颇为麻烦，待到有必要时再说罢。

　　专此布复，即颂

时绥。

　　　　　　　　　　　　　　　　　　　　　　　迅上
　　　　　　　　　　　　　　　　　　　　　　　十一月三日

第二章 初到上海的土拨鼠

令夫人均此致候。[1]

信中所云："先前的信，书本，稿子，也都收到的"，当然是指两萧从青岛寄出的邮件，"书本"是指那一册《跋涉》，"稿子"是当时还叫《麦场》即后来的《生死场》手抄稿。这些东西"没有人截去"、"并无遗失"固然让他们很欣慰，但下面的内容却给他们以很大的困惑，针对他们提出的见面的事，鲁迅说："我以为可以从缓，因为布置约会的种种事，颇为麻烦，待到有必要时再说罢。"

这样的推辞无异于拒绝，但以他们当时的阅历和认知，他们真的是闹不明白一个约会的布置何以会有什么麻烦，更无从预测何时才是信中所说的"有必要时"。

于是，在收到这封信的当天也就是11月4日，他们又写信给鲁迅，再申前请。

5日收信后鲁迅先生仍是"即复"，（参见1934年11月5日鲁迅日记："得萧军信，即复。"）但却是又一次地婉拒。在这封不长的复信中，前面部分是为传言中的自己"生了脑膜炎"辟谣，也指出这信息发自上海，是上海的所谓的"文学家"造出来的谣言。并提醒他们："上海有一批'文学家'，阴险得很，非小心不可。"最后才说，"你们如在上海日子多，我想我们是有看见的机会的。"[2] 那意思是说，现在一时还不便看见。

连续得到这样的信，他们满腔的热情有些受挫，也使他们颇为迷茫和郁闷。

租下房子并搬家之后，他们又买了一袋面粉，一只小泥火炉，一些木炭，平底锅和几副碗筷，盐、醋之类，至此他们手里的钱就已所剩无几，近乎囊空如洗了。虽已写信去哈尔滨向朋友求助，但远水一时也难解近渴。这种吃了上顿愁下顿的日子也放大了他们的焦虑，究竟是否要在上海待下去和怎样生存下去，对于他们来说都是非常迫切的现实问题。在这种

---

[1]《鲁迅全集》第十三卷，北京：人民文学出版社，2005年11月，250—251页。
[2]《鲁迅全集》第十三卷，北京：人民文学出版社，2005年11月，252页。

情况下，他们"很希望早一天能够见到鲁迅先生的面，即使离开上海，也就心满意足了"[1]。

萧军后来这样描述当时的心情：

> 我们是两只土拨鼠似的来到了上海！认识谁呢？谁是我们的朋友？连天看起来也是生疏的！我本要用我们余下的十八元五角钱做路费开始再去当兵，在上海卖文章的梦，早就不做了，只是想把我们写下的两部稿子留给他，随他怎么处置。不过在临行之先，我们是要见一见我们精神上所信赖的人，谁又知在这里连见一个面也还是这样艰难！[2]

在初到上海的日子里，盼信和读信，对于两个来自东北的"土拨鼠"来说，就是那寒冷阴霾里的冬日暖阳。

第二节 对"先生"和"太太"称呼的"抗议"

收到鲁迅11月5日夜所写复信后，两萧已经慢慢地意识到短时间内恐怕是见不到先生的面了，他们自然无可奈何，也只能从长计议了。

他们的回信也不像刚到时那样接到后马上就回，所以信件往返的节奏也稍稍拉长。

大约是在11月8日，两萧共同写给鲁迅一封信。

对此信的回复是鲁迅给两萧的第四封信，也是一封值得注意的信，尽管我们无法看到两萧去信的具体内容，但通过鲁迅的回信依然可见一斑。

首先，题头上看，不是前三信所称的"萧军先生"或"刘先生"，而是"刘、悄两位先生"并称，这种前所未见的称谓在后来的复信中屡屡

---

[1] 萧军：《鲁迅给萧军萧红信简注释录》，哈尔滨：黑龙江人民出版社，1981年6月，23页。
[2] 田军：《让他自己……》，上海：《作家》杂志第二卷第二期终刊号，1936年11月，346页。

第二章　初到上海的土拨鼠

出现。此前写信虽然也都是两萧共同的提问和请教，但也许都是萧军只署自己的名，而这次，去信的落款或许就是两萧同署，因为1934年11月9日的鲁迅日记中关于此信的记载是："得萧军及悄吟信"，所以信的开头才有了不同于前信的"刘、悄"并提。9日收得，12日才有暇复信，见11月12日鲁迅日记："复萧军及悄吟信。"

仅是这种称谓的变化，也并不意味着此前鲁迅对萧红是完全忽略的。因为此前收到的《跋涉》和《麦场》的稿子，还有夹在其中的两萧合影，都不可能让鲁迅对这两个年轻人中的另一个充耳不闻或视而不见，但出于身份、礼节和习惯等故，他用的是另外一种方式的关注和关心，具体的做法往往就是在信的末尾会附带的问候一下："令夫人均此致候"或"吟女士均此不另"。

这次之所以"刘、悄"并提，最有可能的就是去信中萧红所提的问题首当其冲，使得鲁迅不得不答。

在萧军后来的回忆中，那去信所提的问题，有一些是他提的，比如说他觉得鲁迅先生比他年长那么多，为什么还称他为"先生"等等。而萧红则直接提出小小的"抗议"，这是针对鲁迅先生在信中把她称作"夫人"或"女士"，她感到讶异且不习惯。而这样的"抗议"当然近于"天真"，也有点"捣乱"的意图在内。[1]

所以这封信开宗明义，直奔主题——

> 首先是称呼问题。中国的许多话，要推敲起来，不能用的多得很，不过因为用滥了，意义变成含糊，所以也就这么敷衍过去。

对于萧军困惑的解释：

> 不错，先生二字，照字面讲，是生在较先的人，但如这么认真，则即使同年的人，叫起来也得先问生日，非常不便了。

---

[1] 萧军：《鲁迅给萧军萧红信简注释录》，哈尔滨：黑龙江人民出版社，1981年6月，37页。

面对萧红的不解和"抗议",先生说:

> 对于女性的称呼更没有适当的,悄女士在提出抗议,但叫我怎么写呢?悄婶子,悄姊姊,悄妹妹,悄侄女……都并不好,所以我想,还是夫人太太,或女士先生罢。现在也有不用称呼的,因为这是无政府主义者式,所以我不用。

碰到这样如同来自异邦的找不着北的"阿木林",碰到这样直率天真的满洲姑娘,鲁迅先生真是没有办法,已经颇有几分为难了。

而下面的这段话,则是对他们共同的提醒和忠告:

> 稚气的话,说说并不要紧,稚气能找到真朋友,但也能上人家的当,受害。上海实在不是好地方,固然不必把人们都看成虎狼,但也切不可一下子就推心置腹。

统观全篇,这仍是一封回答问题的信,依次答问多达九条。

在答问的第六条,是回复萧军去信中所问的关于和他通信的青年读者,他的邮件……当时政府的有关部门是否追踪、截留或压迫?鲁迅说:

> 有些地方,有谁寄给我信一被查出,发信人就会危险。书是常常被邮局扣去的,外国寄来的杂志,也常常收不到。

对于萧军所问写完了的稿子应该采取怎样的处理办法的回答:

> 难说。我想,最好是抄完后暂且不看,搁起来,搁一两月再看。

第八个问题,可看作是鲁迅对当时青年的概括看法,非常值得探究。萧军在信中问他,就他所接触过的众人之中,是青年人较好些,还是老年人较好些?青年人的"稚气"和"不安定"是否算"毛病"?

第二章 初到上海的土拨鼠

对于第一问，回答只有三个字：

也难说。

第二问的回答则有所发挥：

青年两字，是不能包括一类人的，好的有，坏的也有。但我觉得虽是青年，稚气和不安定的并不多，我所遇见的倒十之七八是少年老成的，城府也深，我大抵不和这种人来往。

这也许是鲁迅在见过N多"少年老成"、"城府也深"的年轻人之后，且是被他们中的部分人伤害甚至出卖后的愤懑，所以他坚定地表态说"我大抵不和这种人来往"；而依他的阅历和直觉，来自白山黑水之间的这两个年轻人，大约不在"这种人"之列，大约属于"稚气和不安定的"一类，所以，虽未曾谋面，却已在信中敞开心扉。

萧红还在信中提到鲁迅的字，认为那书法是很好的，鲁迅在回答这个问题时说：

至于字，我不断的写了四十多年了，还不该写得好一些么？但其实，和时间比起来，我是要算写得坏的。

此信的末尾，一向风趣有加的鲁迅，在前面不少的"悄婶子，悄姊姊，悄妹妹，悄侄女……"之幽默之后，还不忘对萧红再幽一默——在"此复，即请 俪安"的后面，专门画了个小箭头"↖"指向"俪安"，并有些不依不饶地追问一句："这两个字抗议不抗议？"

以上文中所选内容，均见鲁迅1934年11月12日致萧红萧军的信。[1]

---

[1] 《鲁迅全集》第十三卷，北京：人民文学出版社，2005年11月，255—256页。

第三节　向鲁迅求援

萧军萧红11月初到上海后，在十多天的时间内，无事可做，每天相当无聊的生活里最重要的事情，最主要的内容，就是写信、寄信、盼信、读信、复信……各种与信有关的事几乎充斥了他们的时间和空间，以及生活的方方面面。

此外，在这段赋闲的日子里，有一件事也很值得一记：在萧红的督促和鼓励下，萧军终于修改完了《八月的乡村》。这部完成于青岛的长篇小说，当时由于匆忙来不及修改，但初到上海，心浮气躁，萧军根本就改不下去，修改的过程非常痛苦。他甚至屡屡怀疑并憎恨自己在写作上的低能，曾想把它付之一炬。某种程度上来说，是萧红的坚持和努力挽救了萧军的这部成名作；更是萧红，在阴暗的亭子间里，在没有任何取暖设施的上海初冬里，在不足半个月的时间内把十多万字的草稿抄写完毕的。（1934年11月14日和17日鲁迅日记的收信和复信记载中已关涉到这部稿子的信息，那时当已抄好。）最终，这部由鲁迅作序的长篇小说，成为萧军在现代文学史上的奠基之作。

萧红寒冬抄稿的一幕，时隔45年，萧军仍是记忆犹新，1979年3月，古稀之年的萧军回忆道：

> 由于萧红的督促和鼓励，我终于改完了《八月的乡村》；她不畏冬季没有炉火，没有阳光，水门汀铺地的亭子间的阴凉，披着大衣，流着清鼻涕，时时搓着冷僵的手指，终于把《八月的乡村》给复写完了！——即使到今天，此情此景仍然活现在我的眼前，我永远感念她！[1]

---

[1] 萧军：《在上海拉都路我们曾经住过的故址和三张画片》，《萧军近作》，成都：四川人民出版社，1981年6月，86页。

第二章　初到上海的土拨鼠

接到12日鲁迅回复"抗议"的信，两萧应该是马上回信的，因为鲁迅日记在14日又一次记有"得萧军及悄吟信"。但这封14日收到的信却是在17日回复的，（见1934年11月17日日记："上午复萧军信。"）因为，这时的鲁迅，"已经病了十来天，一天中能做事的力气很有限，所以许多事情都拖下来"[1]。

这封给"刘、吟先生"的信自然也是回答问题的，但其中一个最主要的问题即第四个问题，是此前未曾出现过的而且是最迫切的"问题"。这是两萧为生活的困窘所迫的问题，因为没有任何经济来源，他们的日常生活已经很难维持了。

两萧11月初奔赴上海，本来靠的就是青岛朋友资助的40元盘缠，在租房并简单安家买了最基本的食物之后，所剩现金已非常有限，只有十几元，半个月之后，他们钱粮不继，坐困愁城；虽已写信向东北的朋友寻求救助，但关山阻隔，远水一时难解近渴。在这个举目无亲的城市里，他们又跟谁都没有关系；在这样万难的情况下，实在再无计可施……也只好"腆颜"写信给鲁迅先生，向他求援！

这就是鲁迅复信中对第四个问题的回答："我可以预备着的，不成问题。"[2]这让困境中的两萧何等的感动啊，这样的雪中炭用萧军的话来说就是"所谓：'涸辙活命一滴水，胜似西江波'是也。"

前面三个问题的回复也都很有意思。

第一，"不必改的。上海邮件多，他们还没有一一留心的工夫"[3]，源自萧军的探问，因为猜测并担心给鲁迅先生的信件在邮寄过程中会被监查甚至被扣，所以问先生他们双方的通讯地点或字体是否需要有所"伪装"。萧军的这种猜测还由于鲁迅的这封信不是"即复"，而以前大多都是即复的，这让两萧的心里很不踏实，并由此引起了一些不祥的猜测。

第二个问题是跟稿子有关的，《八月的乡村》原稿已由萧红用复写纸抄好，作者萧军急于想把它交到鲁迅手中，去信中问他是否可以让内山书

---

[1] 《鲁迅全集》第十三卷，北京：人民文学出版社，2005年11月，259页。
[2][3] 《鲁迅全集》第十三卷，北京：人民文学出版社，2005年11月，260页。

店转交？鲁迅告知说："放在那书店里就好"[1]。

第三个问题是跟第四个问题相连的，两萧的生活渐入困境后，他们不想坐吃山空，也想出去找点事做以维持最起码的生活，但人地两生甚至语言不通的他们完全不知怎样才能找到可做的"事"，还是只能麻烦鲁迅先生，想请他帮助找一点临时的"事"做，但这个想法和要求被鲁迅先生拒绝了："工作难找，因为我没有和别人交际。"[2]

知道了两萧的窘境并且深表同情，为使他们不至陷得太深，善解人意的鲁迅先生还调侃说："生长北方的人，住上海真难惯，不但房子像鸽子笼，而且笼子的租价也真贵，真是连吸空气也要钱……"[3]

原来上海的房子租价昂贵并非自今日始，哪怕房子像鸽子笼大小，难怪鲁迅先生在上海近十年都买不起房子，至死都是一个租房户；鲁迅先生若活在当下，不知对北、上、广的天价房又会有怎样的感想？

---

[1] [2] [3] 《鲁迅全集》第十三卷，北京：人民文学出版社，2005年11月，260页。

第三章 初 会

第一节 终于收到鲁迅的约见信

鲁迅1934年11月17日的信两萧很快收到，他们照例及时回信，19日写的回信，20日到了鲁迅的案头，当天日记有云："得萧军信。""复萧军信。"

继上一封信的"告帮"之后，他们这封信照例又提了不少问题。所以，在20日收信当天的回复中，鲁迅面对这么善于提问的"刘、吟先生"，已有几分无奈，甚至难以招架，因而开言便说："十九日信收到。许多事情，一言难尽，我想我们还是在月底谈一谈好，那时我的病该可以好了，说话总能比写信讲得清楚些。但自然，这之间如有工夫，我还要用笔答复的。"[1]

接下来的内容针对萧军，是近乎于警示的提醒：

> 现在我要赶紧通知你的，是霞飞路的那些俄国男女，几乎全是白俄，你万不可以跟他们说俄国话，否则怕他们会疑心你是留学生，招出麻烦来。他们之中，以告密为生的人们很不少。[2]

由于两萧在哈尔滨时曾跟一个俄侨的女儿学过几天俄语，而距他们住处几公里之外的霞飞路（今淮海中路）上，当时亦有不少俄国人往来；

---

[1][2]《鲁迅全集》第十三卷，北京：人民文学出版社，2005年11月，265页。

在两萧眼中，上海的这条街跟哈尔滨的中央大街又有几分相像，这就引起"三郎"的某种思乡之情，使得他在路上遇到陌生的俄国男女时，喜欢近乎卖弄地说几句"半吊子"俄语。这样的事情他觉得很有趣，因而在给鲁迅的信中附带地说了一下，故此引起了先生严厉的警告；这一"警告"使得萧军很为自己的浅薄和无知"后怕"，同时也为因此连累鲁迅"操心"而惭愧。

这封信中让他们感到喜悦和安慰的最是那句"我想我们还是在月底谈一谈好"，这句话完全不啻于是个允诺，对于两萧来说，真真是高兴坏了！于是，接到这封信之后，他们每天都在盼着"月底"的到来。是数着手指计算的，同时又觉得时间过得太慢，几乎难于忍耐，甚至幻想日出日落的节奏加快一些，总之，对"月底"的祈盼，更甚于小孩子盼望过年。

在盼望的过程中，两萧还各自充分地发挥着想象，猜测会面的地点，揣摩鲁迅的相貌、衣着等等；因为各自的猜测不尽相同，自然免不了发生争执，而且"各执一辞，互不相让"，失掉了成年人的自制和矜持，完全还原成了两个"孩子"……

这样的盼望和争执，给他们的生活注入了全新的意义，那冰冷的亭子间也不再是那么的难以忍受，甚至有了几分温暖……

纵观两萧从青岛到上海后，二十天的时间里，他们和鲁迅的往返信函达十封，双方的写与复都是五封，密度不可谓不大。

再细读，就会发现，在双方各自的五封信里，两萧几乎每信都是"即复"，收到即回；鲁迅也多半是这样，但因为生病等则会迟复几日。

第一个回合，刚到上海的两萧3日发信，鲁迅当日"即复"；

第二个往返，收到两萧4日的信，鲁迅5日夜"即复"；

第三个往还，两萧得5日信后及时回复，鲁迅在9日的日记中有"得萧军及悄吟信"的字样，直到12日才见"复萧军及悄吟信"之记载；

第四个回合，13日两萧复信，鲁迅日记14日有"得萧军及悄吟信"，直到17日才"上午复萧军信"，因为这时的鲁迅"已经病了十来天"，

第三章 初 会

"许多事情都拖下来";

第五个往返,收到鲁迅17日的信两萧19日回复,这封信鲁迅是在20日"即复"的。

所以,在这二十天的时间段里两萧的状态是,除却读信和写信,就是等信,横竖差不多是总有一封在路上。

两个流浪的东北青年,到了上海犹如到了异国,一切都生疏且不习惯。

> 言语不通,风俗两异……犹如孤悬在茫茫的夜海上,心情是沉重而寂寞!因此当我们接到先生每一封来信时,除开在家中一次一次地诵读外,出去散步时也必定珍重地藏在衣袋中,而且要时时用手摸抚着,似乎谨防它的失落或被掠夺!……[1]

他们会在午饭和晚饭以后,沿着住处附近的马路散步。

> 如果接到信是在上午,吃过午饭,用六枚小铜板买两小包花生米,每人一包,装在衣袋里,边吃、边走、边漫谈着……待到路上行人车马稀少了,就由装着信的人把信掏出来,悄声地读着,另一个人静静倾听着……。这是我们最大的享受啊!
>
> 信不是读一次就为止的,也不是一个人读过就为止的……这时候,我们俨然返童为两个"孩子"了,有时大笑,有时叹息,有时也流出眼泪,有时甚至要跑着彼此追逐着……[2]

总之,等信和读信,"是我们那时每天生活中唯一的希望和盼望,对于当时的我们来说,就如空气和太阳……那样的重要和必需。"[3]

由于鲁迅20日的信中有那样一句"我想我们还是在月底谈一谈好",这样两萧就没像往常一样急于回信,而是耐下心来,静候佳音。

终于,一周之后,他们终于盼到了鲁迅先生发来的约见信:

---

[1][2][3] 萧军:《鲁迅给萧军萧红信简注释录》,哈尔滨:黑龙江人民出版社,1981年6月,57—58页。

刘吟先生：

　　本月三十日（星期五）午后两点钟，你们两位可以到书店里来一趟吗？小说如已抄好，也就带来，我当在那里等候。

　　那书店，坐第一路电车可到。就是坐到终点（靶子场）下车，往回走，三四十步就到了。

　　此布，即请

俪安。

迅　上
十一月二十七日[1]

1934年11月27日鲁迅约两萧初见的信

---

[1]《鲁迅全集》第十三卷，北京：人民文学出版社，2005年11月，269页。

看完约见信后，两萧惊喜不已，激动得不行——终于从信件上的往来到可以见面了，接信后，他们马上回信。鲁迅11月28日日记有记："得萧军信，即复。"大概是顺带表达了一下激动的心情，因为两个不停提问不断承教的"小学生"，胸腔里的心全是在"破轨地跳着"。

第二节　初见：从内山书店到吃茶店

鲁迅信中所约的"书店"，就是北四川路底的内山书店。

书店的店主是日本人内山完造、井上美喜夫妇，早年因为鲁迅的频繁光顾，他们得以熟识并结下生死之交的深厚情谊。

1935年，由鲁迅作序，内山完造出版了《活生生的中国》，这给了内山很大激励。他曾激动地说："这是我有生以来初次出版作品的喜悦，我的一生就这么结束了我也不觉得遗憾。"及至鲁迅逝世，当天推选出八位治丧委员，内山便是其中之一。

作为鲁迅最信任的朋友，内山也给了鲁迅很大的帮助：无论是早年开在魏胜里小巷的书屋，还是后来在北四川路底远近闻名的内山书店，都有一把专为鲁迅预备的藤椅；更见内山夫妇情义和细心的是，作为专座的这张椅子是背靠入口的，鲁迅坐在那里外面看不清他的脸。这当然是出于安全的考量，因为当时他正受到追踪和通缉。内山还不顾自身风险，不止一次安排帮助鲁迅避险：1930年3月，在发表《关于左翼作家联盟的意见》后不久，国民党浙江省党部向鲁迅发出逮捕令，鲁迅到内山书店避凶，后又在内山的安排下转到北四川路上的拉摩斯公寓；1931年初，左联作家柔石等人被捕，内山安排鲁迅到日本人经营的旅馆花园庄蛰居了一个多月；上海"一·二八"事变后，日本军警搜查鲁迅家，内山让鲁迅全家紧急到自己的书店避险，2月中又将他们转移到英租界的内山书店分店躲避，直到日中两军停战后的3月中旬。

1933年4月11日，依然是在内山夫妇的关照下，鲁迅一家乔迁至施高塔路（今山阴路）大陆新村九号。这里距内山书店只有200米左右，鲁迅出入那里更方便了许多，几乎随时都可以去。他的所有信函、邮件、包裹等，一律由内山书店代为接转，一些会友洽谈等事宜也往往安排在那里。

1934年11月30日，是上海冬季一个常见的阴天，下午二时许，萧军萧红到达内山书店的时候，鲁迅先生已在那里，他正在柜台里另一套间的桌子前检点信件和书物，"老板"内山完造在旁边和他正说着什么……

这时的书店，看书买书的人并不多，再加上此前见过照片，他们在方方面面又明显有别于当时的上海人，所以很快就被鲁迅确认。鲁迅走到萧军跟前，问一声："您是刘先生吗？"

萧军先点了点头，而后低声答应了一个"是"字。

"我们就走罢——"鲁迅说罢，走回内室，把桌子上的信件、书物等快速包进一个日式的包袱皮里，挟在腋下就走了出去，并未跟什么人打招呼。

当年的内山书店

第三章 初 会

鲁迅走在前面，萧红和萧军保持一定的距离，默默跟在他的身后。那天他们眼中看到的鲁迅，没有戴帽子，也没围围巾，只穿了一件黑色的短长袍，藏青色西服裤子，黑色的胶皮底鞋，走起路来迅速而利落。

可他们还是感到难过，看着先生那瘦削的背影，森森直立的头发，两条浓而平直的眉毛，一双眼睑微肿的大眼，没有修剪的胡须，双颧突出，两颊深陷，脸色是苍青又近乎灰黄，更突出的是那特大的鼻孔，可能由于常常深夜不眠，或者吸烟过多竟变成了黑色！

这就是当时病后鲁迅的形象和容颜！两个年轻人想不到他们盼望见到的导师竟是这样一个病弱瘦小的老人。这跟他们的想象反差很大，他们的心里甚至，有几分，失望……

他们一行三人很快跨过大马路，到了一处既像咖啡馆又像吃茶店的地方，鲁迅很熟悉地推门进去。

一个秃顶的胖胖的外国人——可能是犹太人或俄国人，熟识地和鲁迅打招呼，鲁迅拣了靠近门边的座位。这座位很僻静，因靠近门侧，如一直走进去，一般是不会注意这侧面的座位。而椅子的靠背又特别高，邻座之间谁也望不到谁，各自俨然如一间小屋子。

可能由于时间处在午后的空闲，所以这里没有几个客人。

鲁迅先生告诉他们，这里主要是以后面的"舞场"为生，白天没多少人来——特别是中国人，所以常选这地方和人们接头。

侍者送上饮品和点心之类就离开了。

萧红迫切想见到许广平先生和他们的孩子，还不等鲁迅说什么，便劈头问道：

"怎么，许先生不来吗？"

"他们就来的。"

鲁迅说的是江浙式普通话，两萧似乎能听懂，但又并不十分明白，萧红张着两只受惊似的大眼睛定定地望着鲁迅……这时候，海婴抢在前面，嘴里叽里咕噜说着上海话跑了过来，接着许广平也走了进来。

鲁迅简单为他们介绍，他指点了一下萧军和萧红："这是刘先生、张先生……"

又指着许广平："这是Miss许……"

萧红一面微笑着，一面和许广平握着手，泪水竟然浮上了眼帘。

初次的会面中，两萧谈了他们由哈尔滨出走青岛的情况，来到上海的原因，并概括地讲了东北"九一八事变"后政治情况和社会情况，武装和非武装的"反满"斗争等；鲁迅概略地讲了上海文坛的一些情况，还有左翼内部不团结的现象等。

萧军把带去的《八月的乡村》的手抄稿交给了许广平。

临别的时候，鲁迅悄然把一个信封放在了桌上，指着说："这是你们所需要的。"两萧当然明白，里面应该就是他们在信中所要借的20元钱，鲁迅说的那么平淡、含蓄，生怕触碰到他们的自尊。

可回程的车钱也是没有的，萧军又如实告知，鲁迅又从衣袋里翻掏出一些零散的铜板和银角子（当时上海通用的零钱）放到桌子上。

上电车以前，萧红和许广平四手相握依依地说着什么。

许广平向萧红说："见一次真是不容易啊！下一次不知什么时候再见了！"

鲁迅接着说："他们已经通缉我四年了。"

两萧上车后，鲁迅还站在原地望着，许广平频频扬起手中的手帕，海婴也学着大人的样子，挥扬着小手，像是要送别远行的亲人一样。

鲁迅当晚日记有记："萧军、悄吟来访。"

那日会见之时，鲁迅先生53岁，许广平36岁，萧军27岁，比他们都年轻的，是23岁的萧红；此外，还有5岁的海婴。

1934年11月份鲁迅与两萧交往小结：

日记中共出现十次：得信六次，回复七次。

11月3日日记："得萧军信，即复。"

11月5日日记："得萧军信，即复。"

11月9日日记："得萧军及悄吟信。"

11月12日日记:"复萧军及悄吟信。"
11月14日日记:"得萧军及悄吟信。"
11月17日日记:"上午复萧军信。"
11月20日日记:"得萧军信。""复萧军信。"
11月27日日记:"寄萧军信。"
11月28日日记:"得萧军信,即复。"
11月30日日记:"萧军、悄吟来访。"

第三节 这些小事,万不可放在心上

此番赴约,两萧感触极深。去的时候,兴奋、激动,他们的心就像火焰在跳动;回来的路上,他们禁不住沮丧、悲哀,身心都觉得冰冷。

萧红先注意到鲁迅脚上穿的胶皮底鞋不足以御寒,围巾也没有,棉袍看上去是那样单薄又不合身……

而萧军则觉得,若不是知道他的身份并偶然相遇的话,看那脸色、森立的头发、眉毛、胡须,会当他是个吸食鸦片的人……

两个人甚至开始埋怨并自责了,萧红觉得给鲁迅的那份《八月的乡村》原稿"抄的字太小了,又是用油印纸,这使他看起来吃力呢!"萧军更进一步强调说,"《生死场》原稿也是一样啊!全是你一个人抄的。"萧红只是又歉疚又委屈地小声辩解,"大字我写不来呢。"

关于这两部原稿,确曾让鲁迅费了些周折。在他逝世后,许广平对两萧说过这样的话:

> 你们的原稿确是曾使鲁迅先生吃过苦头。因为那原稿,是用日本制的薄棉纸,而且是用复写纸写的,字迹又小又密……周先生又要在夜间的灯光下来看,因此在原稿纸下必须垫上一张白

纸才能够看得较清楚些。周先生戴着花镜，他一面看稿，一面自己慨叹着："嗳！眼睛不成了！"[1]

鲁迅对"这样"的原稿没有说过一句责备的话，只慨叹着自己"眼睛不成了！"

两萧没有见到他们想象中养尊处优、高大伟岸的鲁迅，见到的是他憔悴不堪的病后形容，又是那样的衰老与瘦弱，这给了他们心灵上强烈的冲击。所以当分别之际，鲁迅指着那个信封说："这是你们所需要的。"血气方刚的萧军竟感到一阵酸楚，泪水很快地浮上了眼睛。

含着一种不必要的耻辱似的，接过了他给我预备的20元钱。[2]

此番借钱带来的痛楚一直折磨了萧军几十年，那种感念是他终生都不能忘怀的。

尽管后来朋友寄来一笔钱把这笔欠债还补了，但留在我心上的感念的创痛，直到今天它们还在隐隐作痛着！……所谓"涸辙活命一滴水，胜似西江波"是也。[3]

两萧的百感交集自然要通过信函来表达，30日初见后，也许是在12月1日和12月3日就分别给鲁迅写了信；12月2日和4日，鲁迅就分别收到信，两天的日记中，均有"得萧军信"的字样。

12月6日，鲁迅复信"刘 、吟先生"，继续回答他们提出的N多问题。这一通近乎1500字的书信，是鲁迅给两萧的所有函件中最长的一封。

一定是针对去信的忧伤，回信直奔"主题"：

两信均收到。我知道我们见面之后，是会使你们悲哀的，我想，你们单看我的文章，不会料到我已这么衰老。但这是自然

---

[1] 萧军：《鲁迅给萧军萧红信简注释录》，哈尔滨：黑龙江人民出版社，1981年6月，84页。
[2] 萧军：《鲁迅给萧军萧红信简注释录》，哈尔滨：黑龙江人民出版社，1981年6月，83页。
[3] 萧军：《鲁迅给萧军萧红信简注释录》，哈尔滨：黑龙江人民出版社，1981年6月，57页。

第三章 初 会

的法则，无可如何。[1]

对于两个年轻人的失望，鲁迅似乎怀着一点"歉意"，然后，他还相当乐观地专门解释了一下自己的身体状况：

> 其实，我的体子并不算坏，十六七岁就单身在外面混，混了三十年，这费力可就不小；但没有生过大病或卧床数十天，不过精力总觉得不及先前了，一个人过了五十岁，总不免如此。[2]

接着就是一番慨叹：

> "中国是古国"，"情形复杂，做人也特别难"，"别的国度里，处世法总还要简单，所以每个人可以有工夫做些事，在中国，则单是为生活，就要化去生命的几乎全部"。"单是一些无聊事，就会化去许多力气。但，敌人是不足惧的，最可怕的是自己营垒里的蛀虫，许多事都败在他们手里。因此，就有时会使我感到寂寞。但我是还要照先前那样做事的，虽然现在精力不及先前了，也因学问所限，不能慰青年们的渴望，然而我毫无退缩之意"。[3]

跟他们解说《两地书》及两性之间的相处时说：

> 《两地书》其实并不像所谓"情书"，一者因为我们通信之初，实在并未有什么关于后来的豫料的；二则年龄，境遇，都已倾向了沈静方面，所以决不会显出什么热烈。冷静，在两人之间，是有缺点的，但打闹，也有弊病，不过，倘能立刻互相谅解，那也不妨。[4]

对于这两个文艺青年初到的不适和浮躁，鲁迅劝慰并告诫道：

---

[1][2][3] 《鲁迅全集》第十三卷，北京：人民文学出版社，2005年11月，278页。
[4] 《鲁迅全集》第十三卷，北京：人民文学出版社，2005年11月，279页。

> 你们目下不能工作，就是静不下，一个人离开故土，到一处生地方，还不发生关系，就是还没有在这土里下根，很容易有这一种情境。一个作者，离开本国后，即永不会写文章了，是常有的事。……我看你们的现在的这种焦躁的心情，不可使它发展起来，最好是常到外面去走走，看看社会上的情形，以及各种人们的脸。[1]

此信以下是鲁迅回答两萧的问题。回答的第三个问题是："《君山》我这里没有"[2]，是因为萧红在北平读书时曾经读过，还想再读一读，去信中问鲁迅有没有这部诗集。

因为不忍也不好意思麻烦鲁迅，萧军就在信中提出请许广平先生为他们改文稿或提意见，但被鲁迅婉言谢绝，最终还是把这个活儿揽到了自己身上：

> 我们有了孩子以后，景宋几乎和笔绝交了，要她改稿子，她是不敢当的。但倘能出版，则错字和不妥处，我当负责改正。[3]

两萧在见到鲁迅又拿到20元借款后，心中极度不安和自责，这种痛苦和难堪萧军在信中有明确的表示，"我是个年轻力壮的小伙子，却来用你的钱，尤其是当我看到你那身体以后……"

对于这一点，鲁迅在回信中极尽宽慰并特别强调：

> 来信上说到用我这里拿去的钱时，觉得刺痛，这是不必要的。我固然不收一个俄国的卢布，日本的金圆，但因出版界上的资格关系，稿费总比青年作家来得容易，里面并没有青年作家的稿费那样的汗水的——用用毫不要紧。而且这些小事，万不可放在心上，否则，人就容易神经衰弱，陷入忧郁了。
>
> 来信又愤怒于他们之迫害我。这是不足为奇的，他们还能

---

[1][2]《鲁迅全集》第十三卷，北京：人民文学出版社，2005年11月，279页。
[3]《鲁迅全集》第十三卷，北京：人民文学出版社，2005年11月，280页。

第三章 初 会

做什么别的？我究竟还要说话。你看老百姓一声不响，将汗血贡献出来，自己弄到无衣无食，他们不是还要老百姓的性命吗？[1]

信的最末，还不忘问上一句，

> 再：有《桃色的云》及《小约翰》，是我十年前所译，现在再版印出来了，你们两位要看吗？望告诉我。 又及[2]

这么贴心的关怀和体察，对于萧军萧红来说是绝大的温暖。

后来他们也听说，在没有见面以前，鲁迅先生也曾托人（似是胡风）从侧面对他们做过一番"了解"，主要是初步考察他们的背景或关系等等。

---

[1]《鲁迅全集》第十三卷，北京：人民文学出版社，2005年11月，280页。
[2]《鲁迅全集》第十三卷，北京：人民文学出版社，2005年11月，281页。

第四章　第一次出席鲁迅邀请的宴会

第一节　一封"豫广同具"的邀请信

收得12月6日信，萧军萧红于12月8日晚回复；鲁迅12月10日日记有云："得萧军信，下午复，并寄《桃色的云》、《小约翰》、《竖琴》、《一天的工作》各一本。"[1]

其中两本童话《桃色的云》和《小约翰》是上封信所说要寄的，而两本译文《竖琴》、《一天的工作》则是"顺便带上"的，因为鲁迅觉得"大约你们两位也没有看过"，并在信中告诉他们，"《竖琴》上的序文，后来被检查官删掉了，这是初版，所以还有着。你看，他们连这几句话也不准我们说。"[2]

这一包书，是委托内山书店寄出的。

鲁迅在回信中回答了两萧的问题，其中对左联的分析与概括更是入木三分——

其实，左联开始的基础就不大好，因为那时没有现在似的压迫，所以有些人以为一经加入，就可以称为前进，而又并无大危险的，不料压迫来了，就逃走了一批。这还不算坏，有的竟至于反而卖消息去了。人少倒不要紧，只要质地好，而现在连这也做不到。好的也常有，但不是经验少，就是身体不强健（因

---
[1]《鲁迅全集》第十六卷，北京：人民文学出版社，2005年11月，490页。
[2]《鲁迅全集》第十三卷，北京：人民文学出版社，2005年11月，286页。

第四章　第一次出席鲁迅邀请的宴会

为生活大抵是苦的），这于战斗是有妨碍的。[1]

那时节上海的左翼作家们，在生活上大多被贫穷所困，身体也多半病弱，但鲁迅对此却持长远的观点，"被压迫的时候，大抵有这现象，我看是不足悲观的。"[2]

收到10日夜的复信，两萧曾回一信，12月14日的鲁迅日记记有"得萧军信"字样，但这封信无有回复的记载。

大约在12月18日，两萧意外地收到鲁迅写来的这样一封信：

刘吟先生：

　　本月十九日（星期三）下午六时，我们请你们俩到梁园豫菜馆吃饭，另外还有几个朋友，都可以随便谈天的。梁园地址，是广西路三三二号。广西路是二马路与三马路之间的一条横街，若从二马路弯进去，比较的近。

　　专此布达，并请
俪安。

豫广　同具　十二月十七日[3]

哇！居然是一封邀饭的信！鲁迅先生和许广平先生要请他们吃饭啦！

真是大喜过望，他们高兴坏了。

---

[1][2]《鲁迅全集》第十三卷，北京：人民文学出版社，2005年11月，287—288页。
[3]《鲁迅全集》第十三卷，北京：人民文学出版社，2005年11月，300页。

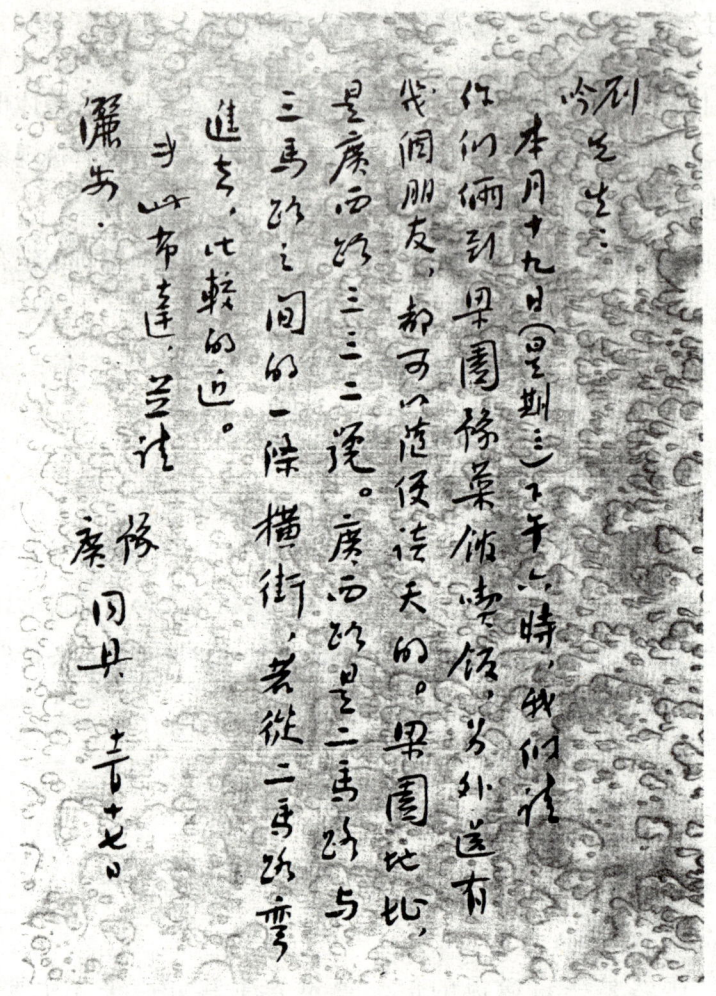

1934年12月17日鲁迅和许广平邀请两萧赴宴的信

　　鲁迅的信在两萧的手中高速地流转着,他们不断地抢来抢去,都想让信在自己的手里多待一会儿;当他们激动地兴奋地把这封不长的书信来回地看了若干遍之后,两个人又分别用自己的一只手共同拿着它同时捧读;他们的手不约而同地、无法克制地在轻轻颤抖,热泪先是浮上了萧红的眼睑并滚落下来,接着萧军的眼眶也湿润了……

　　从11月30日的第一次见面,到12月17日这封邀饭的信,不足二十天的时间里，鲁迅和两萧之间又有六封往返信件，谈论的话题越来越广泛且深刻。鲁迅心中已大致消除了隔膜，或者说两个来自沦陷区的年轻人已初入鲁迅的法眼，他已不打算掩饰对这两个年轻人的喜爱，他要进一步和他们相处，也许已经想要帮助他们了。

17日的鲁迅日记中关于此事的记载是："下午寄谷非夫妇、绀弩夫妇、萧军夫妇及阿芷信，附木刻八张。"除了两萧，另外的几位收信人，自然就是信中所说的"都可以随便谈天的"朋友。

更有趣的还有落款，不同于此前一概的"迅 上"，也许为郑重其事，居然是"豫广同具"，好正式啊！

在写信的第二天，请客的前一天，即12月18日，一向做事认真的鲁迅，不顾当天下着小雨，还专程"往梁园豫菜馆定菜"[1]。

第二节 一件山寨版新"礼服"

等到经过这样一阵梦一般的兴奋和激动以后，两萧的大脑才渐渐恢复了清醒。平静下来之后，他们分别进入了状态：

此时，进过讲武堂的萧军的行武知识派上了用场，他马上找出一份上海的市街图，先从索引上寻找鲁迅信中所说的"二马路"和"三马路"的大体方位；其次是寻找两者之间的那条叫作"广西路"的横街；然后，大致估算路程距离、确认最佳的乘车线路，俨然像个战前的指挥官似的，对有关的一切都作一番想象和研究，这才松了一口气。

当萧军颇为投入地做完这一切，抬起头望向萧红，并准备要向她发表高见时，却看见她那一双因为刚流过泪还有些湿漉漉的大眼睛，带有嘲笑意味地看着他，并抢先说话了："你要出兵打仗吗？"

萧军一时迷惑不解，不知道这话的真意，就问她："你这话是什么

---

[1] 1934年12月18日鲁迅日记，《鲁迅全集》第十六卷，北京：人民文学出版社，2005年11月，491页。

意思？"

"我和你说话，竟装作没听见的样子，一个劲儿地在那张破地图上看来看去，又用手指量来量去！简直像一个要出兵打仗的将军了！"萧红说。

萧军更困惑了——"你要和我说什么呀？"

萧红扯着他的罩衫袖管问道："你就穿这件灰不灰、蓝不蓝的破罩衫去赴鲁迅先生的宴会吗？"

"那穿什么呀？——我没有第二件……"萧军嘟囔着。

萧红主张"要新做一件"。

这个热切的建议被萧军断然拒绝，也许出于经济上的考虑，他觉得没有必要，"上一次见先生时，不也是穿的这件罩衫吗。"

但萧红不同意这说法，她强调："这一回，有客人！"

萧军还是不以为然，"鲁迅先生信上说的朋友，都是可以随便谈天的，想来不过是一些左翼作家，他们不会笑话我的罩衫的吧！"

萧红非常无奈且不满，"你这个人！真没办法！"

然后，一把抓过外衣搭在肩上，一转身冲出了屋门，接着是急促的笃笃笃下楼梯的脚步声。

大约过了两个小时，楼梯上才又传来萧红急促的脚步声。不一会儿，一卷软绵绵的东西扣在了萧军头上，只听她兴奋地说："坏东西！——看，我给你买了一件衣料！"

说着急忙展示手里的那块黑白纵横的方格绒布料，这个举动吓了萧军一跳，他担心萧红把仅有的一点钱都买了布料，甚至连明天的乘车费也没有了……

"买它干什么？"

"我一定要给你做一件'礼服'，好去赴鲁迅先生的宴会呀！……""我是从一家'大拍卖'的铺子里花七角五分买到的这块绒布头。——起来，让我比量比量，看够不够？"

此时的萧军也很无奈，但是当他知道，萧红并没有为此花光生活的所余，他们不仅有车费而且还可以坚持几天时，心里已有了几分轻松。于是便

第四章　第一次出席鲁迅邀请的宴会

机械地站了起来，一任萧红拿着这块布头儿在他身前身后比量来比量去。

随即萧红又马上从箱子里翻出萧军在哈尔滨穿过的一件俄国"高加索"式立领绣花衬衫，铺在床铺上，用那块方格绒布比量、算计一番……而后自己拍着手，还跳起了脚，高声地嚷叫着："足够啦！足够啦！"

看她那兴奋不已的样子，萧军又泼出了新的冷水，"明天下午六点钟以前，我们必须到达那家豫菜馆！你让我像一个印度人似的披着这块布头儿去当礼服穿吗？"

"傻家伙！我怎么能够让你当'印度人'哪！你等着瞧吧，明天下午五点钟以前，我必定让你穿上一件新'礼服'去赴鲁迅先生的宴会！要显显我的'神针'手艺！"萧红自信满满地回答说。

一语未终，说干就干，萧红立马进入状态；此刻的亭子间早已昏暗下来，在昏黄的灯光下，她开始了剪裁……

第二天清早，天还没怎么亮，萧红已经起床，开始缝纫……

萧军虽然很知道她缝纫的本领和速度，但在不足一天的时间内，要一针一针地缝制成一件样式较复杂的衬衫，他还是没有充分的"信心"；心里只想着既然她执意要做，也就"随她去罢"！

被萧军质疑的萧红，十分地投入，心无旁骛，几乎是不吃、不喝、不停、不休……地缝着，她那美丽的、纤细的手指不停地在忙碌着，飞针走线……再也顾不上理会萧军。

1934年12月18日下午五点钟前后，随着一声："过来！试试看"的命令，一件新"礼服"宣告完成。这件纯手工缝制的"礼服"，无论版型还是样式，都高度模仿萧军的那件高加索式立领、套头、掩襟的衬衣——只不过它是山寨版的而已。

此时的萧军也非常配合，顺从地穿上了他的新"礼服"，让他惊讶且佩服的，不仅是缝制的速度，而且穿上身竟然也非常合体和舒适！

然后，漂亮的小皮带扎起来，绸围巾也围起来啦，萧红先从正面，后从侧面，再从后面……方方面面地把萧军审视了一番，又回到原来的地方，观望着、打量着、欣赏着……蓦地，她像一只跳跃着的麻雀似的扑向萧军，并被他紧紧地拥入怀中……

下午六点，盛装的萧军与萧红，一起出现在大家面前。

许广平以女性特有的细腻和敏感注意到了这件新"礼服"，她在事过十一年之后还清楚地记得当时的情景：

> 亲手赶做出来，用方格子布缝就的直襟短衣穿在萧军先生身上，天真无邪的喜悦夸示着式样。——那哥萨克式，在哈尔滨见惯的——穿的和缝的都感到骄傲，满足，而欢欣。我们看见的也感到他们应该骄傲，满足，欢欣。[1]

而在此之前的初次见面，萧红间生的白发就给许广平留下了很深的印象，对此，她在同一篇回忆中亦有记载：

> 不相称的过早的白发衬着年青的面庞，不用说就想到其中一定还有许多曲折的生的旅程。[2]

第三节　一桌新师友

当萧军萧红在12月19日下午六点左右，终于寻到鲁迅信中所说梁园那家豫菜馆时，生怕他们找不到餐馆的许广平已经在那里张望迎接了。因为他们没有表，具体时间并不清楚，也许已经过了六点，反正他们似是所有客人中最后到达的，鲁迅一家和另外几位他们不曾见过的客人，都已经在座了。

许广平和萧红已像多年的"故友"一般，表现出女性特有的热情和亲密，她们和海婴一起，向另外一个房间走去……大约十几分钟之后，才回

---

[1][2] 许广平：《忆萧红》，上海《大公报·文艺》，1945年11月28日。

第四章　第一次出席鲁迅邀请的宴会

到大家所在的房间。

已近七点的时候，大约是由于还有客人没到，而菜馆的招待人员已在催问，这是因为他们那里的生意很好，总希望饭客们快吃、快走以及时地腾出房间；许广平征询了鲁迅的意见后，便告知餐馆可以开始了。

当时的情形，据萧军后来的记忆，是由鲁迅指定座位，沿着特大的圆桌，鲁迅在左，许广平在右，他们并排面向里坐在临门处；许广平下首是海婴；其次是萧红和萧军；两萧下首是两个空座位；再向空座位右转过去，是个穿着淡紫色西装的青年人，有些拘谨而端正地坐在那里；再过去，是一位约三十岁左右、穿深绛色细花的窄袖旗袍的女士；她右边是个脸形瘦削，面色苍白，短发蓬蓬，有一双总在讥讽什么似的小眼睛，穿一件深蓝色旧罩袍，个子近乎颀长，却显得有些驼背；鲁迅先生左首第一位的客人身材不高，脸型瘦削，下巴略尖，架一副角边眼镜，后披式发型光亮整齐，穿一件湛蓝色半新罩袍，袖口卷起，露着一截洁白的衬衣袖头；这是上海当时比较典型的一种中式服装。一共是九个人。[1]

关于这九个人，鲁迅当晚的日记中这样记载："晚在梁园邀客饭，谷非夫妇未至，到者萧军夫妇、耳耶夫妇、阿紫、仲方及广平、海婴。"

其中"未至"的谷非夫妇即胡风和梅志，鲁迅此次"在梁园邀客饭"，就是以为庆祝他们的长子满月为由头而设，两萧身边的两个空凳子就是给他们留的；他们当时的信件都是由梅志的妹妹转收并转送，但那天小妹有事未能及时送去，故而他们误了此餐。此外除了鲁迅一家三口和两萧，那"耳耶夫妇"就是聂绀弩和周颖，即"有些驼背"的高个儿和穿"深绛色细花的窄袖旗袍"的女士；阿紫是"穿着淡紫色西装"的青年人，湖南作家叶紫；仲方即是那位"脸型瘦削"，"发型光亮整齐"的茅盾先生。

凉菜上来后，许广平出去观测了一下，回来向鲁迅耳边轻轻说了一句什么，然后，鲁迅才开始以主人的身份为客人们做相互介绍。

---

[1] 萧军：《我们第一次应邀参加了鲁迅先生的"宴会"》，《人民文学》，1979年第五期。

有关"仲方"的介绍,只说:"这是我们一道开店的老板。"那"老板"也只是微微欠了欠身子,矜持地微笑了一下;接着介绍高个子:"这位是聂先生",那位"聂先生"却连身子都没欠,只是应了一声,因为他的满嘴里都已经是食物了;那位女士是聂夫人;然后是穿西装的叶姓青年;这些人之间看上去都比较熟悉的样子。

最后是介绍初来者,鲁迅指着两萧说:"这两位是刘先生,张女士,他们是新从东北来的。"

这次宴会相当的丰盛,有鲁迅从家里带来的、一位朋友馈赠的国外高浓度的葡萄汁,也备有白酒,虽然主要是吃烤鸭,但其他菜肴也很好。萧军由于跟客人不熟,又不能完全听懂他们之间似乎是些"隐语"或"术语"之类的谈话,更兼是腹内饥荒,缺少油盐,因此只管大快朵颐,所以对他来说"只能是吃了又喝,喝了又吃……","这顿饭吃得可以说是既饱又多,而且味美!"[1]

在饕餮的间隙,精明的萧军也在观察着局面。他注意到那位长身驼背的人(聂绀弩)总在不停地向夫人碗里夹这样那样的菜,而他夫人也欣然受之,这样的情形使得这位来自东北的爷们儿感到有趣,他就模仿聂的做法,也开始向萧红的碗里夹菜,夹那些她不便夹到、或者需要费劲才能够到的菜……这却让萧红有些不好意思了,她不断使眼色并用手在桌下悄悄地制止着萧军。

桌上唯一的未成年人海婴叽里哇啦满口的上海话,萧军几乎一句也听不懂;但这位"小上海"跟萧红倒似乎颇有缘分,他们一见如故,很快就混熟了。

出于礼貌起见,同时也是不甘寂寞,萧军给大家讲了一些跟东北有关的风俗习惯和各种事情,鲁迅等人也在专心地听着,但他后来说想买几本俄文书时,那位"老板"很诚恳也很仔细地为他指点、介绍,应该去哪里买,如何坐车等,听得萧军一愣一愣的,惊讶且佩服,他当时并不知那位

---

[1] 萧军:《我们第一次应邀参加了鲁迅先生的"宴会"》,《人民文学》,1979年第五期。

"老板"的真实身份，只为一个做生意的"老板"所具备的丰富的文化知识而困惑难当。

晚上九点前后，宴会接近尾声，穿西装的叶紫走过来，和两萧互换了地址，这犹如今天的留下手机号和微信之类，别人都没有这样做。因为那时在上海，不可以贸然询问别人的姓名住址等信息。

在归家的路上，两萧彼此挽着胳臂，春风满面，步履轻盈；这一顿大餐吃的，让他们觉得自己俨然就是这世界上最幸福的人了！

第四节　一张永久的纪念照

事后看来，鲁迅这次请客的目的和意义相当分明：名义上看是为胡风长子晓谷的满月而设局做东，其实很大程度上也是为了这对新结识的年轻人。在那之前，鲁迅与两萧也仅是一面之交，他是有意识地介绍他们与上海左翼作家见面，使他们能尽快地融入这个圈子。

这是一个意义深远的宴会，也是一个非同寻常的饭局，两萧和宴会上所结识的这一桌新师友（包括后来的胡风）大都保持了终生的友谊，这应该说也是鲁迅先生良苦的用心之所在吧。

两萧从遥远而偏僻的东北沦陷区初到上海，人地生疏，暂时还不能适应，通过在那之前相当频繁的通信，鲁迅对他们已有了更多的了解，大概也担心体性有些鲁莽的萧军，拎不清当时上海社会环境的复杂与恶劣，盲目冲撞会招致祸端，特示意年岁相当的叶紫去做他们的"向导"和"监护人"。通过这次饭局，三个年轻人开始渐渐熟悉，不久之后就形成了"奴隶社"，并"非法"出版了"奴隶丛书"。在总共出版了三本的"奴隶丛书"中，叶紫的《丰收》、萧军的《八月的乡村》和萧红的《生死场》出版时均有鲁迅所写的序言。其中《丰收》是"奴隶丛书"第一本，在为它所作的序言中，鲁迅指出："作者还是一个青年,但他的经历,却抵得太平天下的顺民的一世纪的经历……"[1] 可惜的是,年轻的叶紫从上海回到湖南后,依然难脱贫病交加,1939年在家乡离世,年仅28岁。最后致命的病因居然也是肺结核和肋膜炎,这真不枉是鲁迅的门徒啊。

茅盾先生在以后的岁月里和萧红有着较多的来往,并在1946年岁末为纪念萧红写下了《萧红和她的小说〈呼兰河传〉》,名重一时。那个当时在萧军笔下看上去其貌不扬的聂绀弩,更是和两萧维持了终生的友谊。在20世纪80年代,聂绀弩为萧红写下颇有影响的回忆文章《在西安》、《回忆我和萧红的一次谈话》,早年还另有部分悼念萧红的诗文等。经过自身的努力和岁月的历练,聂绀弩的诗词造诣堪称奇崛,晚年愈发炉火纯青。当天没有到场的"主宾"胡风夫妇,经过鲁迅的介绍,不久之后也和两萧建立了联系并常来常往,保持了长期的友谊。

为了纪念这次由鲁迅先生召集的难忘的宴会,同时也为纪念这件由萧红手工赶制的山寨版新"礼服",两萧决定要把有关的纪念做一个保留。商议之后,他们特意去法租界最有名气的万氏照相馆照了一张合影,时间已是1935年春季了——也许因为那时他们刚刚有了一点稿费,而在那之前连吃饭都成问题,遑论照相!

在这张合影中,萧军自然是穿着那件黑白方格的高加索式的"礼服",此外,他的脖子上还装饰性地系了一块米黄色围巾,围巾上面有暗绿色丝线绣上去的几个俄文字母;那是哈尔滨的一位俄国姑娘所绣,这位叫"佛民娜"的俄国姑娘曾教过两萧一段时间的俄文,1934年6月他们从哈尔滨出走前夕,佛民娜绣制了这方丝巾送给他们作为纪念。

照片里的萧红,穿的是一件深蓝色"画服",嘴巴上却装模作样地叼着一只烟斗。据萧军晚年回忆,这是调皮的萧红为装样子,在临拍照前,

---

[1] 鲁迅:《且介亭杂文二集·叶紫作〈丰收〉序》,《鲁迅全集》第六卷,北京:人民文学出版社,2005年11月,227页。

从照相馆的小道具箱里拣出来作秀的,是摆的一个POS,其实,那时的萧红,平日里几乎是不吸烟的。

当时的万氏照相馆,有着法租界最好的摄影棚,两萧的这张合影效果也是上佳。收藏在北京鲁迅博物馆的原照,经过七八十年的时光雕琢,照片中当年的两位年轻人依然光彩照人,装束不输于眼下最潮最酷的摩登青年。

1935年春,为此次宴会也为新"礼服"拍的纪念照

第五章　作品初步得到鲁迅认可

第一节　《生死场》送给官僚检查去了

　　1934年12月19日应邀参加梁园豫菜馆的宴会，是继内山书店之后萧军萧红和鲁迅一家的第二次见面，尽管是一贫如洗，但为了表示一点小小的心意，他们还是送给了海婴两只核桃和一对枣木镟成的"小棒槌"。核桃是祖父留给萧红的，"小棒槌"则是1934年6月中旬，两萧从哈尔滨出走青岛、途经大连时一个名叫王福临的朋友所送。许广平事后回忆说：

> 　　我看见两只核桃，那是不知经过多少年代用手滚弄的了，醉红色的，光滑滑的在闪动，好像是两只眼睛在招呼着每一个人，而自己却用色和光介绍了它在世的年代。
> 　　"这是我祖父留传下来的。"萧红女士说，"还有一对小棒槌，也是我带来在身边的玩艺，这是捣衣用的小模型，通通送给你。"萧红女士在宴席上交给了海婴。把这些患难中的随身伴侣，或传家宝见赠了。[1]

　　这两样有趣的小东西，自然受到了海婴的喜欢。
　　宴会第二天，即12月20日，鲁迅致信"刘 、吟先生"，开首便说："代表海婴，谢谢你们送的小木棒，这我也是第一次看见。"[2]

---

[1] 景宋：《忆萧红》，上海《大公报·文艺》，1945年11月28日。
[2] 《鲁迅全集》第十三卷，北京：人民文学出版社，2005年11月，308页。

第五章　作品初步得到鲁迅认可

信的最后一段说:"小说稿我当看一看,看后再答复。吟太太的稿子,生活书店愿意出版,送给官僚检查去了,倘通过,就可发排。"[1]

信中的"小说稿",指的是已抄录完成且在第一次会面时交给许广平的萧军的长篇小说《八月的乡村》;"吟太太的稿子",是在青岛就寄到上海的那部叫作《麦场》的中篇小说(即后来出版的《生死场》)。

《麦场》1934年9月9日完成于青岛,到上海前后,一直希望能有"合法"出版的机会,当时的生活书店已经打算印行,但印前须通过成立不久的所谓的"书报检查处"的审查批准,所以大家在焦急的等待中。

那时生活书店成立不久,宗旨是"促进文化、服务社会",邹韬奋为理事长、徐伯昕为总经理。作为一个重要的文化机构,生活书店一直自办发行,有健全的发行机构,它出版发行了大量的社会科学和文艺书籍,在读者中有很大影响和很高声誉。

可是检查形势根本不容乐观,鲁迅自己的稿子都处处受制,他在1934年12月31日致刘炜明的信中直言:

> 中国的事情,说起来真是一言难尽。从明年起,我想不再在期刊上投稿了。
>
> 大约凡是主张改革的文章,现在几乎不能发表,甚至于还带累刊物。
>
> 今年设立的书报检查处,很有些"文学家"在那里面做官,他们虽然不会做文章,却会禁文章,真禁得什么话也不能说。
>
> 黑暗之极,无理可说,我自有生以来,第一次遇见。但我是还要反抗的。[2]

此情此景,即已对稿子的命运有所预示了,且又绝非是关乎一人或一

---

[1] 《鲁迅全集》第十三卷,北京:人民文学出版社,2005年11月,308页。
[2] 《鲁迅全集》第十三卷,北京:人民文学出版社,2005年11月,324—325页。

文，鲁迅应该早有预感，但他还是要想方设法争取，或让书出版，或安抚刚到上海茫然四顾的两萧。

鲁迅12月20日给两萧寄这封信的同一天，两萧也有一封信给鲁迅，但两萧20日的信鲁迅未回。收到鲁迅20日的信后，两萧在24日回复了鲁迅，并在信中问及鲁迅是不是病了。因为按他们当时的估算，鲁迅没有像平时一样"即复"，他们就开始浮想联翩了，当然最担心的就是他的身体。

所以在12月26日夜，鲁迅给"刘、吟先生"的回信中上来就说明："廿四日信收到，二十日信也收到的。我没有生病，只因为这几天忙一点，所以没有就写回信。"[1]

聂绀弩的夫人周颖在左翼戏剧家联盟里组织了一个"戏剧供应社"，专为演出团队提供服装和道具，她动员萧红去看看。两萧不知底细，又去咨询鲁迅，先生回复说他也不知底细，"但我看是没什么的，不打紧"[2]，也就是说，让他们不要顾虑很多；但接着又提醒说，"此后所遇的人们多起来，彼此都难以明白真相，说话不如小心些，最好是多听人们说，自己少说话，要说，就多说些闲谈"[3]。其中"最好是多听人们说，自己少说话，要说，就多说些闲谈"则更多的是对萧军的告诫，这样的忠告对萧军的一生都具有重要的意义。

但是，对于不少人看不入眼或看不惯的"东北佬"萧军身上的"野气"，鲁迅反倒不以为然，当萧军听到这类近乎歧视性的"评语"，心里的感觉也不那么舒服，可他想，既然到了上海且又想要"挤"进"文坛"，总得有点"斯文"的样子，才不致被视为"异类"而遭排斥。因此在信中他向鲁迅诉说此间种种，他以为鲁迅会定出几条"标准"或"戒律"，把他的"粗野"之处修理一番，令他想不到的是他看到了如下一段话：

我最讨厌江南才子，扭扭捏捏，没有人气，不像人样，现

---

[1][2][3] 《鲁迅全集》第十三卷，北京：人民文学出版社，2005年11月，315页。

在虽然大抵改穿洋服了，内容也并不两样。[1]

这样的话，对于萧军"关东土匪"的做派，简直无异于纵容和鼓励。

鲁迅回信中也许并非是无意地说到自己一篇七千字的随笔，被检查官删去四分之三，"只剩一个脑袋，不值钱了"[2]，然后以此为由，安慰萧红："吟太太的小说，我想不至于此，如果删掉几段，那么，就任它删掉几段，第一步是只要印出来"[3]。鲁迅以自己作品的遭际现身说法来打预防针，强调"印出来"才是最重要的，同时也暗示萧红要有其他准备。

第二节　广也说问问您们俩的好

两萧在与鲁迅相交一段时间后，大约已有了搬家的想法，因此在12月26日给鲁迅的信中说到此事，鲁迅当夜的复信中因有下文："今年不再写信了，等着搬后的新地址。"[4]

1934年12月29日前后，就在新年到来的前夕，两萧离开居住了两个月的拉都路北段283号小杂货店亭子间，把家搬到不远处的拉都路411弄福显坊22号。当年，这一带已是上海的郊区，比较偏僻，从窗口望出去，路两边是一片广阔的菜地，虽正值隆冬，那青草和青菜生成的地方却是一片绿油油，这使得两个"东北佬"深感惊奇——在东北，这个季节早已万物凋零，基本见不到什么绿色了。

两萧刚刚收拾定当，马上写信告知鲁迅。2日写的信，鲁迅4日收到，并在当天"即复"（见鲁迅日记），这是鲁迅1935年的第一封信，信中甚至间接地风趣地对"刘、吟先生"表示了羡慕：

---

[1][2][3][4]《鲁迅全集》第十三卷，北京：人民文学出版社，2005年11月，315—316页。

二日的信，四日收到了，知道已经搬了房子，好极好极，但搬来搬去，不出拉都路，正如我总在北四川路兜圈子一样。有大草地可看，在上海要算新年幸福，我生在乡下，住了北京，看惯广大的土地了，初到上海，真如被装进鸽子笼一样，两三年才习惯。[1]

因为当时几乎所有的作品都要送审，所以鲁迅他们会在信中讨论有关话题，通不过的比例往往很高，自然引起他们的义愤，鲁迅觉得检查官展示出的这副本领毫不足怪，因为他们实在是没有别的本领："但想到所谓文学家者，原是应该自己会做文章的，他们却只会禁别人的文章，真不免好笑。但现在正是这样的时候，不是救国的非英雄，而卖国的倒是英雄吗？"[2]看来对文章的审或禁是由来已久的。因了这些天天上演的查和禁，鲁迅不禁感慨一番："近来文字的压迫更严，短文也几乎无处发表了。看看去年所作的东西，又有了短评和杂论各一本，想在今年内印它出来，而新的文章，就不再做，这几年真也够吃力了"[3]，我们不难想象，他是在怎样的状态下工作着啊。

鲁迅的信末落款除了一贯的"迅 上"之外，另缀一句"广附笔问候"[4]，有趣也！

距上封信足有半个多月之后，"刘 、吟先生"才又收到鲁迅1935年的第二封信，写于1月21日，这是一封篇幅不算长的信，却包含着很大的信息量，对两萧来说也非常重要。信中先是告诉他们说"自己吃东西不小心，又生了几天病，现在又好了"[5]；随即进入正题，谈到他们寄去的两篇稿子，说"写得很好，白字错字也很少"[6]；接下来的内容更无疑是佳音，"我今天开始出外走走，想绍介到《文学》去，还有一篇，就拿到良友公司去试试罢"[7]。刚刚病愈的鲁迅打算要助力两位年轻人，他要亲自

---

[1]《鲁迅全集》第十三卷，北京：人民文学出版社，2005年11月，329页。
[2][3]《鲁迅全集》第十三卷，北京：人民文学出版社，2005年11月，330页。
[4]《鲁迅全集》第十三卷，北京：人民文学出版社，2005年11月，331页。
[5][6][7]《鲁迅全集》第十三卷，北京：人民文学出版社，2005年11月，355页。

第五章 作品初步得到鲁迅认可

出马,向有关刊物推荐他们的稿子了,而且是《文学》社和良友公司这样有影响的出版机构。

这样的消息让他们有多高兴啊!

其实说到鲁迅前几天致病的原因,并不全是他自己所说的由于吃东西不小心,更多的成分是赶译童话的劳累所致,因为"十天里译了四万多字,以现在的体力,好像不能支持了。但童话却已译成,这是流浪儿出身的Panterejev做的,很有趣"[1]。这里所说的已经译成的童话,即是苏联作家班台莱耶夫的中篇小说《表》,不久后,发表在1935年3月出版的《译文》月刊第二卷第一期上。

尽管那样劳累,尽管在病中,鲁迅对两萧的牵挂也是有增无减,"现在搬了房子,又认识了几个人(叶这人是很好的),生活比较的可以不无聊了罢"[2],对于他们去信中所问的"小伙计"海婴的近况,鲁迅以一个顽童的父亲的无奈告知他们说,这个"小伙计""比先前胖一点了,但也闹得真可以"[3]。

此信的落款也别有情趣,承继了上一信的幽默风格,在常规的"迅上"之后,另添有一句:"广也说问问您们俩的好"[4]。似这般"广附笔……"、"广也说……"中的"广"自然是代指许广平女士,这更凸显出通信双方关系的进一步密切和熟识,这样有趣的现象,此前的通信中未曾出现(仅在1934年12月17日邀饭信末署名"豫广同具"),此后也没有再现。

1934年12月份鲁迅与两萧交往小结:

日记中共出现十一次:得信六次,回复五次。

12月2日日记:"得萧军信。"

12月4日日记:"得萧军信。"

12月6日日记:"复萧军信。"

---

[1][2][3][4]《鲁迅全集》第十三卷,北京:人民文学出版社,2005年11月,356页。

12月10日日记："得萧军信，下午复，并寄《桃色的云》、《小约翰》、《竖琴》、《一天的工作》各一本。"

12月14日日记："得萧军信。"

12月17日日记："下午寄谷非夫妇、绀弩夫妇、萧军夫妇及阿芷信。"

12月18日日记："往梁园豫菜馆定菜。"

12月19日日记："晚在梁园邀客饭，谷非夫妇未至，到者萧军夫妇、耳耶夫妇、阿紫、仲方及广平、海婴。"

12月20日日记："寄萧军信。"

12月23日日记："得萧军信。"

12月26日日记："得萧军信，即复。"

第三节　鲁迅安抚萧红的焦虑

　　时间走入1935年的1月下旬，两萧来到上海差不多有三个月了，盘点这三个月，我们看到，初抵上海的第一个月即1934年11月，他们的名字便频繁地出现在鲁迅日记里，计有十次；通信的密度也很大，双方往返信函达十三封之多，其中他们给鲁迅六封，鲁迅回复他们七封（包括约见的信），并且在11月30日，在到达上海将满一个月时，他们如愿见到了心中仰慕已久的鲁迅先生。第二个月即12月中，已经见过面的鲁迅和两萧，联系的状态继续保持着上个月的频繁和密度，鲁迅日记中跟两萧有关的记载有十一次，所记内容除了此前单纯的"得"信、"复"信、"寄"信之类，还出现了"往梁园豫菜馆定菜"、"晚在梁园邀客饭"等字眼，这是见面十几天之后，鲁迅设宴为两萧介绍朋友的有关记载；信件往返共十一封，其中两萧六封，鲁迅五封。

　　这样的势头，这样的频繁和密度，这样的"定菜"和"邀客饭"，无疑是一个比较特殊的现象，考察当时鲁迅交往的圈子，特别是在和青年交

第五章　作品初步得到鲁迅认可

往的圈子里并不多见。

但进入1935年之后，即他们到上海的第三个月时，情形有了一点改变。在1935年的1月份，鲁迅日记中跟他们有关的内容共出现六处；往返信件共计七封，他们发出四封，鲁迅回复三封。

这样的减与缓，并不意味着关系的疏离，某种意义上来说，甚至更是一种深化。

面也见了，饭也吃了，那么多那么多的问题鲁迅也都为他们解答了，作为两萧，已完全不像初到时那么焦虑和茫然，心里也比较的定当了；熬过了最初的浮躁和不适，他们已不再那样迫不及待地给鲁迅写信，也不再整天的什么都干不下去，只是眼巴巴地时时渴望着鲁迅的回信。再者，他们毕竟是以文学青年的身份出现在上海，来奔鲁迅的，此时此刻，他们似乎也应该做点什么了。作为鲁迅，两萧来信渐少，他的回复自然就少，毕竟对于他来说，有那么多的事情要做呢。

事实上，更重要的是，两萧都已经开始试着坐下来，并且开始写东西了。1934年12月底，萧军刚完成的两篇小说已寄给了鲁迅，当然那是在聂绀弩的鼓励下寄去的，鲁迅也已准备出面推荐（见1月21的信，"我今天开始出外走走，想绍介到《文学》去……"）；而萧红，也已在1935年1月26日完成了取材于青岛邻居小商贩生活的随笔《小六》，或许，系列散文《商市街》业已有了部分腹稿和初步的构架。

1月29日夜，作为对两萧20日和24日去信的回复，鲁迅致信"萧、吟两兄"，谈到自己的"坏习气"：

> 一样事情开手，不做完就不舒服，也不能同时做两件事，所以每作一文，不写完就不放手，倘若一天弄不完，则必须做到没有力气了，才可以放下，但躺着也还要想到。生活就因此没有规则，而一有规则，即于译作有害，这是很难两全的。还有二层，一是琐事太多，忽而管家务，忽而陪同乡，忽而印书，忽而讨版税；二是著作太杂，忽而作序文，忽而作评论，忽而译外国

文。脑子就永是乱七八糟,我恐怕不放笔,就无药可救。[1]

这样的一番夫子自道,足以使我们看到鲁迅的工作状态和生活状态,也许还有两者之间相当大的反差;如此这般,"吃的是草,挤的是奶",恐怕真真是要累坏了鲁迅。

继一个月之前(1934年12月20日和26日)信中的一再提及,此信鲁迅又一次说起萧红的《麦场》,大约是预料到她会时常因此而焦虑吧,这样的提及无异于再一次地宽慰和安抚:

> 吟太太的小说送检查处后,亦尚无回信,我看这是和原稿的不容易看相关的,因为用复写纸写,看起来较为费力,他们便搁下了。[2]

大概是萧红在去信中表示出了某种焦灼不安,和这种无法写作的焦灼不安所带来的自责,并请求鲁迅的批评和鞭策,因而回信出现了有趣的下文:

> 我不想用鞭子去打吟太太,文章是打不出来的,从前的塾师,学生背不出书就打手心,但愈打愈背不出,我以为还是不要催促好。如果胖得象蝈蝈了,那就会有蝈蝈样的文章。[3]

信中何以单提"如果胖得象蝈蝈了",而不是别的什么"蛐蛐"、"蚂蚱"和"蝴蝶"之类,以前一直觉得困惑,最近看到一点新材料才觉恍然,原来这缘自朋友对萧红的戏称。两萧刚搬到福显坊22号时,因与周围的人有明显不同,很快就被别人注意到了,而注意他们的人是上海著名文具店"一文阁"老板胡恒瑞先生的一个亲戚。亲戚把这个发现告诉了胡老板,胡老板跟两萧的房东也认识,业务上有往来,他祖籍河北,

---

[1]《鲁迅全集》第十三卷,北京:人民文学出版社,2005年11月,365页。
[2][3]《鲁迅全集》第十三卷,北京:人民文学出版社,2005年11月,366页。

第五章　作品初步得到鲁迅认可

一向对来自北方的文化人颇为友善，在对两萧有了初步的了解后，在马上就到来的新年之际，把两萧和他们的房东一起请到家中做客；两萧在陌生的南方遇到了豪爽的北方人，也很快融入了这个家庭。当时的萧红可能因为无所事事，无聊之中吃和睡都比较多，搞得整个人看上去不那么消瘦，甚至是有些丰满的，所以得到了"蝈蝈"这样的一个绰号，胡老板在当天的日记中写道："大家戏称萧红是胖蝈蝈。萧红主动到厨房里帮忙，她的烙饼技术很好。"[1]

应该是他们在信中把这事告诉了鲁迅，因而得鲁迅回信中的善意调侃；此前她对这绰号也许还有些抵触，女孩子总不情愿自己跟胖连在一起，但据说看了鲁迅的回复后也就欣然受之了。

1935年1月份鲁迅与两萧交往小结：

日记中共出现六次：得信四次，回复三次。

1月4日日记："得萧军信，即复。"

1月9日日记："午后得萧军信。"

1月21日日记："寄萧军信。"

1月23日日记："得萧军信。"

1月26日日记："得萧军信。"

1月29日日记："夜复萧军信。"

第四节　两萧的文字带来一股清新的风

从1935年1月份开始，鲁迅和两萧通信中增加了一项很重要的内容，即关于作品的讨论和对话，这样的新内容和与此有关的内容，在其后来的通信和交往中愈发显现，有增无减。

鲁迅在与两萧大量通信后，在见过面、吃过饭之后，特别是这时鲁迅已仔细看过他们各自所写的作品，身为文坛旗手又阅人无数的鲁迅先生，

---

[1] 彰无忌：《萧军萧红在上海的日子》，《文史精华》，2012年10期，30页。

对这两个来自沦陷区的年轻人已颇有好感，或者说已预见到他们在写作方面的巨大潜力。

继萧军给鲁迅寄稿后，萧红也不甘落后，把自己描写青岛生活的短篇《小六》也寄给了鲁迅，同时寄去的还有两篇萧军的作品。读鲁迅日记可见，1935年2月3日有"得萧军及悄吟信并小说稿"之记载；在五天之后，即2月8日，在鲁迅的日记里我们又读到了跟这几篇小说稿有关的记录："寄陈望道信并悄吟稿一篇"，寄出悄吟稿的第二天，即2月9日，鲁迅致信"刘军、悄吟先生"，是对他们2月3日来信来稿的回复："来信早收到；小说稿已看过了，都做得好的——不是客气话——充满着热情，和只玩些技巧的所谓'作家'作品大两样",[1]这样的认可和鼓励，无疑会使两萧备受鼓舞，他们的信心也会随之见涨。那时的上海滩，那时的文坛，平日所见多是些玩弄技巧的"作家"所写的作品，或风花雪月鸳鸯蝴蝶，这一向为鲁迅所低看；见到两萧笔下那些来自旷野充满着热情的、极具生命张力的清新文字，饱经沧桑的鲁迅欣慰难禁，这样的文字给他带来了久违的惊喜。

信中还接着告诉他们说："今天已将悄吟太太的那一篇寄给《太白》。余两篇让我想一想，择一个相宜的地方，文学社暂不能寄了，因为先前的两篇，我就寄给他们的，现在还没有回信。"[2] "悄吟太太的那一篇"就是《小六》，"余两篇"则为萧军所作。这是继向《文学》社和良友公司的《新小说》推荐萧军之后，鲁迅亲自出面，直接把萧红的作品寄给了《太白》的主编陈望道，接下来，那"余两篇"则需要想一想，在前文投出一段时间没有回复的情况下，看怎样才能想办法再为它们"择一个相宜的地方"。

这时的萧军，因为还没习惯南方的生活，更没有打入文坛，即便与一般市民之间也有着不小的隔膜，所以常常会感到很"落寞"。对于这一情况自己又闹不清楚为什么，无奈还是在信上跟鲁迅倾诉，鲁迅帮他分析

---

[1][2]《鲁迅全集》第十三卷，北京：人民文学出版社，2005年11月，378页。

说，主要原因仍是因为他们在上海还是一个陌生人，"没有生下根去"；说到此处，话锋一转，"但这样的社会里，怎么生根呢，除非和他们一同腐败；如果和较好的朋友在一起，那么，他们也正是落寞的人，被缚住了手脚的"[1]；然后下面跟萧军的讨论，是最具鲁氏风格的借题发挥，"文界的腐败，和武界也并不两样，你如果较清楚上海以至北京的情形，就知道有一群蛆虫，在怎样挂着好看的招牌，在帮助权力者暗杀青年的心，使中国完结得无声无臭"[2]。这样的文字至今读来还是令人感到震撼，其中所说的"蛆虫"之类似乎现在也不少见，这让我们从一个很小的侧面大可想见当年鲁迅所处的环境，恶劣且凶险，真的是常常让人觉得艰于呼吸。

因为不愿让两个年轻人受到这种颓唐情绪的影响，鲁迅还告诉两萧，"我也时时感到寂寞，常常想改掉文学买卖，不做了，并且离开上海。不过这是暂时的愤慨，结果大约还是这样的干下去，到真的干不来了的时候"[3]；这种说法其实很大程度上是对两萧的宽心和开导，或仅限于朋友之间的聊天。事实上，它真的不过是一种"暂时的愤慨"，因为鲁迅的"文学买卖"最终也没有被"改掉"，他从1927年定居上海之后就再也没有离开上海，他说，"我好像一只牛，吃的是草，挤出的是牛奶、血"，结果是，多年的艰辛的劳作和不断恶化的环境严重地损毁了他的健康，那"真的干不来了的时候"——1936年10月19日，就过早又无情地到来了。

第五节　三个年轻人写信让鲁迅请客

两萧给鲁迅写信向来都由萧军执笔，虽然所问的问题和其中的内容都跟萧红息息相关，其原因一来是因为在青岛的第一封信就是他写了发出的，二来是萧军很乐于同时也很善于做这类事，一向积极主动，热情可

---

[1][2]《鲁迅全集》第十三卷，北京：人民文学出版社，2005年11月，379页。
[3]《鲁迅全集》第十三卷，北京：人民文学出版社，2005年11月，380页。

嘉。但是1935年2月3日鲁迅日记所记："得萧军及悄吟信并小说稿"里的这封信，却是由萧红执笔的，这是什么原因呢？说起来，却是个有趣的故事。

自从1934年11月30日在内山书店见到鲁迅，同年12月19日晚赴梁园豫菜馆参加鲁迅邀约的宴会后，两萧再也没有见到鲁迅一家。在那次宴会上遇见叶紫后，鲁迅有意识地让叶紫多和他们来往，两萧和叶紫逐渐成了好哥们儿。当时，叶紫夫人汤咏兰回了湖南老家，只剩叶紫一人在上海生活，所以叶紫得空就会到两萧的住处来。三位颇具才华的文学青年谈天说地，探究人生，除了这些，他们还有个很大的相似之处，那就是三人都身无长物，是上海滩的穷人，而且穷得叮当响。

两萧搬家到福显坊不久，某一天叶紫来访，三个年轻人照例在一起摆起了"龙门阵"，谈创作，谈生活，三说两说，不知怎么就扯到了吃上。精神不振的叶紫先是表示他近来很馋，太想吃点荤腥之类的东西了……萧军马上跟进，说他也总想吃点肉什么的……萧红被他们的馋虫所传染，表示也想吃点好吃的……但他们都在窘迫中度日，充其量也只能是勉强糊口，鱼肉之类的所谓好吃的，对他们来说都是那样难以企及的奢侈品，就像梦中的海市蜃楼。

可是腹内的馋虫又使他们饱尝痛苦，怎么办呢？怎么办呢？唉，穷人的日子真是不好过，到底怎么办才好呢？……

忽然，叶紫心生一计，想起来一个"好"办法——咱们写信给"老头子"，让他请咱们吃一顿。这个建议立即得到附议并以最快的速度获得通过，但是实施操作的过程却有些周折。一向积极写信的萧军此时有点儿不那么积极了，可能是有点畏难情绪了，是啊，一个整天跟人讨论人生的"大老爷们儿"家，写信让鲁迅先生请自己吃饭，似乎很难说得出口；而叶紫自然也不愿出头做这件丢份的事儿；后来，弄着弄着，萧军、叶紫一致表示由萧红出面来写这封信最合适，女人嘛，有些话比较地好说，而且估计一般也不会被先生拒绝，就算被拒也没有什么；萧军、叶紫还说，为表示他们真诚的态度，他们都会在信上签上自己的名字。结果，在他们的怂恿下，萧红居然答应了下来。

第五章　作品初步得到鲁迅认可

因为要给鲁迅寄稿，所以同时也寄上了这样的一封信，大意是说，我们几个最近都"馋了"，他们（叶紫、萧军）让我写信，希望您能"请"我们吃一顿……云云。

尽管这样，三个年轻人的心里还是打着小鼓，还是有很多的不安；因为他们清楚地知道，鲁迅一家人的生活都是靠他的稿费和版税，虽然是很馋，却也不太忍心让鲁迅先生太过破费。所以萧红在信中还含蓄地说明并强调，不用去大馆子，小一点儿的就可以；不用吃太好，吃得次一点儿也行……

信写完之后，那起头的两个爷们儿，或许心中觉得惭愧，都没好意思在信上签名。

鲁迅自然注意到了这个小小的请求，他在看到这封信时也许还有会心的微笑。2月9日，鲁迅的回复来了。回答完前面的问题，在信的末尾，他答应三位"打牙祭"的渴望，说：

> 请客大约尚无把握，因为要请，就要吃得好，否则，不如不请，这是我和悄吟太太主张不同的地方。但是，什么时候来请罢。[1]

那时期的鲁迅正忙于为上海良友图书公司的《中国新文学大系·小说二集》编选小说和写序言。他2月26日给叶紫的信中说："我因为给书店选一本小说，而且约定了交卷的日期，所以近来只赶办着这件事，弄得头昏眼花，没有工夫。等这事弄完后（下月初），我们再谈罢。"[2] 也就是说，吃饭的事是大体被安排在3月初的。

接到了这样的回复以后，三个年轻人不约而同进入了期待状态。

3月1日鲁迅的信中开头便跟两萧说："已约叶（特指叶紫）定一个日期，我们可以谈谈。他定出后，会来通知你们的"[3]。这使两萧感到很大

---

[1]《鲁迅全集》第十三卷，北京：人民文学出版社，2005年11月，380页。
[2]《鲁迅全集》第十三卷，北京：人民文学出版社，2005年11月，395—396页。
[3]《鲁迅全集》第十三卷，北京：人民文学出版社，2005年11月，398—399页。

的宽慰，虽然是有点婉转地说"我们可以谈谈"，但看上去，吃饭的事情已经看到曙光了。

从这样的一件小事即可以看出鲁迅对年轻人的呵护，也可以看出鲁迅为人处世之"纯粹"之"彻底"。

1935年2月份鲁迅与两萧交往小结：

日记中共出现六次：得信（并稿）三次，回复两次。

2月3日日记："得萧军及悄吟信并小说稿。"

2月8日日记："寄陈望道信并悄吟稿一篇。"

2月9日日记："上午复萧军信。"

2月11日日记："午得萧军信。"

2月12日日记："得萧军信，即复。"

2月26日日记："寄郑伯奇信并萧军稿三篇。"

第六章　上海文坛初试啼声

第一节　《小六》发表于《太白》

1935年3月1日，鲁迅回复"刘军、悄吟兄"的信中除了告知他们"已约叶（特指叶紫）定一个日期，我们可以谈谈"而外，还有更令两萧欣喜的消息，那就是下面的这行文字："悄吟太太的一个短篇，我寄给《太白》去了，回信说就可以登出来"[1]，这可是比"打牙祭"更令人兴奋的佳音啊！对于到上海后一直处在穷困之中饥寒交迫的他们，没有比这更给力的好消息了。

读这一阶段的鲁迅日记可知，这篇短文2月3日寄到鲁迅手上，2月8日，已被寄给了《太白》的主编陈望道，2月9日，鲁迅就在给两萧的信中通报了此消息，2月13日鲁迅日记中有："上午得望道信"。陈先生的这封信应该是有着用稿通知内容的信，所用之稿无疑就是那篇《小六》——除了《麦场》之外，当时萧红寄给鲁迅的唯有这一篇稿子。

2月中，《文学》已确定要用萧军的那个短篇小说《职业》了，这是一部取材于哈尔滨友人生活经历的作品，但在鲁迅看来，寄去的另一篇更好一些："那篇《搭客》，其实比《职业》做得好（活泼而不单调）"[2]，然而鲁迅托一个熟人拿去之后，却被《东方杂志》拒之门外，并回复他一封官式的信，鲁迅把那信也给两萧附上，让他们从中"可以看看大书店的派势"[3]。这样的派势对两萧来说等于是一个下马威，"老头

---

[1][2][3]　《鲁迅全集》第十三卷，北京：人民文学出版社，2005年11月，399页。

子"的待遇尚且如此,默默无闻的年轻人的遭际更可想而知,自然投稿被选用的可能性甚是微小,在上海,卖文为生之路也许并不亚于蜀道之难。

1935年3月1日,萧军的《职业》在《文学》第四卷第三期刊出;3月5日,萧红的《小六》发表于《太白》第一卷第十二期"速写"栏目。《文学》月刊由郑振铎、傅东华等创办,是20世纪30年代出版时间最长、影响最大的文学期刊;《太白》小品文半月刊由陈望道在1934年9月创办,针对当时社会上出现的"文言复兴"现象,主张建立真正的"大众语"和"大众语文学",更多的是为实践大众语服务。

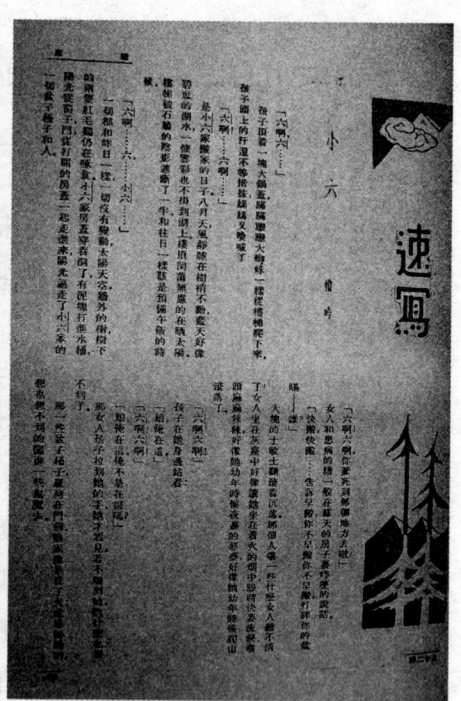

1935年3月,第一卷第十二期《太白》,左为封面,右为《小六》正文

散文《小六》,讲述的是"小六"一家贫困无告的生活,母子二人后来被逼得跳了"湾"(泥塘)。故事取自两萧在青岛的生活,"小六"一家的原型即是他们当时的邻居朱姓小贩。

这是两萧到上海后第一次发表作品,也是他们迈向上海文坛的第

第六章　上海文坛初试啼声

一步。

这对于他们来说是一件喜事，同时更是一件大事，漂泊到上海4个月之后，在鲁迅多方大力举荐下，他们苦心经营的文字终于变成了铅字。而文章的发表带来的收入也大大改善了他们的窘况：他们暂时可以不为一日三餐而坐困愁城。此事的终极意义在于，某种程度上意味着，在上海滩，他们凭着自己的写作，也许能够活下来了。

就在两萧为作品的分别发表而兴奋和激动之时，吃饭的请求也兑现了。作品的发表犹如雪中送炭，再次被鲁迅请吃饭更觉锦上添花。

1935年3月5日鲁迅日记，全文如下：

> 晴。上午得萧军信并稿三篇。晚约阿芷、萧军、悄吟往桥香夜饭，适河清来访，至内山书店又值聚仁来送《芒种》，遂皆同去，并广平携海婴。[1]

"阿芷"即是叶紫，"河清"和"聚仁"分别是《译文》的编辑黄源和《芒种》的编辑曹聚仁。

那家饭馆的菜肴比较精致。这次被请客，萧军和叶紫虽事先不肯在信上签名，但吃的时候当然是去的，特别是萧军，既然去了就当仁不让，战斗力很强，他吃的总量比叶紫和萧红加起来还要多；而那个张罗得最欢的萧红，吃得却是最少。

除了打牙祭和解馋外，这个饭局也别有一番意义：在饭桌上，三个年轻人正式酝酿要成立"奴隶社"，要自费出版"奴隶丛书"。据萧军后来回忆说，他们的想法是计划"非法"出版十本"奴隶丛书"，打算凡不能公开出版的书，全用这种方式自印。在那之前，叶紫的《丰收》因无法通过当局的审查，已经决定自费印排，鲁迅在1月17日已为此作序，即后来收入《且介亭杂文二集》的《叶紫作〈丰收〉序》，并进入了操作程序；而萧军的那部《八月的乡村》题材敏感，恐更难通过检查获得正式出版

---

[1]《鲁迅全集》第十六卷，北京：人民文学出版社，2005年11月，520页。

的机会；萧红的《生死场》则在更早之前就已送审，至此还是迟迟没有消息，他们有点着急了，也萌生了效仿叶紫自费出书的念头。通过在这个饭局上的讨论，成立"奴隶社"的想法得到了鲁迅的赞同，并且鲁迅后来又特别强调说，"奴隶"是受压迫者，用来做丛书名，是为了表示奴隶的反抗，"奴隶"和"奴才"是不同的。

第二节　我大约是"姑息"的一方面

　　《文学》和《太白》两刊，都是当时上海滩有影响的杂志，作为向上海文坛的见面礼，两萧的文章被登在这上面，大大提升了他们的信心，更因为有鲁迅的鼓励和扶持，他们也是备受鼓舞。他们的计划也多起来了，与此有关的憧憬也丰富起来，上海文坛因此对他们有了初步的期待，在短暂的沉寂和茫然之后，他们在写作上的潜力与激情都已经蓄势待发。

　　自那前后始，鲁迅给两萧的信中除了和两萧讨论稿件和通报情况外，他们的朋友（如金人等）的创作和翻译，也往往被包括在内。

　　当时在青年萧军的眼里有一种看法，他认为列宁和高尔基对人民的"爱"各自不同，前者比较严厉，理大于情，属于父性；后者则相对感性，近乎于慈，更接近母性——但也容易流于姑息。萧军由此问题想到鲁迅，便在信中问及他觉得自己该是属于哪一类型，鲁迅3月13日回信说："使我自己说起来，我大约是'姑息'的一方面"[1]，也就是说鲁迅对人特别是对青年的"爱"是属于母性的，这种自我认同对于一向以文坛斗士身份示人的鲁迅尤其重要。晚年的萧军对此亦是特别感念，他在为那本《鲁迅给萧军萧红信简注释录》作解时，常有一种追悔之情，怪自己那时总要去信麻烦鲁迅，有时仅仅是为了一点小事，也要他写信解释很多，而他从未流露出丝毫的厌烦，"这是多么难能可贵的状态啊！他曾说'我好

---

[1]《鲁迅全集》第十三卷，北京：人民文学出版社，2005年11月，407页。

第六章 上海文坛初试啼声

像一只牛，吃的是草，挤出的是牛奶、血……'至少我是吸吮过他的生命之血了！"

而萧军这番说明和诠释也并非孤证，据端木蕻良的回忆，萧红也曾跟他谈起过类似内容的话题。

> 有一次，萧红告诉我，在她心目中，一直想解决一个问题，就是，鲁迅先生对青年的态度。她说，在她没见到鲁迅先生面时，猜想鲁迅先生一定是位很严厉的人，但见到面后，便觉得鲁迅先生是很容易接近的。这是什么道理呢？她调皮地说，她想从鲁迅先生口中得到这个回答。因此，有一天，萧红便直古拢桶地问起鲁迅先生来：
>
> "您对青年们的感情，是父性的呢？还是母性的？"
>
> 萧红笑着对我说："这话，我早就想问了，看来是一件小事，但它是关系到我们将来怎样刻划鲁迅先生的大事，是非问不可的大事！"
>
> 她接着告诉我说，鲁迅先生靠在藤椅上，手指夹着纸烟，吸了一口，沉吟了一下，慢慢地说：
>
> "我想，我对青年的态度，是'母性'的吧！"[1]

可见萧军所言不虚，而事实也确实如此。长期以来，鲁迅在文坛可谓走过很多的路，尽管形形色色的年轻人中有一部分的所言所行曾给鲁迅带来一些困惑，甚至烦恼和痛苦，但他对青年人的热情并未因此而稍减，且始终葆有一颗赤子之心，对他们寄予希望和厚爱，只要有可能，就会鼓励扶持或伸出援手。在周围的晚辈中，他给予两萧的这种类似"母性"的关爱似乎又更多一些，究其原因，恐怕不仅因为他们是来自沦陷区，又不甘做奴隶，同时应该也跟他们身上发散出来的"稚气"与"野气"有关。鲁迅一向偏爱带有"稚"、"野"二气的人，而对一些"少年老成"、"城

---

[1] 端木蕻良：《鲁迅先生和萧红二三事》，《新文学史料》，1981年第三期。

府很深"者，则会做出别的选择，两萧展现出的原生态之美和天籁之文，或已给鲁迅带来了意外惊喜。

所以，当黄源在闲谈中，玩笑似的说萧军"野气太重"，并使萧军产生了迷茫，去向鲁迅讨教，问他对这"野气"如何看，以及如何改正时，得到的答复是：

> 所谓"野气"，大约即是指和上海一般人的言动不同之点，黄大约看惯了上海的"作家"，所以觉得你有些特别。
>
> 由我看来，大约北人爽直，而失之粗，南人文雅，而失之伪。[1]

"粗"和"伪"固然都有其局限，但两者之间，鲁迅直言"粗自然比伪好"[2]，这种宁"粗"毋"伪"的鲜明态度，对"伪"的拒斥和蔑视溢于言表。

在告诫萧军"不要故意改"[3]的同时也提醒他，"装假固然不好，处处坦白，也不成，这要看是什么时候。和朋友谈心，不必留心，但和敌人对面，却必须刻刻防备。我们和朋友在一起，可以脱掉衣服，但上阵要穿甲。"[4]这对于有时行事鲁莽的萧军，应该是一生的忠告。

第三节 单独复信"悄吟太太"

1934年年末时，许广平就一直想到两萧的"家"里去看看，从春节前就计划着了，可眼下已是3月中旬，时间已经过去快两个月了，还未付诸实现，鲁迅在信中跟他们解释说，这都是"因寓中走不开而止"[5]。

观1935年3月17日鲁迅日记："得悄吟信并稿二篇，即复。"这封不

---

[1][2]《鲁迅全集》第十三卷，北京：人民文学出版社，2005年11月，407页。
[3][4][5]《鲁迅全集》第十三卷，北京：人民文学出版社，2005年11月，408页。

第六章　上海文坛初试啼声

长的复信全文如下：

悄吟太太：

　　来信并稿两篇，已收到。
　　前天，孩子的脚给沸水烫伤了，因为虽有人，而不去照管他。伤了半只脚，看来要有半个月才会好。等他能走路，我们再来看您罢。
　　专此布复，并请
双安。

豫　上
三月十七日[1]

这样单独地给"悄吟太太"写信，在两萧和鲁迅的交往中并不多见。一方面是给鲁迅写信的事几乎全被萧军"承包"，萧红有什么事也就由他代笔，或大部分的信件都是他们两人共同的表达，但执笔的人都是萧军；另一方面，从最初这样的惯例形成之后，已经近乎约定俗成，大家也都顺其自然，以鲁迅的阅历和习惯也不便单独跟萧红联系，尽管他此时也许已经非常看好这个东北女孩的创作潜质。

自从3月初，两萧的作品分别在《文学》和《太白》上刊出后，两人的写作热情逐渐高涨，他们也随时把写成的作品寄给鲁迅，拜他继续推荐。这次的信就是寄稿子的，即信中所云"来信并稿两篇"，也许是萧红去信中再次表达了对鲁迅一家到来的期待，或再次发出邀请，但一个突发之事使得鲁迅一家近期无法出门，是因为海婴的脚被沸水烫伤，治疗和恢复总要有半个月时间，所以，鲁迅的答复是："等他能走路，我们再来看您罢。"

收得这封信后，萧军马上回信，还在信中寄去了他们在哈尔滨的朋友、后来的俄苏文学翻译家金人（张君悌）的一篇译稿。鲁迅在19日收到

---

[1]《鲁迅全集》第十三卷，北京：人民文学出版社，2005年11月，412—413页。

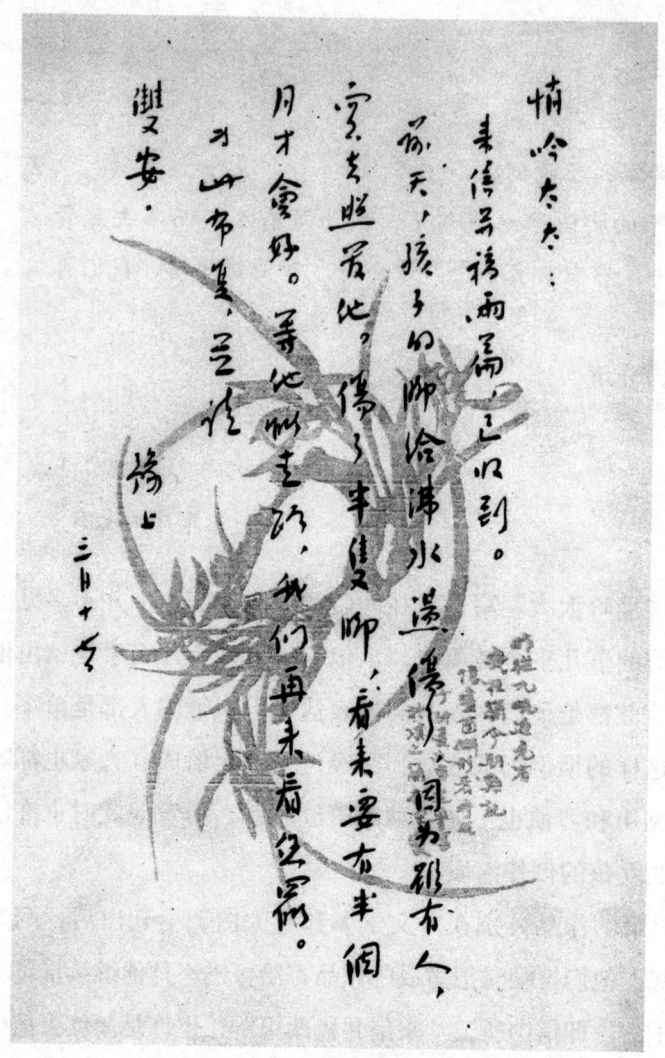

1935年3月17日鲁迅给萧红的复信

此信并在当夜回复,说"那一篇译稿,是很流畅的"[1],并告知他们,关于金人的稿子,上一回"那一篇我已经寄给《译文》了"[2]。

鲁迅和两萧通信不久,信中就出现了不少拉家常的内容,其中自然牵涉到海婴,尤以这封信的文字最多,如说到当孩子受到一点委屈,就不肯吃

---

[1] [2]《鲁迅全集》第十三卷,北京:人民文学出版社,2005年11月,414页。

饭,用这种消极抵抗法来表示不满时,作父亲的"也往往只好对他说几句好话,以息事宁人"[1],并强调"我对别人就从来没有这样屈服过"[2]。这不禁令人想起鲁迅写于1931年冬天的那首戏作《答客诮》,"无情未必真豪杰,怜子如何不丈夫?知否兴风狂啸者,回眸时看小於菟。"这首诗非常集中地体现了鲁迅的怜子情怀,那时节,鲁迅老年得子,海婴才只有两岁。这首诗更让我们看到与多数人笔下"横眉冷对"、"金刚怒目"等大相径庭的鲁迅的另一面,感受到一位伟丈夫"俯首甘为孺子牛"的悲悯情怀。

鲁迅有时也会在信中诉一诉自己的"苦情",例如在这封信的结尾处说道:

> 这几天在给《译文》译东西,不久,我的母亲大约要来了,会令我连静静的写字的地方也没有。中国的家族制度,真是麻烦,就是一个人关系太多,许多时间都不是自己的。
>
> 因为静不下,就更不能写东西,至多,只好译一点什么,我的今年,大约也要成为"翻译年"的了。[3]

纵观鲁迅一生的著译,称1935年为"翻译年"应该所言不虚,其几部重要的译作都在那一年或进行或完成。其中包括班台莱耶夫的童话小说《表》,果戈理的小说《死魂灵》(第一部)、高尔基的《俄罗斯的童话》和契诃夫的小说等。

经过了一段时间的筹划和准备之后,鲁迅的母亲最终还是没有到上海来。

在信中聊家常的现象,对于鲁迅来说,除了跟母亲等人,其余并不多见,多数信函只谈事务,公事公办,谈完就完;只在与曹靖华和黄源等人的通信中,聊天的情况时有发生。但和两萧之间,后来的通信,几乎大多都牵扯到家常事,往往会在信的结尾处议论或感慨几句,推心置腹,家人一般,文笔也越发诙谐和有趣——这不能不说是一种奇异的缘分。鲁迅对于两萧

---

[1] [2]《鲁迅全集》第十三卷,北京:人民文学出版社,2005年11月,414页。
[3]《鲁迅全集》第十三卷,北京:人民文学出版社,2005年11月,415页。

的来信，多是"即复"，最晚也不过是第二天就回；而1935年的鲁迅又是怎样的忙碌和无奈，这从他给友人的信中亦不难想见。

1935年3月13日复陈烟桥：

  前一回的信，大约也收到了的，但忘却了答复。近半年来，因为生了一场病，体力颇减，而各种琐事，仍不能不做，加以担任译书等等，每天真像做苦工一样，很不快活。[1]

1935年3月23日复曹靖华信中解释迟复的原因时说："的确久不寄信了，惟一的原因是忙。"[2]一月起选小说带写序，二月中旬交了卷，接着又开始译《死魂灵》。

  到上月底，译了两章，这书很难译，弄得一身大汗，恐怕还是出力不讨好。……其次，是孩子大了起来，会闹了；别的琐事又多，会客，看稿子，绍介稿子，还得做些短文，真弄得一点闲工夫也没有，要到半夜里，才可以叹一口气，睡觉。[3]

鲁迅3月13日夜的复信中告知萧军："《八月》我还没有看，要到二十边，一定有工夫来看了。"[4]果然，在3月28日夜，为《八月的乡村》所作的序已经写好，这是继叶紫的《丰收》之后，作为"奴隶丛书"之二问世前的序言。

1935年3月份鲁迅与两萧交往小结：
日记中共出现十次：得信（并稿）六次，回复五次。
3月1日日记："得萧军信，即复。"
3月5日日记："晴。上午得萧军信并稿三篇。晚约阿芷、萧军、悄吟

---

[1] 《鲁迅全集》第十三卷，北京：人民文学出版社，2005年11月，406页。
[2] 《鲁迅全集》第十三卷，北京：人民文学出版社，2005年11月，418页。
[3] 《鲁迅全集》第十三卷，北京：人民文学出版社，2005年11月，418—419页。
[4] 《鲁迅全集》第十三卷，北京：人民文学出版社，2005年11月，408页。

往桥香夜饭,适河清来访,至内山书店又值聚仁来送《芒种》,遂皆同去,并广平携海婴。"

3月8日日记:"上午寄望道信并稿一,又萧军稿一。"

3月14日日记:"上午得萧军信,午复。"

3月17日日记:"得悄吟信并稿二篇,即复。"

3月19日日记:"得萧军信并金人译稿一篇。"

3月20日日记:"上午复萧军信。"

3月25日日记:"得萧军信。"

3月26日日记:"午后复萧军信。"

3月28日日记:"作《八月的乡村》序。"

第四节 吟太太怎么样,仍要困早觉么?

　　细读鲁迅和两萧的通信,在1935年4月尽管还算频繁,但有一点不那么规律,比如在4月4日给萧军的信中就包含着几封信的内容,有的写于3月25日,有的写于3月31日夜。造成这种现象的主要原因,是两萧在上海的生活还不那么稳定,居所还不那么固定,他们又搬了一次家,从拉都路411弄的福显坊22号二楼搬到了拉都路中段351号三楼。351号是一条比较高级的弄堂,门口有铁栅门,一列有三幢三层的西式楼房。两萧在福显坊和房东相处得很好并已渐渐习惯,所以这次搬家并非他们所愿,是几位在青岛认识的朋友忽然来到上海,找到他们,并坚决主张要和他们住在一起。朋友得知两萧喜欢住在福显坊,为照顾他们不愿意离开那一带的情绪,特选择了这个离福显坊不太远的地方——拉都路东侧临街的一幢三层红砖楼,这就是两萧无奈之中最终搬到拉都路中段351号的缘由。两萧住在三楼,几个朋友分住底层和二楼。虽然这里的外观和内部条件都比福显坊要好,租来的家具也使得大家似乎阔绰了几分，但每月房租也随之而涨高，他们当时的收入还不允许他们这般潇洒；这让两萧心中颇为不安和不适，反而不时怀念福显坊窗外的大草地。

鲁迅3月25日回复萧军23日的信中说："《八月》在下月五日之前，准可看完，只能随手改几个误字，大段的删改，却不能了，因为要下手，必须看两遍，而我实在没有了这工夫。序文当于看完后写一点。"[1]这是鲁迅那里关于《八月的乡村》最直接的信息了，因为他手里一直有事在忙，抽不出时间来看它。

因为此信是写给"刘军兄"的，所以信末除了惯例似的问一声"俪祉"而外，鲁迅还不忘风趣地缀上一句"吟太太怎么样，仍然要困早觉么？"[2]这样的问候可让"吟太太"如何答对！当时萧红因为写作诸事不太顺利，情绪不太昂扬，常常要睡个懒觉，这个问题也一定是被萧军在信中告了她一"状"。这样喜欢"困早觉"，人往往就会发胖，就会胖得像蝈蝈，也难怪那时朋友们会送她一个"胖蝈蝈"的绰号。

搬家的事情在3月下旬就已通报，所以鲁迅写于3月31夜的信中就有了下面的内容："（3月25日）这一张信刚要寄出，就收到搬房子的通知，只好搁下。""《八月》已看完，序也做好，且放在这里，待得来信后再说。"[3]接着又谈到萧军那篇取材于萧红当年就读的哈尔滨女中生活的中篇小说《涓涓》，直陈其中有些地方写得"太露骨，头绪也太纷繁，要修改一下才好"[4]。

鉴于当时相当严峻的形势，鲁迅还建议萧军，"此后的笔名，须用两个，一个用于《八月》之类的，一个用于卖稿换钱的。"[5]他自己是早就这样身体力行了，笔名甚多，不断地变换，以回避和应对那些来自官方的名目繁多的审核与刁难之类。

4月2日，刚刚搬家后的两萧致信鲁迅，报告详情，鲁迅当夜回复，问及搬家前后的"同一条路，只是门牌改了号数"，"这回是没有什么'里'

---

[1][2][3][4][5]《鲁迅全集》第十三卷，北京：人民文学出版社，2005年11月，421页。

第六章　上海文坛初试啼声

的么？那么，莫非屋子是临街的？"[1]不太放心他们的说法，不惜信中再确认一次，"还有较详的信，怕寄失，所以先问一问，望即回信。"[2]在接到萧军回信后，4月4日夜鲁迅即复："三日信收到。稿、序，并另有信，都作一包，放在书店里，附上一笺，乞拿以去取。"[3]

这是两萧到上海五个月后的第三次安家，但正如鲁迅所说，搬来搬去不出拉都路，先是在拉都路北段283号小杂货店亭子间住了两个月，后到拉都路411弄的福显坊22号住了三个月，而这一次，靠近北端的351号则成了两萧在拉都路最后的居所。

拉都路始建于1918年至1921年，路名来源于法国邮船公司职员之名，1943年10月，以湖北省的县名改为襄阳路。

在20世纪40年代老地图上，拉都路283号还是叫"永生泰"文具店，如今拉都路283号的位置在永嘉路、襄阳南路口往北一点，但已被拆除建起了新楼，底层仍然是一排店铺。拉都路（今襄阳南路）349号、351号、353号、355号组成了整幢坐北朝南、东西向的三层西式房子，红砖砌筑，大门和外窗有石料装饰图案，呈现西洋风格。临街是349号，向里拐第一个门就是351号。临街有一扇宽大的铁条栅门，里面有一块空地，墙边和门边还有花坛。

拉都路见证了两萧在上海的过渡，在这里，他们熬过了最初的不适，已经渐渐进入写作状态，最可喜的是都已经开始发表作品。大约在1935年3月前后，正是他们住在拉都路的日子，萧红一生中最重要的散文集《商市街》已陆续开始写作，这部由四十一篇散文组成的集子，最终也是在这里完成的。而当年5月初，鲁迅一家对他们唯一一次成功的探望，也发生在拉都路351号。

---

[1] [2]《鲁迅全集》第十三卷，北京：人民文学出版社，2005年11月，430—431页。
[3]《鲁迅全集》第十三卷，北京：人民文学出版社，2005年11月，432页。

第五节 鲁迅手稿的境遇……

这次搬到拉都路351号之后,环境比过去有很大改善,两萧更是盼着鲁迅一家能去做客。收到鲁迅4月4日内容丰富的长信后,他们在4月7日复信,鲁迅在4月9日收得此信,并在4月12夜回信中跟他们说:"我们常想来看你们,孩子的脚也好了,但结果总是我打发了许多琐事之后,就没有力气,一天一天的拖,到后来,又不过是写信。"[1]那一段时间鲁迅的身体也时好时坏,况且要打发那"许多琐事",确也过多地耗费着他的心力。

当时在拉都路351号斜对面的326号弄堂口一旁的324号,有一家王姓夫妇经营的小摊点,其中一半专卖开水,那时被上海人称作"老虎灶",另一半则供应早餐,有大饼、油条等北方食品,所以,萧红他们有时会到这里来买早点。

刚搬到351号一周的时间,萧红又到王家早餐点去买油条,待拿回家之后,不经意之中竟然发现,那用来包油条的两张废纸,居然是鲁迅先生不久之前翻译的俄国作家班台莱耶夫中篇童话《表》的手稿。两萧大为吃惊,马上又转回早点铺子,问及王家夫妇,还有没有这样的"包装纸",被告知没有后,他们依然余惊未定,随即就把这两张浸着油渍的手稿给鲁迅寄去,并在信中表示了很大的愤懑,还强烈地请求他要把自己所有的手稿从有关方面催讨回来,再也不能够让它们流失于市井。他们觉得像鲁迅这样伟大的作家,其手稿居然被用于包油条,实在是太可悲了!

面对年轻人的激动和义愤,鲁迅自己倒有些不以为然,他在就此的回信中自嘲地说:

我的原稿的境遇,许知道了似乎有点悲哀;我是满足的,

---

[1]《鲁迅全集》第十三卷,北京,人民文学出版社,2005年11月,438页。

第六章　上海文坛初试啼声

居然还可以包油条，可见还有一些用处。我自己是在擦桌子的，因为我用的是中国纸，比洋纸能吸水。[1]

后来两萧在鲁迅家里，还真看到过用这样的"中国纸"来"擦桌子"的现象。不仅如此，甚至在卫生间里，居然也有被裁切成了方块的鲁迅写过字的原稿纸，预备作"别种用途"。这两页手稿的境遇确实让许广平"有点悲哀"，她因此告诉两萧，除非她急忙保存起来，一眼看不到，鲁迅就会给它们一个去处。

经过了包油条这样一个小小的"事件"，鲁迅对自己的原稿和手稿也有了不同以往的留心；更是觉得在校排的过程中它们也许还会再派上用场。1935年5月25日，他在给《译文》编辑黄源的信中说：

生活书店不知道能将排过之原稿还我否？那么，将来可以省力不少。所以想请先生到校对先生那里去运动一下，每期把它取回来。大约书店是用不着这稿子的了。[2]

可是，鲁迅的手稿究竟是怎么流落到大饼油条摊点上的呢？究其缘由，确是黄源的疏忽造成的。原来，拉都路324号属于"敦和里"，而"敦和里"在当时是一条很大的弄堂，既是四通八达的居民区，也是当时上海的文化重镇，几家和鲁迅关系密切的杂志如《文学》、《译文》、《太白》等编辑部都设在"敦和里"。《表》的译作就发表在3月16日出版的《译文》月刊第2卷第1期。作为《译文》编辑的黄源，在校完《表》的清样后，不慎把有的原稿散失了。黄源后来得知，懊悔不已。所幸的是，这两张散失的手稿落到了萧红手里，而且后来经过对照，发现所有原稿只缺这两页，加上它们，《表》的译稿就齐全了。这样的一番"奇遇"，不知是不是天意！

在为《八月的乡村》看稿的过程中，鲁迅也看出了一些问题，并明确

---

[1] 《鲁迅全集》第十三卷，北京：人民文学出版社，2005年11月，438页。
[2] 《鲁迅全集》第十三卷，北京：人民文学出版社，2005年11月，468页。

指出：

> 《八月》上我主张删去的，是说明而非描写的地方，作者的说明，以少为是，尤其是狗的心思之类。怎么能知道呢。[1]

这是因为萧军在书中某一个片段，兴致勃勃地把"狗的心理"描写了一番，因此鲁迅在原稿上做了"眉批"："狗的心理你怎么会知道？"这种多"描写"少"说明"的观点，是鲁迅文学理论的一贯主张。

怕两萧有所迷失，找不到方向，鲁迅在信中告诫他们：

> 一个作者，"自卑"固然不好，"自负"也不好的，容易停滞。我想，顶好是不要自馁，总是干；但也不可自满，仍旧总是用功。要不然，输出多而输入少，后来要空虚的。[2]

这样的告诫对两萧的影响应该是巨大的，尽管看上去不显山不露水，但却一直激励着他们不"自卑"，不"自负"，亦不敢停滞和懈怠；同时，也不"自馁"、不"自满"，"总是干"，"总是用功"。有他们丰硕的创作成果作证，他们终生都铭记着鲁迅的叮咛，终其一生，都在不断地学习和成长中。

1934年12月19日，在鲁迅首次邀请两萧的饭局中，主宾胡风因为信件被误而没能出席，但他却一直在关注着这两个关外来的文艺青年，应该是在鲁迅的介绍下，胡风和他们已建立了通信联系，并希望尽早地见到他们。萧军把这件事也告诉了鲁迅，鲁迅的回复是这样的："前信说张君要和您谈谈，我想是很好的，他是研究文学批评的人，我和他很熟识。""张君"即是胡风，这是取自他早先的名字张光人，从鲁迅的回复中可以看出，对于他们之间的会见和交谈，他很是乐见其成。

4月23日在给"刘军、悄吟兄"的复信中也有一段关涉人生的内容使两萧获益匪浅：

---

[1][2] 《鲁迅全集》第十三卷，北京：人民文学出版社，2005年11月，439页。

第六章 上海文坛初试啼声

> 敌人不足惧，最令人寒心而且灰心的，是友军中的从背后来的暗箭；受伤之后，同一营垒中的快意的笑脸。因此，倘受了伤，就得躲入深林，自己舐干，扎好，给谁也不知道。我以为这境遇，是可怕的。我倒没有什么灰心，大抵休息一会，就仍然站起来，然而好像终竟也有影响。[1]

"倘受了伤，就得躲入深林，自己舐干，扎好，给谁也不知道"，我们无法猜测萧红当时看了有何感想，更无从归纳这样一段话对她影响几何，但纵观她多难的一生，她倒是颇具几分这样的做派。寻梦的路上，萧红真真是不止一次地"受了伤"，然而，却也是不止一次地尽力"自己舐干，扎好，给谁也不知道"，对自己所遭遇过的变故和厄运，多半都是只字不提，所以，迄今为止，她的身世仍有几多无解的谜团。

---

[1]《鲁迅全集》第十三卷，北京：人民文学出版社，2005年11月，445页。

第七章　鲁迅继续助推

第一节　为印制《八月的乡村》努力筹款

自从叶紫和两萧萌生成立"奴隶社"并打算要出版"奴隶丛书",已有了一段时间,在这一阶段,叶紫的《丰收》已经弄妥,而他们为了这本书不要太像一本非法出版物,颇费了一番脑筋,经过三个"常委"认真地讨论,发行者被他们凭空地命名为"容光书局",而书局的地址被他们想象为一个叫"四马路"的地名;为防官方的查办,他们还很用心地想好把出版日期比实际日期往后推迟,这样的话,真到有人要查的时候,书也许已经卖出去一部分了。

萧军因为到上海不久,还是人地两生,而流浪多时的叶紫在文坛已小有名气,所以,要出书印书,许许多多的具体事务,包括联系印厂的关系、联系纸张等等,据说都是叶找的一位熟人王先生,其中的一切都要依仗叶紫。但说到印书,马上就有一个最迫切最重要的问题,也就是银子的问题急需解决,而那是一定要靠他们自己来解决的。穷困潦倒的叶紫当然自顾不暇,一点都帮不上他们。此时,鲁迅为《八月的乡村》作的序已经写好,加之文章的发表带来了部分收入,所以萧军和萧红决心要把书尽快印出来,那一段,他们也一直在为印书的事筹备最起码的定金。

4月20日又有了一点进账,萧军的两篇文章《一只小羊》和《为了活》同时在《太白》第二卷第三期发表。由于文章是鲁迅所荐,所以稿费单也经由鲁迅收转,4月25日,鲁迅在信中通知说:"太白社寄来稿费单

第七章　鲁迅继续助推

一张，印已代盖，请填上空白之处并签名，前去一取为要。"[1]

4月28日夜鲁迅复信"刘军兄"，又告"文学社寄来稿费单一张，今仍代印寄上，印书的钱，大约可以不必另外张罗了罢。"[2]

其实，即使有了这样不时寄来的稿费单，印书的钱依然是他们生命中的不能承受之重；他们的底子太薄了，薄到几乎是没有的程度，而在上海生活，成本必然不低，到沪不足半年，他们在租房的同时能维持自己的一日三餐就已经不错了。可从心里来说，他们又委实不忍再麻烦或曰拖累鲁迅先生，所以，他们一直是在努力地争取自力更生。

据萧军后来回忆，《八月的乡村》印刷费首付的"定金"30元，就是用了这些零星稿费凑起来交出去的，这样，书的排和印才算是有了可能。

尽管两萧不忍再连累鲁迅，但眼见他们束手无策，鲁迅还是不止一次地出手相助。在接下来的整个5月份里，鲁迅几乎把所有预料中和预料外的收入都留给了他们，并在第一时间放到内山书店，然后通知他们去取。尽管7月份的时候两萧就把这笔钱还上，但当时这雪中送炭般的救急款项，对两个左右为难的年轻人来说，仍然是最给力的及时雨。

4月底鲁迅回信的最末还补问了一句跟居住有关的话："一时不见得搬家罢？"怎么又扯上了搬家的话题呢？可能是两萧在去信中有所流露，他们又有搬家的想法，或又不得不考虑搬家了。

这时，距两萧月初搬到拉都路351号还不足一个月，但对他们来说，真可以说是不那么愉快的一个月。本来，这次搬家就比较被动，也不在他们的计划之中，他们到上海后渐渐安定，很想好好地写自己的东西，未曾料到的是，有几个在青岛结识的朋友，忽而到上海来"闯天下"，找到两萧，见他们住得那样寒酸，当即表示一定要帮助他们改善居住条件，两萧起初是不愿再搬，一是周围环境和房东已经熟悉，舍不得离开；二是不愿让朋友知道自己与鲁迅的联系，免得产生什么意外；再者，他们也不适宜跟物质条件优于他们很多的人共处，也不想占朋友的便宜。但几个朋友见

---

[1] 《鲁迅全集》第十三卷，北京：人民文学出版社，2005年11月，448页。
[2] 《鲁迅全集》第十三卷，北京：人民文学出版社，2005年11月，449页。

两萧不领情，以为他们到上海后变"阔气"了，不认老朋友了，闹得很不融洽；两萧只好提出条件：必须共同承担房租，并且随时可以搬走。

所以，在后来的日子里，势必会有一些不协调的现象，更因有随时可以搬走的事前约定，这让他们再一次搬家的想法时时萌动。刚搬去的时间不长，无缘无故就提搬家未免显得突兀。

似乎还需等待一个节点或契机。

1935年4月份鲁迅与两萧交往小结：

日记中共出现九次：得信五次，回复六次。

4月2日日记："得萧军信，夜复。"

4月4日日记："得萧军信，即复。"

4月9日日记："得萧军信。"

4月13日日记："上午复萧军信。"

4月18日日记："得萧军信。"

4月23日日记："复萧军信。"

4月25日日记："夜寄萧军信。"

4月27日日记："得萧军信。"

4月29日日记："上午复萧军信并文学社稿费单一纸。"

第二节　鲁迅全家突然光临

自从3月5日在桥香夜饭后，鲁迅和两萧一直都没再见面，而许广平是从旧历的年底就有打算，要去他们的"家"看看，但是一直也没抽出时间来。3月17日鲁迅在给萧红的信中就说："前天，孩子的脚给沸水烫伤了"，"伤了半只脚，看来要有半个月才会好。等他能走路，我们再来看您罢"；4月13日的信中也说："我们常想来看你们，孩子的脚也好了，

第七章 鲁迅继续助推

但结果总是我打发了许多琐事之后,就没有力气,一天一天的拖,到后来,又不过是写信";这时距海婴的脚被沸水烫伤已近一月,这样的话,也许鲁迅一家就要来了;在4月28日夜写的信中又告知说,"孩子还有点咳,脚是全好了,不过皮色有点不同",就是说,海婴是可以走路的了,先生一家会来吗?什么时候能来啊!接到这封信萧军及时回信,这回信,鲁迅是在5月1日收到的。

其实鲁迅一直就非常理解和体恤这两个年轻人,他和许广平也并未曾忘却这样一个小小的许诺。

1935年5月2日上午10点,拉都路351号三楼两萧住室响起了敲门声,打开房门——又惊又喜!原来是鲁迅一家不期而至,两萧顿觉满屋春光明媚,急忙忙地请他们进来,兴冲冲又不知该怎样招待才好,条件欠佳又毫无准备;但客人一家倒并不介意,鲁迅进屋坐下后就先自抽烟,然后是愉快的聊天。

大约坐了一小时以后,鲁迅邀两萧去法租界霞飞路(今淮海中路)一家西餐厅共进午餐;饭后,两萧送鲁迅全家上了电车。

读鲁迅日记,5月2日全文如下:"晴。上午同广平携海婴往拉都路访萧军及悄吟,在盛福午饭。"[1]

这是自两萧半年前到达上海后,鲁迅携家人对他们的首次造访;此前,他们之间已经通信多次,两萧前往见过三次面,鲁迅请客吃过两次饭。先生全家的光临使两个年轻人"感到了最大的兴奋和欢喜",这种兴奋和欢喜的情绪把他们包围了好长时间。从后来的资料看,鲁迅此番造访应该还带走了萧红的稿子《饿》等文。

但鲁迅的来访却无意中加重了两萧和朋友之间的矛盾,朋友已猜出来访的客人就是鲁迅,并因此责怪萧军不向鲁迅介绍他们,也根本听不进两萧的解释等等;再后来,他们所托的几件事,萧军也未能办好,双方的关系自然就冷淡下来。

---

[1]《鲁迅全集》第十六卷,北京:人民文学出版社,2005年11月,531页。

那一段时间，萧红正在写作系列散文《商市街》，从《欧罗巴旅馆》到《最后的一星期》，这部由41篇文章组成的散文集，以两萧在哈尔滨时所住街道"商市街"为名，以写实的手法记录下他们当时的生活——饥寒交迫、穷困不堪。文字饱满、细节惊人，具有不可抵挡的感染力；除了部分篇目在刊物上发表外，1936年8月结集出版。

在写作的过程中，萧红也努力想让它们尽早地变成铅字，以补食宿之用，以慰久旱的心灵，但此时还很陌生的上海文坛，对于她来说依然是投稿无门，那唯一的办法，就只有通过鲁迅先生的推荐才可能被接受。3月初在《太白》上发表的《小六》，全仗了鲁迅的举荐；此后她和萧军不断地把稿子寄给鲁迅，而鲁迅也真的为他们稿子的出路在费心。

1936年8月，《商市街》初版封面

5月5日，鲁迅致信在《文学》做编务的黄源，除寄上了自己的三篇文稿而外，特地夹带了一篇叫作《饿》的文章（应该就是5月2日从拉都路351号带回的吧），并说它"似乎做得还不算坏，不知可用于《文学》随笔栏里否? 并乞一问，倘不能用，则希掷还"[1]。5月6日的鲁迅日记，有"上午寄河清信并短稿三篇，悄吟稿一篇"之记录。

---

[1]《鲁迅全集》第十三卷，北京：人民文学出版社，2005年11月，452页。

第七章　鲁迅继续助推

　　这篇叫作《饿》的文章，正是出自萧红之手，是后来出版的《商市街》系列之第七篇，写的是两萧1932年初冬困居欧罗巴旅馆时终日挣扎在穷困和饥饿边缘的窘况。《饿》和位列《商市街》系列之六的《提篮者》，是萧红文本中专门记写饥饿的文字，也是现代文学史上描写饥饿的经典文字，其中部分极度状写饥饿的字句，如"郎华（萧军）仍不回来，我拿什么来喂肚子呢？桌子可以吃吗？草褥子可以吃吗？"还有"挤满面包的大篮子已等在过道，门外有别人在买，即使不开门，我也好像嗅到麦香。对面包，我害怕起来，不是我想吃面包，怕是面包要吞了我"等等，被后来的读者和研究者无数次引用，足见其令人惊悚的感染力。

　　挨饿已是三年前的往事，写作此文的时候，萧红人在上海，生活状况已有所改观，早已告别了那样不堪回首的窘困，但溯及往事，她笔下传递的那份感受，依然令人心酸。也许正是这样力透纸背的文字让鲁迅心生悲悯，并向当时上海文坛最具名气的刊物《文学》月刊推荐此文。

第三节　那稿是我寄去的

　　1935年的4、5月间，萧红基本上是忙于写作"商市街"系列，而萧军焦虑的则一直都是印书的银子，通过叶紫的朋友洽谈后，印是可以印，但不少于30元的定金对他来说，自然感到很头疼。有了一点稿费之后，萧军努力地想自己来筹措，但时间紧迫，确实力不从心，无奈之下，他还是求助于鲁迅，信中一再提及，而鲁迅非常理解他们的窘境和苦衷，并把这件事放在心上。于是，4月下旬，就有及时转来《太白》和《文学》稿费单的记录。

　　5月7日萧军致信鲁迅，大约主要内容是关涉到印书的问题或银子的问题，应该还有时间紧迫的问题，鲁迅8日收到9日回复，全文如下：

> 七日信收到。我这一月以来，手头很窘，因为只有一点零星收入，数目较多的稿费，不是不付，就是支票，所以要到二十五日，才有到期可取的稿费。不知您能等到这时候否？但这之前，会有意外的付我的稿费，也料不定。那时当再通知。[1]

不长的一封信，有着分明的三个层次。

首先，告知收信人，"这一月以来，手头很窘"及其原因；

其次，是说要到本月的25号，即半个月之后，会有"到期可取的稿费"，但不知到那时是否还来得及？

最后，在此之前，能否会有意外到来的银票，"也料不定。那时当再通知"。

鲁迅的这封信虽然没能使两萧立刻借来银子，但足以慰藉他们的焦灼不安，那样的关怀入微，那样的披肝沥胆，早已胜过银子无数。

20日晚间，鲁迅收得《世界文库》第一册的52元稿费，当夜就写信通知。23日前后，两萧欣喜地收到了鲁迅发来的信，告知他们"今天有点收入，你所要之款，已放在书店里，希持附上之条，前去一取"[2]；"书店"自然是指北四川路底的内山书店，那里是他们第一次会面的地方，更是一些有关事务的交接站点。随后，两萧前往书店取到了鲁迅放在那里的30元钱，22日的鲁迅日记中记有："寄萧军信并泉卅"。这笔款项的到位，是关键时刻对印书之事的最大支持，到此时，那印书的钱，真的才算是"可以不必另外张罗了"。

因为鲁迅正在赶译果戈理的小说《死魂灵》，来不及多写，只有两件事匆匆通知。书虽然尚未付印，萧军已在考虑它的销路，并在信中问询那本《八月的乡村》印出后可否在内山书店销售，针对这个多少有点无厘头的问题，鲁迅在信中马上打消了他的这个念头，"书店是不能寄售的，因为否则他要吃苦"。是啊，《八月的乡村》，那可是一本反满抗日题材的书，怎么可能在日本人开的书店销售呢，那对于内山完造来说，真是太勉为其难了。

---

[1]《鲁迅全集》第十三卷，北京：人民文学出版社，2005年11月，453页。
[2]《鲁迅全集》第十三卷，北京：人民文学出版社，2005年11月，460页。

第七章 鲁迅继续助推

随着时间的推移,那时鲁迅的荐稿已经不限于两萧了,两萧的朋友也跟着受惠,比如,跟金人译稿有关的事情就多次出现在和他们往来的信件中,这次的信中又说道:"金人译稿,已在本月《译文》上登出了",关于此稿的稿费,告知他们:"当与下月的《文学》上所登的悄吟太太的稿费同交"[1],时为5月下旬,尽管"下月的《文学》"尚未面世(《文学》的出刊日是每月1号),但想必是鲁迅已知稿子的被用。信中"所登的悄吟太太的稿",就是鲁迅5月5日给黄源信中推荐的散文《饿》,鲁迅信中告诉两萧:"那稿是我寄去的,想不至于被抽去,倘登出后,乞自去一取为荷。"[2]

整个5月里,鲁迅日记中出现与两萧有关的内容共计十处,多是一些得信的记载,信件往来是得信(并稿)七次,回复两次,两封回信皆不长,但都言简意赅,直奔主题,讨论萧军急需的"所要之款"。信的密度看上去是下降了,但两萧和鲁迅的关系呈现的却是升温的趋势。除了月初时,鲁迅一家专程去拉都路探望两萧之外,23号的鲁迅日记里还有这样的文字:"午后得萧军信并面包圈五个、黑面(包)一个、香肠一条",那时两萧还不知鲁宅家门朝哪,不知鲁迅以怎样的方式得到了这一干俄罗斯风味的哈尔滨小吃,莫非当年也有"快递"之类么?或者是趁取款之便放在了"书店"里吧。

1935年5月份鲁迅与两萧交往小结:

日记中共出现十次:得信(并稿)七次,回复两次。

5月1日日记:"得萧军信。"

5月2日日记:"上午同广平携海婴往拉都路访萧军及悄吟,在盛福午饭。"

5月6日日记:"上午寄河清信并短稿三篇,悄吟稿一篇。"

5月8日日记:"得萧军信。"

5月9日日记:"上午复萧军信。"

5月12日日记:"得萧军信。"

5月22日日记:"寄萧军信并泉卅。下午得萧军信。"

---

[1] [2]《鲁迅全集》第十三卷,北京:人民文学出版社,2005年11月,460页。

5月23日日记:"午后得萧军信并面包圈五个、黑面(包)一个、香肠一条。"

5月27日日记:"得萧军信并稿。"

5月29日日记:"得萧军信。"

第四节　文学社寄来了两篇稿费的单子

1935年6月2日夜,鲁迅致信"刘军兄","文学社陆续寄来了两篇稿费的单子,今寄上"[1],其中所说的两篇,一是金人的译稿,发在5月份的《译文》;一是萧红的散文,刊在《文学》第四卷第六号。

看来当年刊物对作者的稿费支付还是蛮及时的,不知是否因了鲁迅的关系;《文学》的出版是每月一日,也就是说,6月1日发表,6月2日就领到稿费单了。6月3日鲁迅日记,也有以下字样:"上午寄刘军信并金人及悄吟稿费单各一纸。"

1933年7月1日在上海创刊的《文学》杂志,由文学社创办,上海生活书店出版。郑振铎、茅盾为主要发起人,创刊之初鲁迅曾是编辑委员会成员之一。刊物内容丰富、栏目众多,其中以刊登名家的文学创作、文学理论、作家作品研究为主,对新晋作家的作品也常发表和评介。这是萧红近十年创作生涯在《文学》上发表的唯一作品,但当时对她来说,却是至关重要的。

这篇以《饿》命题的散文,是继萧红3月初在《太白》半月刊发表《小六》之后,作品第二次在上海刊出,而且是号称30年代第一刊的《文学》(应该是相当于今天的《收获》之类吧)。两篇的问世固然都有赖于鲁迅的推荐,但不能否认的是,这个无名作者作品本身的感染力也占很大的比重。

《饿》的篇幅在《商市街》中算是长一些的,记写1932年两萧困居

---

[1]《鲁迅全集》第十三卷,北京:人民文学出版社,2005年11月,473页。

第七章　鲁迅继续助推

在哈尔滨的欧罗巴旅馆,在饥饿中挣扎并濒临极限地忍耐的境况。因为没钱,两萧往往以旅馆里的免费开水充饥,每当早餐时分,萧红连门都不敢打开,但那过道里必然响起的叫卖声,依然长驱直入,频频重创他们格外敏感的耳膜,而各种面包散出的麦香,对他们产生致命的诱惑,也成了每天清晨都无处遁避的噩梦。

《饿》开宗明义,直奔主题。因为饥饿,"我"在天还没怎么亮的时候醒来,且"再不能睡去","黎明还没有到来,可是'列巴圈'已经挂上别人家的门了!有的牛奶瓶也规规矩矩地等在别的房间外。只要一醒来,就可以随便吃喝。但,这都只限于别人,是别人的事,与自己无关"。

已经饿得头昏脑涨,所以在安静的旅馆里,被"那种想头"所引诱,"过道越静越引诱我,我的那种想头越想越充胀我:去拿吧!正是时候,

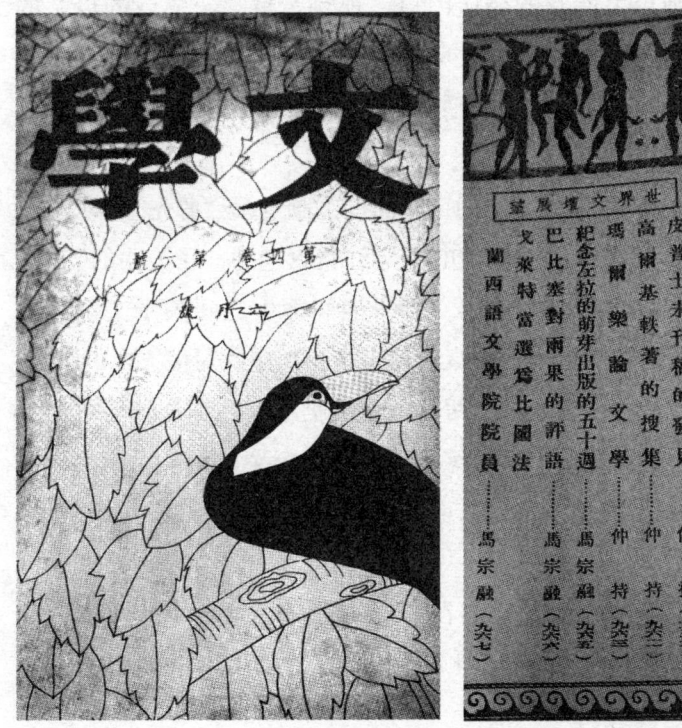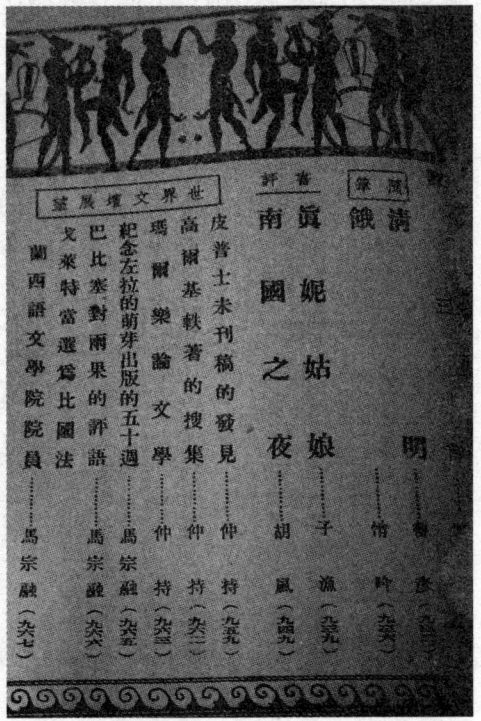

1935年6月,《文学》第四卷第六号刊出的萧红散文《饿》,此为本期封面和目录

即使是偷,那就偷吧!"

下了很大的决心,实施了两次半途而废的计划,尽管一再地向自己的心说:"我饿呀!不是'偷'呀!"最终还是被羞耻心中止而失败,最终也只是探头到屋外,真真切切地看了看那挂在对门、东隔壁、西隔壁门把上的"列巴圈"和乳白色的牛奶瓶,被那些别人都有唯独自己没有的美食白白地羞辱且虐待了一番。

此时的"我",胃中已有很长时间没有进食,"从昨夜到中午,四肢软一点,肚子好像被踢打放了气的皮球。"

因为体内的热量极度匮乏,饥饿更加重了寒冷的逼迫,当"我"极度无聊地披着棉被从窗口向街道张望时,"我的衣襟被风拍着作响,我冷了,我孤孤独独的好像站在无人的山顶。每家楼顶的白霜,一刻不是银片了,而是些雪花、冰花,或是什么更严寒的东西在吸我,像全身浴在冰水里一般";而楼下,她目力所及的药店门口,那个牵着孩子乞讨的母亲的"急迫地来回的呼声传染了我,肚子立刻响起来,肠子不住地呼叫……";然后是近乎绝望的天问:"我拿什么来喂肚子呢?桌子可以吃吗?草褥子可以吃吗?"

万般无奈之中,已经写信向三年前中学时的图画老师"曹先生"求救,而"曹先生"真的来到旅馆,还带着他的身穿红花旗袍的"怪美丽的"小女儿,但糟糕的环境让小姑娘很不耐烦,弄得他们师生之间关于文学艺术的谈话无法为继,"他把一张票子丢在桌上就走了!那是我写信去要的"。

这样得来的一张票子,无异于是两萧救命的稻草,在那个破落之街的饭馆里,"我用很大的声音招呼", 熟练地点了几个粗菜,两个无家的流浪儿转悲为喜,都很开心,"只要有得吃,他也很满足,我也很满足。其余什么都忘了!"[1]

商市街时期不堪回首的饥寒交迫在萧红的生命里留下了抹不去的阴影,影响了她的身心状态,也给她的健康埋下致命的隐患。

---

[1] 萧红:《饿》,《萧红全集》第一卷,哈尔滨:黑龙江大学出版社,2011年5月,152页。

《商市街》是一本纪实散文集,《饿》也无疑正是两萧当初生活的实录。三年前的往事历历在目,三年后的描述亦是令人惊悚,不寒而栗。这等素朴的文字情感真挚,一派天籁,和当时文坛一些风花雪月之作无形中形成了一种对峙,也许鲁迅先生因此而被感染被打动,这样的文字在后来也打动了无数的读者。

鲁迅当时虽然一再对两萧伸出援手,不断地向刊物举荐他们的作品,但他自己的日子却并不是想象的那样风光。关于这些,他不时地也会在信中和这两个小朋友吐上一点苦水之类,比如在6月7日的回信中就说:"因为有几种刊物,是不能不给以支持的,但有检查,所以要做得含蓄,又要不十分无聊,这正如带了镣铐的进军,你想,怎能弄得好,又怎能不出一身大汗,又怎能不仍然出力不讨好"[1],信末还是形同惯例地聊起了家常,并把海婴给"控诉"一番:"寓中都好。孩子也好了,但他大了起来,越加捣乱,出去,就惹祸,我已经受了三家邻居的警告,——但自然,这邻居也是擅长警告的邻居。但在家里,却又闹得我静不下,我希望他快过二十岁,同爱人一起跑掉,那就好了。"[2]

第五节　她很坦率真诚,还未脱女学生气

在这前后,由鲁迅从中介绍,两萧结识了文艺理论家胡风,他们之间也开启了很长一个时期的友谊。

本来两萧与胡风互相认识的时间应该更早一些,在两萧到达上海一个多月时,1934年12月19日,即鲁迅第一次请他们赴宴时,胡风夫妇就是主宾,但那天他们因故而错过;后来,经鲁迅告知胡风地址,就让两萧直接去认识了。

初次见到两萧,胡风就对萧红产生了深刻的印象,他后来回

---

[1]《鲁迅全集》第十三卷,北京:人民文学出版社,2005年11月,476页。
[2]《鲁迅全集》第十三卷,北京:人民文学出版社,2005年11月,477页。

忆说：

> 我觉得她很坦率真诚，还未脱女学生气，头上扎两条小辫，穿着很朴素，脚上还穿着球鞋呢，没有那时上海滩的姑娘们的那种装腔作势之态。因此虽是初次见面，我们对他们就不讲客套，可以说是一见如故了。[1]

1935年夏，拉都路中段351号，当时两萧住在三楼最西端一个绿植爬到窗前的房间里。

胡风初见的，大致就是这时节倚着公寓门框合影照片上的两萧。浓眉、国字脸的萧军站在高一级的台阶上，健壮神气，像个运动员；齐刘

---

[1] 胡风：《回忆参加左联前后》，《新文学史料》，1981年第一期。

第七章　鲁迅继续助推

海、扎两条麻花辫的萧红手放在身后，微低着头，眉眼里有种小鹿般单纯的怯怯。

胡风夫人梅志则对最初见到的萧红印象有所不同：

> 我第一次见萧红完全把她当做一个普通的但很能干的家庭主妇。瘦高的身材，长长的白皙的脸，扎两条粗粗的小辫，一对有点外突的大眼睛，说话时声音平和，很有韵味，很有感情，处处地方都表现出她是一个好主妇。[1]

胡风夫妇二人角度不同，感受不同，但呈现在不同文字里的，都是同一个质朴可爱的萧红。

在看过两萧的作品后，作为颇具影响力的文学评论家，胡风自然不吝啬他对萧红的嘉许，他曾直言不讳地对萧军表达过如下观点：

> 她在创作才能上可比你高，她写的都是生活，她的人物是从生活里提炼出来的，活的。不管是悲是喜都能使我们产生同鸣，好像我们都很熟习似的。而你可能写得比她的深刻，但常常是没有她的动人。你是以用功和刻苦，达到艺术的高度，而她可是凭个人的天才和感觉在创作……[2]

按照这样的说法，萧军是学胜于才，而萧红则是才高于学。

作为创造性劳动的文艺作品，生活、才华、学问缺一不可，但对于作品的艺术生命和艺术感染力而言，生活、才情比学问更显得重要，更能体现作者的风格和特质，更为他人所不能替代。

如果说胡风是鲁迅非常信任的助手和伙伴，因此他积极促成胡风和两萧之间的交往；那么，瞿秋白就是鲁迅最欣赏的挚友，他不止一次地跟两萧谈起瞿秋白。瞿秋白曾在遇到危险时不止一次地到鲁宅避难，那些夜间

---

[1] 梅志：《"爱"的悲剧——忆萧红》，《女作家》，1985年第2期。
[2] 胡风：《悼萧红》，《艺潭》，1982年第4期。

的长谈使他们之间弥漫的默契和相知都非常罕见,鲁迅曾亲录清代何瓦琴诗句赠予瞿秋白:"人生得一知己足矣 斯世当以同怀视之。"

1935年6月27日致萧军的信中,在历数瞿秋白的作品或被禁止或被烧掉后,鲁迅掩不住痛惜地感慨一番:"中文俄文都好,像他那样的,我看中国现在少有。"[1]此时,距6月18日瞿秋白在福建长汀罹难的消息刚刚确认不足十天,鲁迅心中巨大的悲愤溢于言表。此后,他顾不得每况愈下的身体状况,也搁置下手头的一些著和译,亲自把瞿秋白的译文选编成册,题作《海上述林》,并极力促成其出版,这也是他一生中所编的最后一套书。

在同一封信中,鲁迅还告诉两萧,他头一天见到了《新小说》的编辑者(郑伯奇),所以,对于几天前他们所托(见6月23日鲁迅日记:"得萧军信并悄吟稿")这样回复:"悄太太的稿子,当于日内寄去。"[2]接下来不久,在7月2日的日记中,我们看到了这样的内容:"寄郑伯奇信并萧军、悄吟、赖少麒稿各一篇"。不知两萧寄给鲁迅,鲁迅又及时转给《新小说》的稿子是哪一篇文章,但它最终却未能刊出(《新小说》从未发过萧红的作品),其中最主要的原因,当是因为2月15日由良友图书印刷公司创刊的《新小说》月刊,运营半年之后已在7月停刊。

信中鲁迅还和两萧谈到自己的状态:

> 近来没有气力多译。身体还是不行,日见衰弱,医生要我不看书写字,并停止抽烟;有几个朋友劝我到乡下去,但为了种种缘故,一时也做不到。[3]

尽管这样,他仍是一如既往地把工作放在首位:

> 所以我的决心是如果有力,自己来做一点,虽然一点,究

---

[1] 《鲁迅全集》第十三卷,北京:人民文学出版社,2005年11月,488页。
[2] 《鲁迅全集》第十三卷,北京:人民文学出版社,2005年11月,487页。
[3] 《鲁迅全集》第十三卷,北京:人民文学出版社,2005年11月,488页。

竟是一点。这是很坏的现象，但在目前，我以为总比说空话而一点不做好。[1]

1935年6月份鲁迅与两萧交往小结：

日记中共出现十次：得信（并稿）六次，回复五次。缺少22日信。

6月3日日记："上午寄刘军信并金人及悄吟稿费单各一纸……得萧军信。"

6月6日日记："得萧军信。"

6月7日日记："复萧军信。"

6月14日日记："得伯奇信并萧军稿费单。"

6月15日日记："寄萧军信并稿费单及《新小说》（四）两本。"

6月18日日记："得萧军信。"

6月22日日记："上午以金人稿费单寄萧军。"

6月23日日记："得萧军信并悄吟稿。"

6月24日日记："得萧军信。"

6月27日日记："得萧军信，即复。"

第六节　贺贺你们的同居三年纪念

大约在1935年6月间，两萧又搬了一次家。

由于和青岛来的朋友住在一起，有些事沟通得不好，弄得彼此都不愉快，所以两萧下决心搬家到了萨坡赛路190号。萨坡赛路地属法租界，路名也是取自法国人名，"萨坡赛"是光绪年间法公总局总董，这条路抗战后改为淡水路。淡水路是一条横穿淮海路、太仓路、兴业路、自忠路、建国西路的一条幽静的马路，是上海一条很普通的小马路。当时那里是"唐豪律师事务所"，律师唐豪是萧军的朋友，一楼是办公区，两萧住在二楼上。

---

[1]《鲁迅全集》第十三卷，北京：人民文学出版社，2005年11月，488页。

现在的淡水路190号（曾经的两萧旧居）　　　　1935年闯入上海文坛的两萧

两萧这次搬家，就永远地告别了拉都路。他们在351号虽然只住了三四个月，但却颇为值得纪念：从3月份起，两萧的作品已开始见诸刊物，这大大提升了他们的信心；5月初，他们又惊又喜的在这里接待了不期而至的鲁迅一家；3月到5月期间，萧红在这里完成了对她来说具有代表意义的散文集《商市街》——集子里收尾之作《最后的一星期》篇末有注："一九三五，五，十五日，上海"；而"郎华"（即萧军）为此而作的《读后记》，也明确地写着"一九三五，五，十日，上午二时十分　在上海一个暗屋子里"。

这前后，《八月的乡村》的印刷也进入到了实际操作阶段，这部题材敏感的书因为有碍于"心的征服"，无法通过"正常"的审查而正式出版，只能效仿叶紫的《丰收》，到叶紫的朋友私人办的"民光印刷所"去印制，因为有这样较为熟识的"关系"，印刷费用等等只需交部分订金，余额可以赊账，这才使得他们的私自印书得以实现——不久之后，《生死场》也如法炮制。

进入7月之后，上海大热，在这样的酷暑中，鲁迅的工作却不曾停下来，而且还没有任何的降温措施。7月16日鲁迅给"刘君兄"的复信说："我的房里不能装电扇，即能装也无用，因为会把纸张吹动，弄得不能写字，所以我译书的时候，如果有风，还得关起窗户来，这怎能不生痱子。"[1]鲁迅7月15日收到的萧军的来信，应该是萧军写于7月13或14日的，那正是三年前他和萧红在哈尔滨东兴顺旅馆"偶遇"并"闪恋"的日子。萧军把这个日子视作他们结合的起始点，而且在信中跟鲁迅特意说到此事，故而引来鲁迅这样的贺词："贺贺你们的同居三年纪念"[2]；并且由两萧的"同居"谈到了自己和"Miss许"的"同居"——"我们是相识十多年，同居七八年了，但何年何月何日是开始同居的呢，我可已经忘记了，只记得确是已经同居了而已。"[3]接着又告诉萧军："许谢谢你送给她的小说，她正在看，说是好的。"[4]值得注意的是，鲁迅在信中把两萧和他与许广平的生活状态均称之为"同居"，极具当年的时代色彩。"小说"指的是《八月的乡村》，书的版权页上印的是1935年8月出版，但实际出书的时间要早于此一两个月，打这样一个时间差的马虎眼，主要是预备着应付有关方面的检查，而且第一批书中有一部分是毛边装订，鲁迅和许广平看的就是这类，鲁迅很明确地表示："我喜欢毛边书，宁可裁，光边书像没有头发的人——和尚或尼姑。"[5]

《八月的乡村》出版后，引起了文坛的关注，胡风看到后，信中有跟鲁迅的讨论，7月27日，鲁迅在给萧军的回信中通报说："胡有信来，对于那本小说，非常满意"[6]；并告知说："我的一批，除掉自己的一本外，都分完了，所以想你再给我五六本，可以包好，便中仍放在书店。"[7]

两萧的朋友罗烽、白朗夫妇在7月15日逃离了哈尔滨来到上海，人地两生的他们只有投奔两萧，四个年轻人挤在淡水路190号那间小屋里生活了一段时间，拥挤不说，更是各自两不便。罗烽和白朗既到了上海也很想见到鲁迅，请萧军代为转达心意，19日萧军致信鲁迅转告此意，鲁迅27日

---

[1] [2] [3] [4]《鲁迅全集》第十三卷，北京：人民文学出版社，2005年11月，501页。
[5]《鲁迅全集》第十三卷，北京：人民文学出版社，2005年11月，502页。
[6] [7]《鲁迅全集》第十三卷，北京：人民文学出版社，2005年11月，508页。

回信中这样作答:"你的朋友南来了,非常之好,不过我们等几天再见罢,因为现在天气热,而且我也真的忙一点。现在真不像在做人,好像是机器。"[1] 最终的结果是,直到鲁迅逝世,罗烽和白朗都没能见上一面,他们因此终生遗憾,更因此一度对萧军非常不满,早年结下的友谊几乎走到了崩溃的边缘。

萧军见鲁迅27日信上要书,他几乎是在第一时间寄出,鲁迅29日收到并在当夜回复:"信和书六本,当天收到了。"[2] 还告知他们说:"俄国已寄去一本,还想托人再寄几本去,不便当的是这回不能托书店,因为万一发现,会累得店主人打屁股,所以只好小心些。"[3]

鉴于两萧有时会给鲁迅一家买点儿哈尔滨风味的食物,鲁迅心里有些个不过意,所以在信中通知他们:"我们近地开了一个白俄饭店,黑面包,列巴圈,全有了",告知他们这些东西随时可以选购,示意他们以后不要再买了。

1935年7月份鲁迅与两萧交往小结:

日记中共出现七次:得信(并稿)四次,复三次。

7月2日日记:"上午寄望道信并稿两篇,又悄吟稿一篇。寄郑伯奇信并萧军、悄吟、赖少麒稿各一篇……得萧军信。"

7月6日日记:"得萧军信。"

7月15日日记:"得萧军信。"

7月16日日记:"复萧军信。"

7月20日日记:"上午得萧军信。"

7月27日日记:"复萧军信。"

7月29日日记:"得萧军信,即复。"

---

[1]《鲁迅全集》第十三卷,北京:人民文学出版社,2005年11月,508页。
[2][3]《鲁迅全集》第十三卷,北京:人民文学出版社,2005年11月,510页。

第八章 与《生死场》有关

第一节 悄吟太太的稿子退回来了

8月初，第二卷第10期《太白》上刊出了萧红的散文《三个无聊人》，这是7月初鲁迅寄给陈望道的，见1935年7月2日鲁迅日记："上午寄望道信并稿两篇，又悄吟稿一篇"，这也是继3月份的《小六》之后，萧红的作品第二次出现在《太白》半月刊，两篇都登在了《速写》栏目，应是作为散文来处理的。

《八月的乡村》印出后情况还好，鲁迅也已经不止一次地让萧军把书放到内山书店里，继7月27日要书之后，8月16日夜信中又说："小说再给我十本也好，但不急。前回的一批，已有五本分到外国去了，我猜他们也许要翻译的。"[1]这样的推介自然会见效，鲁迅的猜测也果然不虚，不久之后，《八月的乡村》俄文译本首先在苏联出版；后来，陆续地，日本、印度、美国、英国、德国也出现了不同文字的版本。

7月2日鲁迅除了寄给陈望道那篇《三个无聊人》之外，同一天还把萧红、萧军和赖少麒的稿子各一篇一起寄给了郑伯奇，希望能登在他主编的《新小说》上。见鲁迅当天的日记："寄郑伯奇信并萧军、悄吟、赖少麒稿各一篇"，但这几篇稿子最终并没在《新小说》登出，原因大概是他们所不曾料到的。进入7月之后，良友公司的《新小说》月刊已面临停刊，这时送去的稿子显然是没法面世了，所以，8月份，郑伯奇把萧红和

---

[1]《鲁迅全集》第十三卷，北京：人民文学出版社，2005年11月，522页。

赖少麒的稿子退还给了鲁迅,关于此事,鲁迅日记8月22日有明确记载:"晚得萧军信并书一包。得郑伯奇信并还少其及悄吟稿各一篇。"在此一周之后,9月1日的日记中,鲁迅记有:"午后得伯奇信,告《新小说》停刊",算是给了一个明确的交待,鲁迅因此在当晚给两萧的信中专门通报了此情况:"收到良友公司通知信,说《新小说》停刊了,刚刚'革新',而且前几天编辑给我信,也毫无此种消息,而忽然'停刊',真有点奇怪。郑君平(即郑伯奇—笔者注)也辞歇了。"[1]也许由于《新小说》的停刊,萧红又生生失去了一个在上海发表作品的平台,这样的平台对于当时的她来说,真真是非常非常重要的。

这样的情状很让她无奈,但接踵而来的消息更让她郁闷,8月26日前后,两萧收得鲁迅复信,其中说道:"悄吟太太的稿子退回来了,他说'稍弱',也评的并不算错……"[2]

"悄吟太太的稿子"当然就是还叫作《麦场》的《生死场》,尽管在上一年的12月,稿子已被生活书店接受,但送审到有关机构转了近九个月之后,还是没能通过,被退了回来。

稿子被退,鲁迅此前虽然已大致预料到了,他应该是有着精神准备的,但也许是担心萧红太过沮丧,他还是有点不甘心,仍然在为此而想办法。当时,沈兹九主编、子冈等编辑的综合性月刊《妇女生活》7月份刚刚创刊,而且也是由生活书店出版发行,那里应该需要稿子,而这部稿子的作者恰好也是"妇女",所以鲁迅在信中还说:"便中拟交胡(指胡风),拿到《妇女生活》去看看,倘登不出,就只好搁起来了。"[3]结果,对于这样一部无名作者的作品,《妇女生活》也无从接纳。至此,鲁迅也已无可如何了。此时,叶紫的《丰收》已经上市,而在《生死场》之后运作的《八月的乡村》也已"自费"印刷出版后进入了流通渠道,焦虑和无奈中,萧红也只能通过这种方式,自己筹款先让它问世,因为已经别

---

[1]《鲁迅全集》第十三卷,北京:人民文学出版社,2005年11月,531页。
[2][3]《鲁迅全集》第十三卷,北京:人民文学出版社,2005年11月,527页。

第八章 与《生死场》有关

无选择。这部书稿辗转无着的命运,最让她感到郁闷和纠结,看到完稿晚于自己的萧军的书已经印出,她已经不能再等下去了,当然,也顾不得所用方式是"合法"还是"非法"了。

1935年萧红写的东西虽然不少,发表的却是有限的几篇,除了3月初《太白》上的《小六》,6月1日《文学》上的《饿》,7月回忆散文《祖父死了的时候》登在长春《大同报》副刊《大同俱乐部》上,加上8月《太白》第二卷第十期上的《三个无聊人》,此外再无可数。而在这四篇文章中,除去长春《大同报》上的那一篇是友人孙陵所编发之外,其余在上海所发的三篇无一不是仰仗鲁迅的亲自推荐。

1935年8月份鲁迅与两萧交往小结:

日记中共出现四次:得信(并稿)两次,回复两次。

8月12日日记:"得萧军信,小说稿二篇。"

8月17日日记:"上午复萧军信并还金人译稿一篇。"

8月22日日记:"晚得萧军信并书一包。得郑伯奇信并还少其及悄吟稿各一篇。"

8月24日日记:"复萧军信。"

第二节　久未得悄吟太太消息

自从5月2日鲁迅全家到拉都路351号看望两萧后,同在上海的他们已经有四个月没有见面了,但这期间往返通信近30封,依然保持着较高的密度,但通信和见面晤谈还不是一回事,还有一定的距离,两萧还是想当面交流的。当他们又搬了一次家之后,8月底的时候萧军致信鲁迅,信中或许也有此意,所以鲁迅在9月1日夜的复信中最后说:"我们如略有暇,当于或一星期日去看你们。"在这封信的抬头,收信人被称之为"张兄",这样的称谓也是所有信件中仅有的三封之一。关于这种易于使人产生困

惑的"曲笔",萧军后来做注时这样诠释:

> 在上海那时通信,大家多不用真实名姓,有时候就用一个"姓"来代表,例如鲁迅先生给我们信中,就常用"刘兄"、"张兄"之类。[1]

按照这样的"惯例",9月11日两萧又得鲁迅给"刘兄"的一信,此信在鲁迅日记中留下的记录是"(上午)寄张莹信";而"张莹"二字,无疑是源自于萧红的本名"张迺莹",萧红自己就有一方刻有"张莹"的印章,随身携带着。

这样一封给"刘兄"的信,篇幅虽然很短,但却透露着非常重要的信息,鲁迅在信中告知萧军:

> 有一个书店,名文化生活社,是几个写文章的人经营的,他们要出创作集一串,计十二本。愿意其中有你的一本,约五万字,可否编好给他们出版,自然是已经发表过的短篇。倘可,希于十五日以前,先将书名定好,通知我。他们可以去登广告。
>
> 这十二本中,闻系何谷天,沈从文,巴金等之作,编辑大约就是巴金。我是译文社的黄先生来托我的。我以为这出版〔社〕并不坏。[2]

信中所说"几个写文章的人经营的"文化生活社,是指1935年5月在上海成立的民营出版机构,由巴金等文化人合办,经理是吴朗西,总编辑为巴金,以繁荣新文学创作为宗旨,原名文化生活社,9月以后改名为文化生活出版社。该社由巴金主编出版的《文学丛刊》丛书,坚持10余年,共十集,每集十六种,计160本。其在中国现代文学出版史上占有非常重要的地位,影响深远。这套丛刊贯彻"以新人为主,以老带新"的方针,

---

[1] 萧军:《鲁迅给萧军萧红信简注释录》,哈尔滨:黑龙江人民出版社,1981年6月,217页。
[2] 《鲁迅全集》第十三卷,北京:人民文学出版社,2005年11月,540—541页。

第八章 与《生死场》有关

除编入鲁迅、茅盾、王统照等名家的作品外，还大量编入曹禺、萧军、萧红、周文、沙汀、艾芜、张天翼、何其芳、李广田等一大批新秀的作品。

该社最初的编辑出版工作，得到鲁迅的大力支持，《文学丛刊》的第一集和第四集，就是由巴金聘请鲁迅帮助编辑的。鲁迅后期的不少著作，也由该社出版。

在鲁迅的举荐下，萧军的短篇小说集《羊》作为《文学丛刊》第一集十六种之一，收录六篇作品，1936年1月由文化生活出版社出版。在后来，萧红也加入到《文学丛刊》的作者行列。

萧军接信后马上回复，所以又有鲁迅在16日给他的复函："十一日信收到。小说集事已通知那边。算是定了局。"[1]在这封讨论小说集一事的信末，还附有这样的内容："本月琐事太多，翻译要今天才动手，一时怕不能来看你们了。"[2]

19日，鲁迅又收到萧军一信，当然仍是继续讨论小说集的问题。此外，这封很短的信还有两点引人注意，第一，当时因为生活书店和《译文》月刊（主要是黄源）分歧很大，难以弥合，闹得沸沸扬扬，影响到方方面面，已经到了快要停刊的地步，鲁迅也很关注且焦虑，他在信中说："《译文》因和出版所的纠纷而延期，真令人生气！"[3]第二，"久未得悄吟太太消息，她久不写什么了吧？"[4]这封信在日记中留下的痕迹是："得张莹信，即复。"在频繁与萧军讨论事务的同时，鲁迅仍然牵挂着萧红的创作。倒也难怪，这一阶段萧军的创作势头很旺，稿子发表的也多，萧红似乎动静不大，其时，她更多的是正在为自费出书的种种事宜焦虑和忙碌。

1935年9月份鲁迅与两萧交往小结：

日记中共出现八次：得信（并稿）四次，回复四次。

9月1日日记："得萧军信。"

---

[1] [2]《鲁迅全集》第十三卷，北京：人民文学出版社，2005年11月，548—549页。
[3] [4]《鲁迅全集》第十三卷，北京：人民文学出版社，2005年11月，551页。

9月2日日记："上午复萧军信。"

9月6日日记："寄黄河清信并《译文》稿一篇，又萧军小说稿一篇。"

9月11日日记："寄张莹信。"

9月13日日记："得萧军信。"

9月16日日记："寄张莹信。"

9月19日日记："得张莹信，即复。"

9月21日日记："得萧军信。"

第三节 《生死场》的名目很好

　　《译文》的停刊最终定局于9月下旬，经过中旬（当然还有在那之前）的几轮磋商和讨论未果之后，生活书店管理层（邹韬奋、胡愈之等）最终下了停刊的决心——或许早有此意，只是适时地宣布吧。起初只是想要撤换黄源的编辑一职，然后是几番商定合同的续订等具体问题……迟迟未能达成协议后，9月24日上午，黎烈文和茅盾到大陆新村九号告知鲁迅生活书店最终的决议。

　　萧军得知此事后非常愤懑，在给鲁迅的信中自然会有所流露，针对这种情绪，鲁迅在10月4日给他的回复中劝解道："对于《译文》停刊事，你好像很被激动，我倒不大如此，平生这样的事情遇见的多，麻木了，何况这还是小事情。但是，要战斗下去吗？当然，要战斗下去！无论它对面是什么。"[1]这段话倒也确实彰显了鲁迅文坛斗士的风范。在接下来"答家常话"中，鲁迅又继续强调："至于生活书店事件（此处特指《译文》停刊），那倒没有什么，他们是不足道的，我们只要干自己的就好。"[2]似这般锲而不舍的坚韧，自然会给两萧以正面的影响。

---

[1]《鲁迅全集》第十三卷，北京：人民文学出版社，2005年11月，558页。
[2]《鲁迅全集》第十三卷，北京：人民文学出版社，2005年11月，560页。

第八章 与《生死场》有关

那时节，作为《奴隶丛书》之一的《丰收》和之二的《八月的乡村》均已面世，《丰收》的销量不怎么大，但《八月的乡村》势头不错，且已被带到了国外，唯有萧红自己的书还在茫然地徘徊，而这本书的完成日期又早于《八月的乡村》，这使她更着急，看到萧军新书的趋势，心里似在憋着一股劲儿，她一直在想办法张罗着与此有关的事，写得不多，因此寄给鲁迅的稿子就比萧军的少。

两萧平时会为书的事探讨或争论，若是争来争去没有结果，他们也会把问题"上缴"，让鲁迅来做一个裁决。10月19日他们联名写信给鲁迅，第二天鲁迅收到信并在当天回复。（见10月20鲁迅日记"下午得萧军及悄吟信，晚复。"）其中主要内容都是关于书的问题，而且是特别具体的问题，甚至是现在看来有点可笑的问题，开宗明义就是回答他们的争论，"十九日晨信收到。'麦'字是没有草头的"[1]。事情起因是他们在看稿的时候，看到《生死场》的第一章《麦场》，萧军不知为什么就认为那个"麦"字是应该有"草字头"的，他要萧红把那个字改过来；而萧红则坚持说没有草字头，坚决不改。两个国学底子都不算厚的人各执一词，互不相让，于穷困之中手边又无可查的字典、辞海……最后这个"官司"只有写信给鲁迅让他仲裁。

也许这种近似"小儿科"的问题让鲁迅会心一笑，回复这封信的抬头就幽了他们一默，在称其"刘军兄 悄吟太太尊前"后，还专门对"尊前"二字做了一下"解释"："这两个字很少用，但因为有太太在内，所以特别客气。"[2]

两位年轻人的信中还有重要信息报告，即提出了请鲁迅为《麦场》作序的要求。

《麦场》书稿完成后并没有一个正式的名堂，一直是暂用第一章《麦场》为名，现在要付印了，"取名"之事已提到议事日程，犹如一个马上入学的孩子一定要有个正式的名字。两萧自己想过几个，都不甚满意；在

---

[1] [2]《鲁迅全集》第十三卷，北京：人民文学出版社，2005年11月，567页。

和胡风讨论时，萧红让他给个建议，胡风就从书中提炼出了一个"生死场"的说法，萧红听取并琢磨后，觉得颇能代表全书的意思，比较认可，所以就基本搞定，随后就写信告诉了鲁迅，先生在回信中说："《生死场》的名目很好"[1]，最终的书名就这样定了下来。关于撰写序言一事，鲁迅回答说："那篇稿子，我并没有看完，因为复写纸写的，看起来不容易。但如要我做序，只要排印的末校寄给我看就好，我也许还可以顺便改正几个错字。"[2]这是一个让萧红心花怒放的允诺。

当时，刚刚译毕俄国的内斯妥尔·珂德略莱夫斯基所著长文《〈死魂灵〉序》的鲁迅略有闲暇，所以在感慨"天下之事，是做不完的"之后，预约两萧："但我们确也太久不见了，在最近期内，最好是本月内，我们当设法谈谈。"[3]从5月初到10月下旬，两萧与鲁迅已有五个多月未曾见面了。

此信发出一周之后，1935年10月27日下午，如上次一样，事先没打招呼，又是全家出动，直接去法租界萨坡赛路190号看望两萧。可与上次不同的是，这次的探望双方未能晤面，因为两萧外出，鲁迅一家"只好走了一通，回到北四川路，请少爷看电影"。两萧那时已经开始了世界语的学习，当天就是参加世界语五十周年纪念大会去了，回来得知，很是懊悔，因此马上致信鲁迅。29日鲁迅回信说：

> 廿八日信收到。那一天，是我的豫料失败了，我以为一两点钟，你们大约总不会到公园那些地方去的，却想不到有世界语会。[4]

对于这样来访不遇的情状，双方都有一些不甘，想见面谈的愿望越发一致，两萧的盼望自不待言，鲁迅信中也再次强调：

> 我们一定要再见一见。我昨夜起，重伤风，等好一点，就

---

[1] [2]《鲁迅全集》第十三卷，北京：人民文学出版社，2005年11月，568页。
[3]《鲁迅全集》第十三卷，北京：人民文学出版社，2005年11月，567页。
[4]《鲁迅全集》第十三卷，北京：人民文学出版社，2005年11月，570页。

第八章 与《生死场》有关

发信约一个时间和地点，这时候总在下月初。[1]

读鲁迅1935年10月27日日记："午后同广平携海婴访萧军夫妇，未遇，遂至融光大戏院观《漫游兽国记》，次至新雅夜饭。"这是鲁迅全家对两萧的第二次探望，第一次是到法租界拉都路351号，那次见到了。这两次的出访也是鲁迅对两萧在上海时所有探望的总和。

1935年10月份鲁迅与两萧交往小结：

日记中共出现六次：得信（并稿）四次，回复四次。

10月2日日记："寄刘军信并文学社稿费单一纸。"

10月3日日记："得萧军信，晚复。"

10月7日日记："上午得萧军信。"

10月20日日记："下午得萧军及悄吟信，晚复。"

10月27日日记："午后同广平携海婴访萧军夫妇，未遇，遂至融光大戏院观《漫游兽国记》，次至新雅夜饭。"

10月29日日记："得萧军信，即复。"

---

[1]《鲁迅全集》第十三卷，北京：人民文学出版社，2005年11月，570页。

第九章 《生死场》出版前后

第一节 您们俩先去逛公园之后……

1935年10月27日鲁迅一家的来访不遇,更加速了两萧与鲁迅要见一见的愿望,这事简直就是不能再拖了。但此时鲁迅的身体又出了点小状况,27日当天从午后到夜间,可能是在外面的时间太长了,有点伤风,这体现在日记中就是:"觉患感冒,服阿思匹林两片",到28日鲁迅病情又有所加重,给两萧的信中故有"我昨夜起,重伤风"之语,所以只能是等症状缓解一些,再"发信约一个时间和地点",而时间上大致是在下月,也就是11月初。可是鲁迅11月1日的日记中还能见到"晚胃痛"的字样。

就是在这样"太久不见",又想"设法谈谈","我们一定要再见一见"的情况下,1935年11月5日,两萧收到了这样一封邀请函:

刘　兄

悄吟太太:

我想在礼拜三(十一月六日)下午五点钟,在书店等候,您们俩先去逛公园之后,然后到店里来,同到我的寓里吃夜饭。

专此,即祝

俪祉。

豫　上

十一月四日[1]

---

[1]《鲁迅全集》第十三卷,北京:人民文学出版社,2005年11月,575—576页。

第九章 《生死场》出版前后

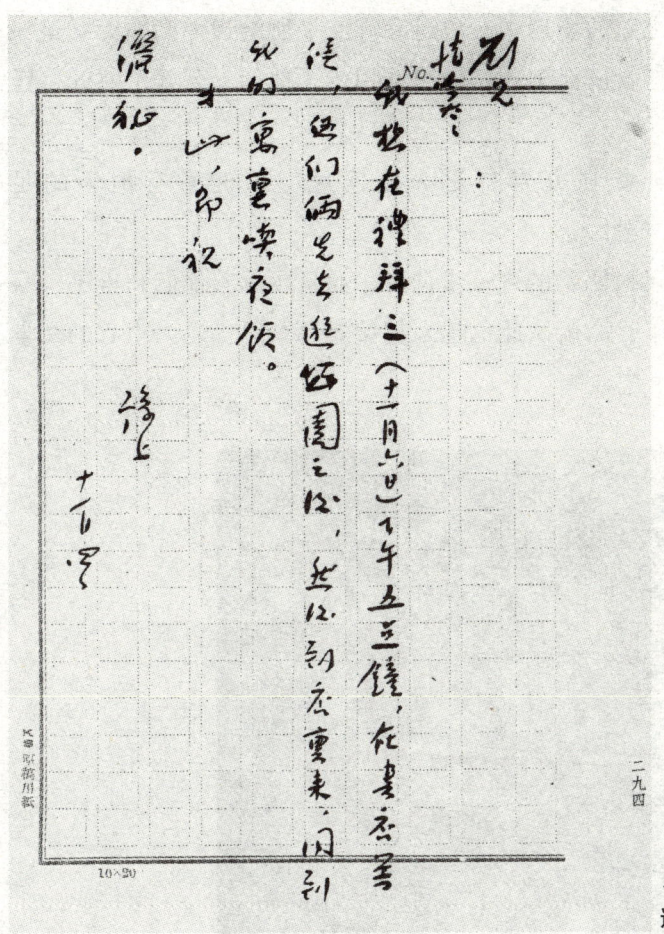

1935年11月4日鲁迅首邀两萧到寓里夜饭的信

哇！鲁迅先生邀请他们到家里去做客了，这个消息实在令两萧受宠若惊。

此时，距两萧1934年11月初到达上海，刚满整整一年。

1935年11月6日晚，两个从北国流浪到上海的文学青年首访鲁宅，做客北四川路底施高塔路大陆新村九号。晚饭之后，两萧与鲁迅一家交谈甚欢，其中有很多内容都是关于"满洲国"的，说的和听的都兴致盎然，雨夜里，两萧很晚才出来，被风寒所欺的鲁迅却坚持要把他们送到铁门外。

这一幅以抱病之身的雨夜送行图，永久地刻在了萧红的心底。

萧红和萧军这次应邀初访鲁宅，具有特别重要的纪念意义，在当时颇有几分"黑云压城"之感的境遇中,鲁迅和许广平所给予他们的无疑是一种厚遇,"我们用接待自己兄弟一样的感情招待了他们,公开了住处,任他们随时可以到来"[1]。

从此以后,大陆新村九号鲁迅先生家里"就时常有他俩的足迹"了。

这不仅标志着鲁迅对两萧的进一步认可,而且预示着他们和鲁迅一家关系更进一步的密切了,两萧从此也越来越接近那个以鲁迅为中心的文学圈子。

上海施高塔路大陆新村九号鲁迅故居

这次对两萧来说超乎寻常的拜访,呈现在鲁迅的笔下,记载不过寥寥十几个字,11月5日发邀请函仅有"寄萧军信"四字(见当天的鲁迅日记),翌日的共进晚餐也只有"晚邀刘军及悄吟夜饭"(见11月6日的日记)的

---

[1] 景宋:《忆萧红》,上海《大公报·文艺》,1945年11月28日。

第九章 《生死场》出版前后

字样。但在别具慧心的萧红笔下，我们读到的是如下别具深情的记载：

> 那夜，就和鲁迅先生和许先生一道坐在长桌旁边喝茶的。当夜谈了许多关于伪满洲国的事情，从饭后谈起，一直谈到九点钟十点钟而后到十一点钟。时时想退出来，让鲁迅先生好早点休息，因为我看出来鲁迅先生身体不大好，又加上听许先生说过，鲁迅先生伤风了一个多月，刚好了的。
>
> 但是鲁迅先生并没有疲倦的样子。虽然客厅里也摆着一张可以卧倒的藤椅，我们劝他几次想让他坐在藤椅上休息一下，但是他没有去，仍旧坐在椅子上。并且还上楼一次，去加穿了一件皮袍子。
>
> 那夜鲁迅先生到底讲了些什么，现在记不起来了。也许想起来的不是那夜讲的而是以后讲的也说不定。过了十一点，天就落雨了，雨点淅沥淅沥地打在玻璃窗上，窗子没有窗帘，所以偶一回头，就看到玻璃窗上有小水流往下流。夜已深了，并且落了雨，心里十分着急，几次站起来想要走，但是鲁迅先生和许先生一再说再坐一下："十二点钟以前终归有车子可搭的。"所以一直坐到将近十二点，才穿起雨衣来，打开客厅外面的响着的铁门，鲁迅先生非要送到铁门外不可。我想为什么他一定要送呢？对于这样年轻的客人，这样地送是应该的吗？雨不会打湿了头发，受了寒伤风不又要继续下去吗？站在铁门外边，鲁迅先生说，并且指着隔壁那家写着"茶"字的大牌子："下次来记住这个'茶'，就是这个'茶'的隔壁。"而且伸出手去，几乎是触到了钉在铁门旁边的那个九号的"九"字，"下次来记住'茶'的旁边九号。"
>
> 于是脚踏着方块的水门汀，走出弄堂来，回过身去往院子里边看了一看，鲁迅先生那一排房子统统是黑洞洞的，若不是告诉得那样清楚，下次来恐怕要记不住的。[1]

---

[1] 萧红：《回忆鲁迅先生》，《萧红全集》第二卷，哈尔滨：黑龙江大学出版社，2011年5月，155页。

写下这段文字的时候，距两萧首访大陆新村已近四年，萧红告别大陆新村所在的上海也已两载，时为1939年，逃难到重庆北碚的她是专为鲁迅逝世三周年而忆而写。

第二节 夜里写了一点序文

这前后，作为《奴隶丛书》之三的《生死场》的排版和印刷也在操作中，各种事宜也是通过叶紫的朋友王先生的民光印刷厂付诸实施的。

此前印制的《丰收》和《八月的乡村》，分别都有鲁迅为之作序，这自然让萧红心生企盼，蠢蠢欲动，期望着自己的这本书也能有鲁迅的序言；两萧10月19日写信给鲁迅，说出了这个愿望，10月20日鲁迅收到信并在当天回复中应允了此事，并嘱他们只要把排印的末校稿寄给他即可。

就在两萧11月6日初访大陆新村不久，11月14日晚，鲁迅为《生死场》作序的诺言已经兑现。11月15日，鲁迅致信两萧告诉他们："校稿昨天看完，胡刚刚来，便交与他了"[1]，"校稿"是《生死场》最末一次校样，"胡"是胡风，他要为这本书写一篇读后记。再就是让萧红欣喜的消息："夜里写了一点序文，今寄上。"[2] 当天的鲁迅日记亦有记录："寄萧军信并《生死场》小序一篇。"在作序前阅读校样的过程中，鲁迅还顺手用红笔和工整的楷书，改正了校样里的错字和不规范的格式，这就是鲁迅信中所说"校稿除改正了几个错字之外，又改正了一点格式，例如每行的第一格，就是一个圈或一个点，很不好看，现在都已改正。"[3]

鲁迅的严谨与细致，使两萧惭愧且感动，同时，由于这方面知识的匮乏，他们也从中学到了最基本的排版常识。

关于《生死场》的印刷费用，以前一直未闻其详，多是些约略的说法或没有提及，最近看到的一点资料，直接关涉到这个问题，也是此前闻所未闻的。

---

[1] [2] [3] 《鲁迅全集》第十三卷，北京：人民文学出版社，2005年11月，581页。

第九章 《生死场》出版前后

1935年11月鲁迅为萧红的《生死场》所写序言手稿

　　《八月的乡村》付印之前,萧军本来是打算用自己的稿费一点一点地凑齐定金,然后再说印刷费什么的,但即使那样也很难一时凑够,所以他只好向鲁迅求助,并得鲁迅慷慨解囊;但到了《生死场》也要交定金时,他们无论如何也不好意思再麻烦鲁迅先生了。但他们的稿费收入又非常有限,除了维持最基本的生活开支,远远不足以支付这一笔费用，这可把他们难坏了，到哪里去弄这些钱呢？被这件事煎熬着，真是一筹莫展啊！正是在这样的关口，另有"贵人"向他们伸出了援手。

两萧在上海遇到的这个"贵人"，就是"一文阁"文具店的老板胡恒瑞。"一文阁"是当时颇具规模的文具店，胡老板是喜好结交文化人的民营企业主，他家的一个亲戚和两萧在拉都路是街坊，因此结识且慢慢熟悉起来。胡恒瑞是两萧在上海时期可相信可倚重的老大哥，给过他们许多有实际意义的帮助和温暖的友情，"胖蝈蝈"就是他给萧红起的绰号，而在他们平常的谈话中，更是把鲁迅称作"老绍兴"。

胡老板早年有当作家的愿望，平日里手不释卷，阅读量很大，涉猎亦广，加之有记笔记和写日记的习惯，且坚持了几十年，留下近百万字的日记，所记内容翔实、可靠，很多人物的史实弥足珍贵。1986年他去世后，日记由他的子女整理成册，这其中居然包含着部分直接跟萧红有关的内容，令人讶异且欣喜。

胡恒瑞1936年1月27日的日记，记录了跟《生死场》出版有关的诸多信息：

> 胖蝈蝈得意地拿着她的《生死场》送我。这个小妹妹很有意思，怪不得老绍兴喜欢她。
>
> 《生死场》很长，共十七大节。老绍兴写得好"北方人民的对于生的坚强，对于死的挣扎"；她的"叙事和写景，胜于人物的描写"；她能"细致的观察"，更能有"越轨的笔致"。即使作品中不同画面之间有时省略了逻辑关系，有的语句也不事修葺，倒也不影响大局。这本书的出版是相当困难的，胖蝈蝈早在34年9月9日就写成了，但是遇到了官方的审查，虽然是描写东北老百姓自发抗日的情景，但是麻烦一个接一个。要不是老绍兴和胡风大力支持，这本书就不一定能出得来。到了去年11月14日，这么长的作品，都由老绍兴一个字一个字校正过，并挑出了许多毛病。最

后出版时还得自费。可把这一对东北夫妇难坏了。在大上海，他俩举目无亲，经过不少折腾才凑齐钱自费出书，算是大同乡，我借给他们五十元，但愿得以出版就好了，也是很值得惊奇的。

我就写了一首《琴剑何用》
曾叹子胥白发生，神州已临流亡时。
灯前理好七丝琴，弹醒梅花雪一枝。
取出寒光三尺剑，夜深起舞鸡鸣时。
万里风云生死场，弟妹心事我已知。

无论是鲁迅借钱给萧军印《八月的乡村》，还是胡恒瑞借钱给萧红印《生死场》，都是命运对两萧的眷顾和恩宠。尽管所借款项在后来均已归还（鲁迅1936年7月7日的日记和胡恒瑞1937年4月18日的日记中均有还款的记载），但在那样无名无助又无奈的境遇中，这样的呵护有加和施以援手，势必温暖他们一生。

第三节　索要鲁迅亲笔签名

接到鲁迅的信和附在信中的序言，萧红心里得到了大大的满足，这本辗转多时的《生死场》，终于和叶紫的《丰收》、萧军的《八月的乡村》一样，都有了鲁迅的序言。但看过之后，萧红马上又有了一点小小的遗憾，且生出了一点小小的不满，原因在于，此前叶紫和萧军收到的序言都是鲁迅先生的手迹，而这次寄来的序言大概是经由许广平抄写的，这样的话，就没有了鲁迅自己的签名手迹，而那是她特别想要的，她一心想跟叶紫、萧军一样，将鲁迅签名的手迹制版并印在书上，因不见其亲笔签名，心里便生发出一点点的不平衡。

鲁迅15日寄出的信和序言，两萧很快便收到，并在16日回复，此信也于当日到达鲁迅手中,鉴于信中所述内容,鲁迅当晚就写了回信。见鲁迅日记1935年11月16日:"得萧军及悄吟信,夜复。"

在这封给"刘军兄及其悄吟太太"的回信中,鲁迅针对去信的问题,一一做了回答。

首先说,"十六日信当天收到,真快。没有了家,暂且漂流一下罢,将来不要忘记"[1],这是因为两萧在信中流露出思乡之情,快到年底了,在南方都市流浪,远离东北,有时会起一些怀念故土的乡愁。

两萧对于鲁迅在末校稿中还能改正几多错字,感到很是惊讶,对此,鲁迅告诉他们:"我曾经做过杂志的校对,经验也比较的多,能校是当然的,但因为看得太快,也许还有错字。"[2]其实,在平日里,鲁迅为出版社为年轻人看稿改稿校稿,都是再正常不过的了。

也许鲁迅的序言已让萧红感动,她在去信中对其中的赞同表达了谢意,对此,鲁迅马上加以说明:"那序文上,有一句'叙事写景,胜于描写人物',也并不是好话,也可以解作描写人物并不怎么好。因为做序文,也要顾及销路,所以只得说的弯曲一点"[3],这也应该是能促使萧红清醒的一个说明。

再就说到了此信的关键问题,即萧红索要他的亲笔签名制版问题,"我不大希罕亲笔签名制版之类,觉得这有些孩子气,不过悄吟太太既然热心于此,就写了附上,写得太大,制版时可以缩小的。这位太太,到上海以后,好像体格高了一点,两条辫子也长了一点了,然而孩子气不改,真是无可奈何"[4],惹出了这样一番感慨,看上去鲁迅也有点借题发挥——高了的是体格,长了的是辫子,不改的是孩子气,但碰到如此任性的"这位太太",虽已颇为经历了一些人生的苦难,却依然是童心未泯,"孩子气不改",也委实让鲁迅无奈,除了迁就抑或纵容,他能有什么别的办法吗?只能专门写好签名并附在信中,并就具体问题提醒他们:"写得太大,制版时可以缩小的。"

---

[1] [2] [3] [4]《鲁迅全集》第十三卷,北京:人民文学出版社,2005年11月,583—584页。

第九章 《生死场》出版前后

信的最后是照例有一点家常话,说到时年6岁的海婴公子,说到海婴跟两萧的相处:

> 他喜欢朋友,现在很感得寂寞。你们俩他是欢迎的,他欢迎客人,也喜欢留吃饭。有空望随便来玩,不过速成的小菜,会比那一天的粗拙一点。[1]

一句"有空望随便来玩",等于是彻底向他们敞开了家门,这样的允许和邀请,给了他们多么大的欣喜和慰藉啊!此时离他们第一次到大陆新村做客才只有十天,看来那初次的拜访真是大大缩短了双方的距离,感情和心灵上的相互信任与默契已然建立,但鲁迅在信中还是表现出了一点提前预知的待客之道,说如果他们随时到来的话,"速成的小菜,会比那一天的粗拙一点",当然喽,"那一天"是专为两萧准备的啊。

而此时,多处碰壁之后,那饱含着作者太多心血的《生死场》的印制已进入倒计时,序言和后记到位后,万事俱备,这部命运曲折的书已是呼之欲出了。

1935年11月份鲁迅与两萧交往小结:
日记中共出现六次:得信(并稿)两次,回复三次。
11月5日日记:"寄萧军信。"
11月6日日记:"晚邀刘军及悄吟夜饭。"
11月11日日记:"下午得萧军信。"
11月15日日记:"寄萧军信并《生死场》小序一篇。"
11月16日日记:"得萧军及悄吟信,夜复。"
11月28日日记:"张莹及其夫人来。"

---

[1]《鲁迅全集》第十三卷,北京:人民文学出版社,2005年11月,584页。

第四节　鲁迅和胡风高度评价《生死场》

1935年12月（也许还会略早一些），萧红的中篇小说《生死场》作为《奴隶丛书》之三，假上海"容光书局"之名"正式"出版上市；初版的《生死场》为32开的毛边装帧，正文210页。素来喜爱美术的萧红，为它设计了以红、黑两色为主风格独特的封面。

1935年12月《生死场》初版封面

作为萧红的第一部中篇小说，《生死场》所描绘的是"九一八事变"前后，哈尔滨近郊（实为整个东北地区）农民生存、挣扎的生活状态，以及他们面对外敌入侵的逐步觉醒和不屈反抗。

书的前面有鲁迅撰写的脍炙人口的序言：

这本稿子的到了我的桌上，已是今年的春天，我早重回闸北，周围又复熙熙攘攘的时候了，但却看见了五年以前，以及更早的哈尔滨。这自然还不过是略图，叙事和写景，胜于人物的描写，然而北方人民的对于生的坚强，对于死的挣扎，却往往已经力透纸背；女性作者的细致的观察和越轨的笔致，又增加了不少明丽和新鲜。精神是健全的，就是深恶文艺和功利有关的人，如果看起

第九章 《生死场》出版前后

来,他不幸得很,他也难免不能毫无所得。[1]

鲁迅在序中告诉读者们:

> 奴隶社以汗血换来的几文钱,想为这本书出版……
> 现在是一九三五年十一月十四的夜里,我在灯下再看完了《生死场》……然而我的心现在却好像古井中水,不生微波,麻木的写了以上那些字。这正是奴隶的心!——但是,如果还是扰乱了读者的心呢?那么,我们还决不是奴才。[2]

文末的话,依然是对此书的力推:

> 不过与其听我还在安坐中的牢骚话,不如快看下面的《生死场》,她才会给你们以坚强和挣扎的力气。[3]

在这样的一篇流传甚广的名序中,鲁迅并没打算掩饰他对这位扎着小辫子的年轻作者的欣赏,对于这样的无名作者,对于未经官方许可非法印刷出版的一本"私书",这样的评价,不可谓不高!

书的后面有胡风所写读后记,完成于11月22日凌晨。胡风在其中说出了他的阅读感受和心得,他看到的是萧红笔下东北农民的悲惨命运:

> 蚁子似地生活着,糊糊涂涂的生殖,乱七八糟的死亡,用自己的血汗自己的生命肥沃了大地,种出食粮,养出畜类,勤勤苦苦地蠕动在自然的暴君和两只脚的暴君的威力下面。[4]

以及他们的命运在"九一八事变"之后逐渐发生的变化:

---

[1] [2] [3] 鲁迅:《萧红作〈生死场〉序》,《生死场》,上海:容光书局,1935年12月。
[4] 胡风:《〈生死场〉读后记》,《生死场》,上海:容光书局,1935年12月。

> 蚁子似地为死而生的他们现在是巨人似地为生而死了。[1]

而这样的描述不能不让人感到欣喜:

> 使人兴奋的是,这本不但写出了愚夫愚妇的悲欢苦恼,而且写出了蓝天下的血迹模糊的大地和流在那模糊的血土上的铁一样重的战斗意志的书,却是出自一个青年女性的手笔。在这里,我们看到了女性的纤细的感觉,也看到了非女性的雄迈的胸境。[2]

当然,在这篇实为文学评论的文章结尾部,作为文艺批评家的胡风也不忘本分,直率地指出作者的短处或弱点,这可归纳为"三个不够"。即,第一,对于题材的组织力不够;第二,综合的想象的加工非常不够;第三,对于修辞的锤炼不够。接着,他还对此有一个小小的说明:"这只是我这样的好事者的苛求,这只是写给作者和读者的参考。"[3]

在书的正文和读后记的后面,还刊有一则奴隶社的《小启》,敬告读者:

> 至于还想要知道一些关于在满洲的农民们,怎样生,怎样死,以及怎样在欺骗和重重压榨下挣扎过活;静态和动态的故事,就请你读一读这《生死场》吧。[4]

既有鲁迅的序言,又有胡风的读后记,这是此前出书的叶紫和萧军都没有的待遇,也足见萧红的《生死场》受两位先生重视的程度。

---

[1][2][3] 胡风:《〈生死场〉读后记》,《生死场》,上海:容光书局,1935年12月。
[4] 萧红:《生死场》,上海:容光书局,1935年12月。

第九章 《生死场》出版前后

第五节 《生死场》带来不少的新奇与惊动

《生死场》的出版，获得了相当大的成功，仅仅两个月之后，就已再版，作为一本"非法"之书，能有这样的效应殊为难得，萧红潜在的创作实力和展现在书中的才华已经掩盖不住。除了不久后的再版，《生死场》也受到了当时文艺界和评论界的关注。

1936年6月25日，当时"左联"负责人之一的周扬在《光明》第1卷第2号上发表《现阶段的文学》，其中有评价：

> 由《八月的乡村》和《生死场》，我们第一次在艺术作品中看出了东北民众抗战英雄的光景、人民的力量、"理智的战术"。两位作者都是生长在失去了的土地上，他们亲身地经历了亡国的痛苦，所以他们的作用表现出在过去一切反帝作品中从不曾这么强烈地表现过的民族的感情……。这两篇作品的出现，恰恰是华北事变以后，民族革命战争的新的全国的高潮中，民众抗敌情绪分外昂扬的时候，它们的很快获得了广大读者的拥护，正说明了目前中国大众所需要的是什么样的作品。

此后不久，署名白里的作者撰文点赞《生死场》，称许这部中篇小说，并指认它在1936年6月即已出到了第三版。[1]

《生死场》的出版，也为《奴隶丛书》做了一个小结，因为此后再无作品作为《奴隶丛书》出版，所以这个小结也是终结性的。有人把这套书称作"鲁迅出版的奴隶丛书"，大概是因为三种书都有鲁迅所写的序言。《生死场》之序流传甚广，而最早的是写于1935年1月16日《丰收》的序言："这里的六个短篇，都是太平世界的奇闻，而现在却是极平常的事

---

[1] 白里：《生死场》，《读书生活》第四卷第九期"纪念九一八特辑" "读过的书"栏目，1936年9月10日，486页。

情。因为极平常,所以和我们更密切,更有大关系。作者还是一个青年,但他的经历,却抵得太平天下的顺民的一世纪的经历……";1935年3月28日为《八月的乡村》所作序说:"我们的学者也曾说过:要征服中国,必须征服中国民族的心。……但这书却于'心的征服'有碍。"有各自这样的序言,有这后无来者的三种书,说叶紫、萧军和萧红是"奴隶社"的"三剑客"也不过分吧!

许广平后来回忆说:"作为东北人民向征服者抗议的里程碑的作品,是如众所知的《八月的乡村》和《生死场》。这两部作品的出现,无疑地给上海文坛一个不少的新奇与惊动,因为是那么雄厚和坚定,是血淋淋的现实缩影。而手法的生动,《生死场》似乎比《八月的乡村》更觉得成熟些。"[1] 这在很大程度上,一定也代表着鲁迅的观点。

《生死场》的一版再版,实在是出乎人们的预料,即使是处于战争年代,它都在不断地被翻印,据说到抗战结束时已到了第11次印刷,这应该还是一个不完全的统计,从1945年到1949年,又有不少版本出现;直到21世纪的今天,它依然是各类出版社的宠儿,且已被改成话剧和电视剧公演,各种版本已无法详尽地统计。

《生死场》为什么会有这种久盛不衰的现象?它到底是一本什么样的书?长期以来,对于它的评价和定义历来众说纷纭,莫衷一是。

有的评论家总把《生死场》归类于抗战文学,强调它的抗日主题,但仅这样的断言显然远远不够,也远远不能概括它丰富的内涵。细读《生死场》就会发现,所谓的抗日内容,只出现在作品的后三分之一,而前面三分之二的内容几乎与此无关。在对那些边远乡村芸芸众生琐碎生活的描述中,包含着大量的乡村女性生活的细节,穿插讲述了相当多底层劳苦的被侮辱被损害的女性命运,这几乎是构成乡间生活画卷中的主色调之一。统观全书,作者正是把女性的苦难置于民族和人类的苦难的大背景中来展现的,特别是作者自己当时已体验过太多苦痛和生之艰辛,创作激情很大

---

[1] 景宋:《追忆萧红》,《文艺复兴》第1卷第6期,1946年7月1日。

程度上是植根于这些无法忘记又无法明言的经历，有了这样的叙述，有了这样尖锐的叩问，才有了"明丽和新鲜"之外的"力透纸背"。所以，陈思和教授断言它是一部具有启蒙意义的"生命之书"，在指出其并不成熟之后，特别强调"它有原始的生气，有整个生命在跳动，有对残酷生活现实毫不回避的生命体验。它写得很残酷，是一个年轻的生命在冲撞、在呼喊。我觉得这样的东西才是珍品！这样的作品，在文学史上有着至高无上的价值。这不能用一般的美学观念去讨论，它要用生命的观念去讨论。"[1] 而摩罗则认为："萧红作为跟鲁迅非常相通的人，就直接面对人的生存层面说话这个角度来说，萧红比鲁迅走得更远，体验得更深，她也是离信仰最近的一位作家。"[2] 文学评论家季红真则坚信：《生死场》中所表现出的终极价值在于，它"对于生命的强烈慨叹、对于人的精神状态的关注，超越了自己的时代"。

不管各位论者观点如何各具特色，但有一点是为大家所公认的：《生死场》不仅是萧红的成名作，同时也是她在现代文学史上的奠基之作。一部自费出版的中篇小说，成就了这个流浪到上海的东北女孩。

第六节　萧红：新的名字，新的里程

《生死场》的写作始于哈尔滨，1934年4—5月间它的前两章《麦场》和《菜圃》已在《国际协报》副刊《国际公园》连载；它最终在当年的9月完成于青岛；一年多之后的1935年岁末，几经周折在上海出版。非常相似而无奈的是，这本书和两萧1933年10月所出的第一本合集《跋涉》一样，都是没有合法身份的出版物。

在《生死场》出版之前，萧红作品的署名，包括到上海后的《小六》、

---

[1] 陈思和：《启蒙视角下的民间悲剧：〈生死场〉》，《天津师范大学学报》，2004年第一期。
[2] 摩罗：《〈生死场〉的文本断裂及萧红的文学贡献》，《社会科学论坛》，2003年10期。

《饿》和《三个无聊人》等,绝大部分是用"悄吟",大概只有在发表散文《中秋节》(见1933年10月29日《大同报》副刊《夜哨》)时署名"玲玲"、散文《镀金的学说》(见1934年6月14《国际协报·文艺》)署名"田娣"是个例外。但《生死场》不同啊,这是她的第一个"大"作品,出版过程又是那样的不顺,一定要体现一点有别于过去的新意。因此,这本书带着墨香上市的时候,上海的读者或者说更多的读者,在作者的位置,看到了一个闻所未闻的名字——萧红!

1934年4月20日,《国际协报》副刊开始连载《麦场》

关于萧红为什么署名"萧红",和在什么时候起叫作萧红的问题,业内历来众口一词,无非是说,《生死场》要出版了,要启用一个新的名字,而这个新名字是和萧军有关的,甚至是跟当时的局势有关的,因为两个人的名字连在一起就是"小小红军"……这些说法看上去也许有点道理,但还是给人以牵强附会的感觉。最近见到的一点新资料,让我们对业内的说法提出了质疑。

资料的来源还是当时上海"一文阁"文具店老板胡恒瑞的日记。我们先来看1934年年底的这一篇:

1934年12月30日,星期日

小赵:"在我家附近二十二号,今天看到了一对东北老

第九章 《生死场》出版前后

乡，叫萧红和萧军，不是兄妹，而是一家子。"

我道："北方人不多，他们是干什么的？"

小赵："听二房东说，也是文化人。"

我道："二房东是日新小学的教导主任，他们学校一切用品都用一文阁的，人品很不错，元旦那天把他们都接来吧。"

日记中的"小赵"，是胡先生的妹夫，其时就住在拉都路福显坊3号，与两萧租住的22号处于斜对过的位置。而这一天，已是1934年的尾声，那两个东北佬搬到这个"有大草地可看"的"22号"恐也只有三、五天或者更短的时间，读鲁迅和他们的通信集可知，12月26号鲁迅的信中还说："今年不再写信了，等着搬后的新地址。"可见那时还没有搬，但一周之后，两萧的信就报告了搬过家的消息了，1935年1月4日鲁迅回信说："二日的信，四日收到了，知道已经搬了房子，好极好极，但搬来搬去，不出拉都路。"照萧军的性情和习惯，他往往会在第一时间向鲁迅报告动向和行踪，那30号被"小赵"看到时，说不定刚刚搬过去也未可知。大约是因为他们跟周围的人太不一样了，无论形体、语言还是着装等，很容易引起别人的注目和猜测。

再看1935年元旦的日记：

1935年1月1日，星期二

小赵带着二房东夫妇和东北老乡，萧红和萧军一道来玩。

萧军："我们的二房东为人厚道，他们见我俩很困难，把前楼让给我们，他们却住小阁楼。"

大家戏称萧红是胖蝈蝈。萧红主动到厨房里帮忙，她的烙饼技术很好。

胡恒瑞老板之豪爽好客可见一斑，而两萧一听有人请饭也很随和。据胡老板的后人介绍，胡恒瑞也是北方人，一向爱好文墨，又是京、昆票友，长年生活在南方大都市上海，一直有着浓郁的故乡情结，由于目力所及非常有限,所以对来自北方的客人都觉得跟老乡差不多,更何况这两个年轻人是二房东夫妇所说的"文化人"。的确,这时两萧到达上海虽然只有两个月,但已经见过了鲁迅,而且应邀跟鲁迅和一干文人吃过饭了,心里已储存了一点底气。

上述两篇日记让我们有理由猜测,甚至相信,"萧红"一名的确定和使用最迟应不晚于他们到达上海之时,或者可以这么说,在他们离开青岛的前后,"悄吟"或已开始转换为"萧红"了。因为离开青岛时形势紧张,故而特别仓促匆忙,为安全计,为避人耳目,他们在换一个环境的当口,也需要换一个名头来混淆视听,以免招惹不可预测的麻烦。此前的"三郎"因为给鲁迅先生写信已定名萧军,而"悄吟"的大致走向也会和同伴保持协调,"萧"字的来源盖出于此;"姓氏"敲定,接下来就是"名"的问题了,"红"字则应是完全取决于她自己的选择吧,更有着深浓的女性色彩,据说,这位东北女孩儿在生活中一向都是偏爱红色的,直到后来,她的衣装里也都有不少属于红色谱系。"萧"跟"红"组合,看上去感觉冷暖动静反差较大,但又自有一番辽远与柔和的气韵——果然这个名字在现代文学史上近乎不朽!两人一到上海,就以萧军、萧红之名示人,在这个陌生的环境里,在日常生活中,人们只知道他们是名唤萧军、萧红的一对"海漂",而不知"三郎"、"悄吟"为何方圣贤——包括他们在东北的一些朋友,很长时间内都不知萧军、萧红就是他们熟知的"三郎"、"悄吟"。当然,有趣的是,刚一见面,胡老板和他的亲友们就送了萧红一个"胖蝈蝈"的绰号。

虽然在生活中已经叫作萧红了,但在发表作品时她还是留恋原来的笔名,那是她最初起步时所用,而且在东北已为很多人所知,颇具纪念意义,所以最初在上海发表作品时,她的署名还是"悄吟",直到《生死场》曲折面世,才把萧红一名隆重推出。

从此,文坛上有了一个叫萧红的女子,繁华喧嚣的上海文坛渐渐升起一颗新星。

1935年12月份鲁迅与两萧交往小结：

日记中共出现三次。（基本上没有信件往来）

12月9日日记："上午张莹来。"

12月15日日记："晚张莹及其夫人来。"

12月30日日记："晚张莹及其夫人来。"

第十章 一九三六年年初

第一节 我们想在旧历年内，邀些人吃一回饭

自从1935年11月6日晚鲁迅"邀刘军及悄吟夜饭"后，大陆新村九号的鲁宅家门就已然向两萧敞开；他们又在10天后收得鲁迅为《生死场》所作"小序一篇"，还有与此有关的信件往还，并在11月28日再访鲁宅。（见1935年11月28日鲁迅日记："张莹及其夫人来。"）

12月，可能是两萧忙于《生死场》后期印制、上市销售等有关事宜，一时也没有急于讨论的事情，所以整个12月他们和鲁迅之间都没有信件往来，这是自1934年10月联系上之后从未有过的现象。但没有通信并不意味着没有联系，因为已经到过鲁宅，所以真的有事即可以直奔那里。根据鲁迅的记载，两萧12月份曾有三次到访大陆新村九号，分别是在当月的9号、15号和30号。（参见这三天的鲁迅日记。）

1936年1月14日，鲁迅收到曹聚仁转萧军的信一封，当天就致信"刘军兄"："曹有信来，今转上"，并在信中预告："我们想在旧历年内，邀些人吃一回饭。一俟计画布置妥帖，当通知也。"[1]

"吃一回饭"的事很快就布置妥帖了，只在5天之后。观1月19日（腊月二十五）鲁迅日记，全文如下：

> 十九日 星期。晴。午后得小山信。晚同广平携海婴往梁园夜饭，并邀萧军等，共十一人。《海燕》第一期出版，即日售尽二千部。

---

[1]《鲁迅全集》第十四卷，北京：人民文学出版社，2005年11月，8页。

第十章　一九三六年年初

此时已近旧历年底,现在看来,这样的邀饭,一方面有辞旧迎新的意思,另外还有一层意思,应该是为当时创刊出版的《海燕》杂志良好的销售势头而聚会庆贺。

1936年1月《海燕》杂志创刊号

《海燕》第2期封面

《海燕》是一份同人杂志,是在鲁迅的建议和支持下创办的,具体的编务以胡风和聂绀弩为主,胡风负责集稿和选定,聂负责付排和校对一应杂务,此外萧军萧红和周文、奚如等人也有参与。刊名"海燕"二字由鲁迅手书,此刊的取名典出高尔基的散文名篇《海燕》,显然可以看出当时苏联作家对中国的影响。创刊号上名家云集,除鲁迅的历史小说《出关》、胡风的《文艺界底风习一景》外,还有萧军等人的作品,萧红在创刊号上被登出的作品是散文《访问》,讲述的是她在哈尔滨时对一个白俄家庭的造访和观察。

关于这一次的"梁园夜饭",除鲁迅日记而外,未见其余当事人有具体记载,但1937年10月20日《大公报》副刊《战线》第二十九号刊出的散文《逝者已矣!》则对这一餐晚饭有更细的记录。那是10月17日,刚到武汉不久的萧红专为鲁迅周年祭所写的,此时,因为淞沪抗战爆发,她和萧军等人已经撤离了上海。

> 前天军到印刷局去，回来的时候，带回来一张《七月》的封面，用按钉就按在了墙上。"七月"的两个字，是鲁迅先生的字。（从鲁迅书简上移下来的）接着就想起了当年的《海燕》，"海燕"的两个字是鲁迅先生写的。第一期出版了的那天，正是鲁迅先生约几个人在一个有烤鸭的饭馆里吃晚饭的那天。（大概是年末的一餐饭的意思）海燕社的同人也都到了。最先到的是我和萧军，我们说：
>
> "《海燕》的销路很好，四千已经销完。"
>
> "是很不坏的！是……"鲁迅先生很高的举着他的纸烟。
>
> 鲁迅先生高兴的时候，看他的外表上，也好像没有什么。
>
> 等一会又有人来了，告诉他《海燕》再版一千，又卖完了。并且他说他在杂志公司眼看着就有人十本八本的买。
>
> 鲁迅先生听了之后：
>
> "哼哼！"把下腭抬高了一点。
>
> 他主张先印两千，因为是自费，怕销不了，赔本。卖完再印。
>
> 那天我看出来他的喜悦似乎是超过我们这些年青人。都说鲁迅先生沉着，在那天我看出来鲁迅先生被喜悦鼓舞着的时候也和我们一样，甚至于我认为比我们更甚。（和孩子似的真诚。）[1]

此文虽短，但萧红观察之细致，状写之传神，皆非常人所能及。

1936年1月份鲁迅与两萧交往小结：

日记中共出现六次：寄信一次。

1月14日日记："得曹聚仁寄萧军信，即转寄。"

1月19日日记（全文）："十九日 星期。晴。午后得小山信。晚同广

---

[1] 萧红：《逝者已矣！》，《萧红全集》第四卷，哈尔滨：黑龙江大学出版社，2011年5月，178—179页。

平携海婴往梁园夜饭，并邀萧军等，共十一人。《海燕》第一期出版，即日售尽二千部。"

1月22日日记："晚悄吟持萧军信来。"

1月25日日记："下午张莹及其夫人来。"

1月26日日记："下午张莹来。"

1月31日日记："夜悄吟来并赠《羊》一本，赠以《引玉集》及《故事新编》各一本。"

第二节　小说写得不坏

  1936年年初前后，鲁迅与两萧等人，一边是忙着办《海燕》杂志，一边是忙着各自的写作或译著，在这样的当口，鲁迅还在继续不断地向朋友推介两萧的作品。1936年1月21日，在回复曹靖华信中，他还在询问此前寄去的两位年轻人的书和自己的《死魂灵》的情况："小说两种，已并我译之《死魂灵》，于前日一并寄上，不知收到否？小说写得不坏，而售卖不易，但出版以后，千部已将售尽，也算快的。"[1]

  信中的小说两种，即指《八月的乡村》和《生死场》，鲁迅在信中告诉"汝珍兄"的："写得不坏"与"售卖不易"，当包括这两本书在内，但"出版以后，千部已将售尽"，应主要是说《八月的乡村》，它上市已有了一段时间，而《生死场》则因为刚刚出版，自然还达不到这样的"业绩"。

  苏俄文学翻译家曹靖华，也因鲁迅间接地"认识"了萧红，并对她有了关注，这也为他们后来相遇和交往埋下了伏笔。1939年曹靖华在重庆奉命主持中苏友好协会的工作，萧红也因战乱避难重庆，因而他们得以在山城相遇；曹靖华受苏联驻华大使馆文化参赞罗果夫之托，促成了罗果夫对萧红和端木蕻良的访谈，并把他们的作品收录在罗果夫译介的《中国短篇

---

[1]《鲁迅全集》第十四卷，北京：人民文学出版社，2005年11月，11页。

小说选》里，介绍到了国外。

2月9日，鲁迅和两萧还一同出席了黄源在宴宾楼所设的饭局，席间最主要的议题，就是确定了已被停刊的《译文》改由上海杂志公司复刊一事，除他们三人和做东的黄源外，到场的皆是重量级的人物——茅盾、黎烈文、胡风、巴金和吴朗西，亦即鲁迅当天日记中所说之"同席九人"。

随着《八月的乡村》和《生死场》的出版和热销，两萧的作品逐渐被上海文坛所接受，读者也已渐渐地熟悉他们的名字，可以说，他们已经敲开了文坛的大门，这其中的构建，当然离不开鲁迅的助推，同时也离不开他们自身的努力。进入1936年后，两萧所写的稿子已经不愁发表，以萧红来说，1936年1月5日，署名悄吟的散文《初冬》刊登在上海《生活知识》第一卷第七期，《生活知识》是一本1935年10月创刊的半月刊，由沙千里和徐步主持，和鲁迅亦有一些联系，不知是否有迅翁的推荐因素在里面。《初冬》所忆的，还是萧红几年前在哈尔滨的流浪生活，包括在街头遇见"弟弟"（实为生活中的堂弟），并在喝咖啡的过程中，拒绝了"弟弟"让她"回家"的劝告。散文《访问》完成于1936年1月7日，被见于1月20日出版的《海燕》创刊号；另一篇散文《过夜》写于2月5日，2月20日出版的《海燕》第二期即已刊出。

随后的几个月，从2月到6月，读者众多、影响很大的《中学生》月刊和《文季月刊》等，也都向萧红展现了微笑，连续登载了其系列散文《商市街》中的有关篇目，包括《欧罗巴旅馆》、《家庭教师》、《册子》、《剧团》、《夏夜》等，其声势和影响都有了进一步的扩大。

1935年底终于出版的《生死场》进一步打开了局面，早已蓄势待发的萧红，在1936年迎来了创作的喷发期，这也成了她文学道路上收获颇丰的一年。挟着《生死场》的强劲优势，萧红作为新锐作家的势头已不可阻挡，作品不断登载于刊物的创刊号和一些知名刊物上，如《海燕》、《作家》、《中学生》、《中流》、《文季月刊》等；还有堪称高端的《大公报》副刊，也在3月份初次登出了萧红的小说。现有资料表明，萧红在1936年写作和发表的作品，无论数量和质量都是空前的，是继在哈尔滨起步阶段"大同俱乐部"和"夜哨"时期后又一个创作的高峰期,但在这一时期为人为文都比之前更成熟许多,文笔也更趋历练。

第三节 折翅的"海燕"

1936年2月15日,鲁迅先生"寄张莹信",通知两萧:

> 那三十本小说,两种都卖完了,希再给他们各数十本。
> 又,各给我五本,此事已托张兄面告,今再提一提而已。[1]

两种都卖完了的"那三十本小说",当然是指《八月的乡村》和《生死场》,鲁迅信中除让两萧再给书店各数十本之外,自己也再次各要五本,可见他手里的样书也没有存留了。对于两萧,这真的是一个利好的消息啊。

《海燕》的第二期也准备得差不多了,稿源自然不用犯愁,刊出的文章中有鲁迅的《题未定草》和小说《阿金》,还有周文的《红丸》和萧军的《江上》等,而萧红的散文《过夜》也在其列。《过夜》描述的是四年前的冬天,萧红在哈尔滨街头所经历的痛苦不堪的流浪生活。这一期《海燕》被标明在2月20日正常出版。

这是一本文学月刊,第一期编辑人署名"史青文";第二期编辑改署"耳耶",但"史青文"也好,"耳耶"也罢,都左不过是聂绀弩的笔名。《海燕》属于公开发行的刊物,按当时上海公共租界当局规定,这样的刊物,必须要明确标注担负法律责任的发行人及其真实地址,但参与其中的有关作家,无一不是"被环境所迫,不得不度着隐晦的生活"[2],所以住址都不宜公开,可当局对此要求甚严,无法通融,否则,刊物极可能夭折。因为在发行人的问题上未能达成共识,结果是,《海燕》也没能逃

---

[1] 《鲁迅全集》第十四卷,北京,人民文学出版社,2005年11月,28页。
[2] 景宋:《忆萧红》,上海《大公报·文艺》,1945年11月28日。

过这样的厄运，那么被看好的文学杂志，几经周折，出版了两期之后就被"寿终正寝"。

作为一个文坛老兵，彼时彼刻，饱经忧患的鲁迅对《海燕》之前景应该是有预感的，在2月21日致曹聚仁的信中他就说：

> 《海燕》虽然是文艺刊物，但我看前途的荆棘是很多的，大原因并不在内容，而在作者。说内容没有什么，就可以平安，那是不能求之于现在的中国的事。其实，捕房的特别注意这刊物，是大有可笑的理由的。[1]

"前途的荆棘"果然不少，此信发出也就一周时间吧，2月的最后一天，鲁迅再致曹靖华的信中已有了这样的内容：

> 《海燕》已以重罪被禁止，续出与否不一定。一到此境，假好人露真相，代售处赖钱，真是百感交集。同被禁止者有二十余种之多，略有生气的刊物，几乎灭尽了；德政岂但北方而已哉！[2]

而在同一天给杨霁云的复函中，鲁迅再提及此：

> 《海燕》系我们几个人自办，但现已以"共"字罪被禁，续刊与否未可知，大稿且存敝寓，以俟将来。此次所禁者计二十余种，稍有生气之刊物，一网打尽矣。[3]

回首历史，我们清晰地看到，1936年1—2月间，国民党中央宣传部接连以种种借口查禁了《海燕》、《大众生活》、《生活知识》、《读书生活》、《漫画和生活》等23种刊物。究其大致理由，据说不外乎是"一、抨击

---

[1]《鲁迅全集》第十四卷，北京：人民文学出版社，2005年11月，35页。
[2]《鲁迅全集》第十四卷，北京：人民文学出版社，2005年11月，39页。
[3]《鲁迅全集》第十四卷，北京：人民文学出版社，2005年11月，40—41页。

第十章 一九三六年年初

本党外交政策;二、宣传普罗文化;三、鼓吹人民政府"等等。

《海燕》虽然只出了两期,但它在30年代的期刊中仍有一席之地,其影响,说是至今仍在,也并无不妥。作为一本同人杂志,其作品多是出自有一定知名度的作家,自始至终,鲁迅都对它有全方位的关注和支持。具体来说,它更是距初登文坛的萧红最近的一个文学刊物,《海燕》被禁,对鲁迅的影响非常有限,但对两萧来说就比较大一些,他们等于失去了仅有的一个属于自己的平台。但令人欣慰的是,此时,无论是萧军还是萧红,凭借鲁迅的大力助推和自身努力,他们的创作实力和潜在的才华已开始为世人所知,此时此刻,已经可以这么说,在强手如林的上海文坛,他们已经有了一定的话语权。

而这一切,都是以《八月的乡村》和《生死场》的出版和热销为标志的,某种意义上来看,说这两本书是他们创作和生活的拐点都不过分。

1936年2月份鲁迅与两萧交往小结:

日记中共出现八次,信三次。

2月7日日记:"晚悄吟来。夜萧军来。雨。"

2月10日日记:"下午寄萧军小稿二。"

2月12日日记:"萧军来。"

2月15日日记:"寄张莹信。"

2月16日日记:"晚悄吟、萧军来。"

2月21日日记:"午后张因来。萧军来。"

2月23日日记:"晚寄河清信。寄萧军信……夜萧军、悄吟来。"(鲁迅给两萧的最后一封信)

2月26日日记:"晚萧军、悄吟来。"

第十一章　搬至鲁宅附近

第一节　只为方便往来和不劳鲁迅过多写信

1935年的11月，两萧有两次到访大陆新村九号，第一次是6日的初访，第二次是28日的再访；12月份则有三次造访，分别是9日、15日和30日。

进入1936年，1月份，除了19日为庆贺《海燕》创刊号的畅销，鲁迅在梁园邀请两萧等11人夜饭之外，萧红有三次前往大陆新村。

22日持萧军的信前去，信中有何内容，她和鲁迅谈了什么，均无详细记载，但在当晚鲁迅致胡风的信中透露出一点有关信息，其中说道："劝你以后不要在大街上赛跑。"[1]——此"劝"与其说是劝，倒不如说是告诫，它缘起于胡风和两萧不久前的一次率性而为：那天晚上，他们一起从鲁迅家出来已是夜深，电车早就停运了，几个囊中羞涩的穷文人又舍不得叫小汽车，只好步行十多里回法租界，但大家毫无倦意，谈笑凯歌还。途中，萧红忽然童心大发，说要和胡风在马路上赛跑，看谁比得过谁；胡风欣然应战。比赛很快开始，萧军还在后边鼓掌助兴……煞是热闹，他们沉浸其中，完全没有意识到这里面潜伏的危情。事后，萧红把这件"有趣"的事儿说与鲁迅，随即就有了鲁迅在给胡风的信中之"劝"。鲁迅所担心的是，深夜街头这样的动静很容易惊动巡捕或引起他们的注意，万一被拦住询问身份住址等，很可能惹出大麻烦来。也许是出于这样的担心，后来

---

[1]《鲁迅全集》第十四卷，北京：人民文学出版社，2005年11月，14页。

第十一章　搬至鲁宅附近

在鲁宅谈得晚了，鲁迅就坚持让他们打车（那时的说法是坐小汽车）回去，且一定嘱咐许广平买单。同一封信中还有关涉周文的内容，当时周文愤怒于《文学》杂志对他小说的删减，打算有所回应，鲁迅怕他中计，不主张这样激烈的抗议，想让胡风出面，"定一地点和日期，通知我们，大家谈一谈，似乎比简单的写信好"，并说"此事已曾面托悄吟太太转告，但现在闲坐无事，所以再写一遍"[1]。

25日，萧红和萧军同去。

31日，萧红再访大陆新村，以萧军的《羊》赠鲁迅先生，并得鲁迅《引玉集》及《故事新编》各一本之回赠，萧军在26日下午单独去过一次。（以上到访均可参见鲁迅日记）

2月份，来往信函减少，但人去得更勤了，据鲁迅日记的记载，两萧一起到访四次，时间分别是2月7日、16日、23日和26日；在当月的12日和21日，萧军有事还单独去过两次，也就是说，在这一个月中，萧红和萧军到鲁迅家去的次数分别是四次和六次；此外，他们在9号那天还一起吃过一次饭，是黄源请客在宴宾楼。这样的造访和交往，已是很大的密度了。

两萧当时还住在萨坡赛路190号唐豪律师事务所的二楼上，那里是法租界，属于现在的卢湾区一带，而大陆新村在那北端的虹口区，两处相距有十几里路，这在当年的情况下算是个比较远的距离，用萧红自己的话来说，那时去鲁迅家：

> 刚开始是从法租界来到虹口，搭电车也要差不多一个钟头的工夫，所以那时候来的次数比较少。记得有一次谈到半夜了，一过十二点电车就没有的，但那天不知讲了些什么，讲到一个段落就看看旁边小长桌上的圆钟，十一点半了，十一点四十五分了，电车没有了。

---

[1]《鲁迅全集》第十四卷，北京：人民文学出版社，2005年11月，14页。

"反正已十二点,电车已没有,那么再坐一会。"许先生如此劝着。

鲁迅先生好像听了所讲的什么引起了幻想,安顿的举着象牙烟嘴在沉思着。

一点钟以后,送我(还有别的朋友)出来的是许先生,外边下着濛濛的小雨,弄堂里灯光全然灭掉了,鲁迅先生嘱许先生一定让坐小汽车回去,并且一定嘱咐许先生付钱。[1]

在这种情况下,一个比较迫切的问题逐渐显现,一是他们总这样来回跑路,耽误的时间太多,二是有时还要鲁迅写信什么的,他们也有些不忍,特别是到大陆新村去的次数多了,看到那里的具体情况:

鲁迅先生在病中总在伏案工作;

许广平不仅要操持全家的生活,还要抽时间代鲁迅做一些抄录工作;

海婴年幼且多病;

两个老佣人动作也已不灵便……

这种种情况,最终促使两萧决定搬到北四川路附近来住。

年轻力壮的萧军还另有"一厢情愿"的想法,他觉得那样的话,可以少分散先生的精力,"有些琐事顺便和先生谈一下就随时可以解决了";再就是他很想在鲁迅先生的工作上和生活上帮忙做点具体的事。所以,综合考量,搬家的问题就提到了两萧的议事日程。这也就是许广平后来回忆中所说:

他们搬到北四川路离我们不远的地方来住下。据萧军先生说:"靠近些,为的可以方便,多帮忙。"[2]

---

[1] 萧红:《回忆鲁迅先生》,《萧红全集》第二卷,哈尔滨:黑龙江大学出版社,2011年5月,143页。
[2] 景宋:《忆萧红》,上海《大公报·文艺》,1945年11月28日。

第二节　和鲁迅一家如亲人般相处

两萧搬到北四川路的时间历来模糊或说法不一，多数人持的是"1936年春天"的说法，这最初的源头无疑是来自于萧军，他在20世纪70年代回忆中曾说：

> 一九三六年春天，我们搬到了北四川路底一处叫"永乐里"的地方住下来，意图是搬到距离鲁迅先生住的地方较近，也可能会对先生的生活方面有所帮助——事实什么帮助也谈不上。[1]

这个貌似权威的说法一直被后来许多研究者所用。

但细读资料却有困惑，这个"春天"的说法太过笼统，且那一处在萧军笔下被叫作"永乐里"的地方，也让有兴趣寻找当时两萧旧迹的"老上海"——作家丁言昭女士等费尽周折，也未能确认；后来根据种种史料，此处被丁言模先生推断为可能是永安戏院近邻的"永乐坊"，即今天四川北路1774弄及海伦路73弄。就是萧军本人，在1948年为这批书信做注时也曾有过这样的描述：

> 那时，那些注文距离我们和鲁迅先生第一次会面已经是十几年了，有些记忆已经不清楚、不准确以至"错误"了，可见人的记忆——就我本人来说——已经是如此不可靠了！而这篇（指1936年《作家》月刊11月出版的第二卷第二号《哀悼鲁迅先生特辑》中的《让他自己……》，此文亦是对鲁迅给两萧的几封信做注）注释距离的时日较近一些，可能会准确些，但也

---

[1] 萧军：《为了爱的缘故：萧红书简辑存注释录》（手稿本），北京：金城出版社，2011年8月，95—96页。

很难于保证会"毫发无遗"、"枝节俱全"……也只能是"大体如此"而已。[1]

再看鲁迅与两萧的通信，最末的一封（第五十三封）在1936年2月23日，是就"义军的事情"临时通知萧军有关事项，在那之后实际已中断了通信。

看鲁迅日记所记，整个3月份，两萧到鲁宅有十一次之多，这还不排除有漏记的次数——若天天都去或隔天去或一天去两次，那也许不一定每次都记了。由是观之，两萧搬家到北四川路一带当在2月底之前，当时两萧的朋友、一文阁文具店老板胡恒瑞日记中的一点记载亦可佐证：

（1936年）2月29日 星期六
我又想见萧红和萧军，派陈书立去找，才知道他们又搬家了。

因为只有在搬家之后，那样的频频造访才有了可能。这一段时光，应该就是许广平所说"这时过从很密"；可以作为辅佐证据的是，萧红本人在《回忆鲁迅先生》中亦有这样的表述：

以后也住到北四川路来，就每夜饭后必到大陆新村来了，刮风的天，下雨的天，几乎没有间断的时候。

这样很密的过从，使两萧的生活和鲁迅一家有了更多的交集，其中的一些温馨的画面，多年之后在两位女士的笔下都有呈现，许广平回忆说：

（两萧）到的时候，有时是手里拿着一包黑面包及俄国香肠之类的东西。有一回而且挟着一包油腻腻的东西，打开一看，原来

---

[1] 萧军：《鲁迅给萧军萧红信简注释录》，哈尔滨：黑龙江人民出版社，1981年6月，81页。

第十一章 搬至鲁宅附近

是一只烧鸭的骨头,大约是从菜馆里带来的;于是忙着配黄芽菜来烧汤,谈谈吃吃,也还有趣。萧红先生因为是东北人,做饺子,有特别的技巧,又快又好,从不会煮起来漏穿肉馅。其他像吃烧鸭时配用的两层薄薄的饽饽,她做得也很好。[1]

她并且由此断言说:

> 如果有一个安定的,相当合式的家庭,使萧红先生主持家政,我相信她会弄得很体贴的。[2]

共同弄饭的过程,更增进了两位主妇对彼此身世的进一步了解,萧红与许广平之间属于女性的悄悄话,往往不会让鲁迅和萧军听到,通过"私语",萧红知道:

> 许先生怎样离开家的,怎样到天津读书的,在女师大读书时怎样做了家庭教师。她去考家庭教师的那一段描写,非常有趣……冬天来了,北平又冷,那家离学校又远,每月除了车子钱之外,若伤风感冒还得自己拿出买阿司匹林的钱来,每月薪金十元要从西城跑到东城……[3]

许广平也约略知晓一些萧红早年不宜为外人道的经历:

> 中等身材,白皙,相当健康的体格,具有满洲姑娘特殊的稍稍扁平的后脑,爱笑,无邪的天真,是她的特色。……她的身世,经过,从不大谈起的,只简略的知道是从家庭奋斗出来,这更坚强了我们的友谊。[4]
>
> 我们和萧红先生成了时常见面的朋友了,也还是不甚了然的。不过也并非绝无所知,片段的谈话,陆续连起来也可能得一

---

[1] [2] 景宋:《追忆萧红》,《文艺复兴》第1卷第6期,1946年7月1日。
[3] 萧红:《回忆鲁迅先生》,《萧红全集》第二卷,哈尔滨:黑龙江大学出版社,2011年5月,144页。
[4] 景宋:《忆萧红》,上海《大公报·文艺》,1945年11月28日。

个大致的轮廓。譬如说：谈得高兴的时候，萧红先生会告诉我们她曾经在北平女师大的附属中学读过书。并且也知道她还有父亲，母亲是死了，家里有一位后母，家境很过得去。也许，她喜欢像鱼一样自由自在的吧，新的思潮浸透了一个寻求解放旧礼教的女孩子的脑海，开始向人生突击……可怜的是从此和家庭脱离了，效娜拉的出走！……经济一点也没有。在旅邸上，"秦琼卖马"，舞台上曾经感动过不少观众，然而有马可卖还是幸运的，到连马也没得卖的时候，也就是萧红先生遭遇困厄最惨痛的时候，这时意外地遇到刘军先生，也是一位豪爽侠情的青年，可以想象得出，这就是他们新生活的开始。[1]

第三节　在鲁迅家结识史沫特莱

　　1936年3月，是两萧搬到北四川路后的第一个月，鲁迅和他们之间的通信已经不再，那也成了他们到大陆新村鲁宅最勤的一个月份。有十一、二次的到访，也许还有没记下来的——纵观他们交往的始终，这一个月的频率密度都是空前绝后的。频繁的到访，不仅有一显身手的做饭吃饭，还有被鲁迅请客去看电影，还结识了鲁迅的朋友，其中就有来自美国的社会活动家、著名记者艾格妮丝·史沫特莱。

　　这时，《八月的乡村》出版已有半年，且已产生了不小的影响，这影响不仅限于国内，而且延伸到了域外。因为，"九一八事变"之后，东北局势一直是国际社会关注的热点。

　　1928年就以《法兰克福日报》驻远东记者的身份来到中国的史沫特莱，一直高度关注着中国的局势，关注着鲁迅。1936年上半年她就准备对

---

[1] 景宋：《追忆萧红》，《文艺复兴》第1卷第6期，1946年7月1日。

第十一章 搬至鲁宅附近

鲁迅进行采访,但因故迟迟未能实施,3月份,她委托茅盾联络此事,3月7日,鲁迅复函茅盾说明不能外出接受采访的事由:"礼拜一日,因为到一个冷房子里去找书,不小心,中寒而大气喘,几乎卒倒,由注射治愈,至今还不能下楼梯。"[1] 随后又提出一个变通的方法,"S那里现在不能去,因为不能走动。倘非谈不可,那么,她到寓里来,怎样?"[2] 史氏这次访谈的目的是想了解东北局势和"义军"的情况,因此,3月下旬,在鲁迅家里,她如约见到了《八月的乡村》和《生死场》的作者萧军和萧红。

读1936年3月23日鲁迅日记可见:

> 午后明甫来,萧军、悄吟来;下午史女士及其友来,并各赠花,得孙夫人信并赠糖食三种,茗一匣。[3]

"明甫"即茅盾,他在当天兼司翻译之职;"史女士及其友"是史沫特莱和英文刊物《中国呼声》编辑格兰尼奇(M.Granich),他们是为具体了解东北民众的抗日斗争情况,请鲁迅邀萧军萧红等来谈义勇军的事情;"孙夫人"宋庆龄女士当天并未到场,但有信件并赠予"糖食三种,茗一匣"。

3月23日下午的会见,也开启了史沫特莱和萧红之间的友情交往。

1938年1月3日,为避战火而逃难到武昌的萧红,曾写下一篇名为《〈大地的女儿〉与〈动乱时代〉》的书评,刊于1月16日《七月》(武汉)第二集第一期,这几乎是她写作生涯中唯一一篇评论性质的文章。这个"唯一"也让我们看到萧红真的不是一个擅长写评论的作家,《大地的女儿》与《动乱时代》,分别是史沫特莱和德国女作家丽洛琳克的自传体小说,萧红的文章即是对这两本书的评论或曰读后感,文中说:

> 史沫特烈我是见过的,是前年,在上海。她穿一件小皮上

---

[1][2]《鲁迅全集》第十四卷,北京:人民文学出版社,2005年11月,42页。
[3]《鲁迅全集》第十六卷,北京:人民文学出版社,2005年11月,597页。

衣，有点胖，其实不是胖，只是很大的一个人，笑声很响亮，笑得过分的时候是会流着眼泪的。她是美国人。[1]

《大地的女儿》的全书是晴朗的，健康的，艺术的，有的地方会使人发抖，那么真切。[2]

这篇书评还透露着另外的重要信息：某种程度上来说，这两本书《大地的女儿》与《动乱时代》，或者说这两本书的作者史沫特莱和丽洛琳克，启蒙并增强了萧红本来就有的女性意识，或曰起码促使她在原有基础上有了进一步的觉悟，所以她不失时机地向当时接触到的女学生推荐这两本书：

> 有几位女同学到我家里过，在这抗战时期她们都感到苦闷。到前方去工作呢？而又那里收留她们工作呢？这种苦闷会引起一时的觉醒来。不是这觉醒不好，一时的也是好的，但我觉得应该更长一点。……所以我对她们说："应该多读书。"尤其是这两本书，非读不可。[3]

接着萧红又想起了前天周围的人对这两本书或曰对于女性作者的嘲讽，那样的刺激和不适让她难以释怀——

> 又想起来了：我敢相信，那天晚上的嘲笑决不是真的，因为他们是智识分子，并且是维新的而不是复古的。那么说，这些话也只不过是玩玩，根据年轻好动的心理，大家说说笑笑，但为什么常常要取着女子做题材呢？
>
> 读读这两本书就知道一点了。
>
> 不是我把女子看得过于了不起，不是我把女子看得过于卑

---

[1] 萧红：《〈大地的女儿〉与〈动乱时代〉》，《萧红全集》第四卷，哈尔滨：黑龙江大学出版社，2011年5月，186页。
[2] 萧红：《〈大地的女儿〉与〈动乱时代〉》，《萧红全集》第四卷，哈尔滨：黑龙江大学出版社，2011年5月，187页。
[3] 萧红：《〈大地的女儿〉与〈动乱时代〉》，《萧红全集》第四卷，哈尔滨：黑龙江大学出版社，2011年5月，188页。

第十一章 搬至鲁宅附近

下；只是在现社会中，以女子出现造成这种斗争的记录，在我觉得她们是勇敢的，是最强的，把一切都变成了痛苦出卖而后得来的。[1]

此文刊出两年半之后，萧红已逃难到香港，她又写了一篇短文谈到史氏的《大地的女儿》，《〈大地的女儿〉——史沫特烈作》，登载于1940年6月30《大公报·文艺综合》（香港）第八七一期。

> 这本书是史沫特烈作的，作得很好。并不是赞美她那本书里有什么幽美的情节。……书里的人物痛苦了，哭泣了，但是在作者的笔下看到了他们在哭泣的背后是什么，也就是他们为什么而哭。
>
> 在那种不幸的环境之中，可以看见一个女孩子坚强的离开了不幸，坚强的把自己的命运改变了。[2]

文中的最后一句说"在那种不幸的环境之中，可以看见一个女孩子坚强的离开了不幸，坚强的把自己的命运改变了"，很容易让人浮想联翩，联想到萧红坎坷的身世，不禁困惑且感慨，这是说史沫特莱呢，还是作者夫子自道呢？

1941年2月间，史沫特莱为了治病也辗转来到香港，当时香港文协等团体在思豪酒店举行欢迎茶会，萧红出席并主持。不久后，史沫特莱又到萧红居住的乐道8号看望，见到著名作家居住在那样简陋的环境里，她惊异并慨叹她的"贫困"，如同"置身于苦力阶级的同一经济生活水平"，而且当时萧红的身体状况也让她担忧，于是她执意要萧红出来跟她一起住了一段时间，史沫特莱当时所寄居的乡间别墅环境显然要好得多。萧红在

---

[1] 萧红：《〈大地的女儿〉与〈动乱时代〉》，《萧红全集》第四卷，哈尔滨：黑龙江大学出版社，2011年5月，188—189页。

[2] 萧红：《〈大地的女儿〉——史沫特烈作》，《萧红全集》第四卷，哈尔滨：黑龙江大学出版社，2011年5月，227页。

此期间也不忘勤奋创作，所写的是史沫特莱后来在《中国的战歌》中所提到的"她和我同居香港时写的一部战时小说"《马伯乐》。

史沫特莱在港期间，除了帮萧红联系医院医生等外，也曾给萧红一些经济上的接济。史沫特莱临回国前，还留下10篇在中国战场等地记录下的作品给端木蕻良所办的刊物，她还带走了萧红和端木蕻良的一些作品，准备回到美国翻译发表。萧红还请她带上《生死场》一书，转赠美国作家辛克莱——那是她学生时代就推崇的异邦作家。史沫特莱回到美国后，还与海伦·福斯特联系，并促成海伦与别人合译了萧红的短篇小说《马房之夜》，发表在她本人主编的《亚细亚》月刊9月号上。

1936年3月份鲁迅与两萧交往小结：

日记中共出现十二次。

3月2日日记："晚哨（悄）吟来。萧军来。"

3月3日日记："午萧军来。"

3月4日日记："午后悄吟及萧军来。"

3月8日日记："萧军来。"

3月9日日记："悄吟及萧军来。"

3月11日日记："晚悄吟及萧军来。"

3月14日日记："二萧来。"

3月20日日记："晚萧军及悄吟来。"

3月23日日记："午后明甫来，萧军、悄吟来；下午史女士及其友来，并各赠花，得孙夫人信并赠糖食三种，茗一匣。"

3月25日日记："夜萧军、悄吟来。"

3月28日日记："萧军及悄吟来……邀萧军、悄吟、蕴如、藁官、三弟及广平携海婴同往丽都影戏院观《绝岛沈珠记》下集。"

3月30日日记："下午以萧军稿寄明甫。"

第四节 制葱油饼为夜餐

1936年的3月，两萧到鲁宅的频率自然体现出一个勤字，这在鲁迅日记中也有明确记载，但看4月份的鲁迅日记，对两萧的记载却大大减少，仅在3日、11日和13日有记，而且后两次都是在"饭后"一起去戏院观影。那么，这样看上去，是否两萧去得少了或是有别的原因，应该不像；总观起来，应该是鲁迅日记的有所记有所不记，4月中的11日和13日仅隔一天，都有记载，多半是因为观影之故，统观鲁迅日记，他对自己仅有的休闲娱乐（观影是其中最主要的方式）一向记得大致不差，由于对来得很勤"过从很密"的人真的未必每天都记，每事都记，在3日日记中所记："晚烈文来。萧军、悄吟来，制葱油饼为夜餐"，可以想见那天"葱油饼"的印象之深。

那个主灶做葱油饼的萧红本人，则在三年之后留下了这样的文字：

> 鲁迅先生很喜欢北方饭，还喜欢吃油炸的东西，喜欢吃硬的东西，就是后来生病的时候，也不大吃牛奶。鸡汤端到旁边用调羹舀了一二下就算了事。
>
> 有一天约好我去包饺子吃，那还是住在法租界，所以带了外国酸菜和用绞肉机绞成的牛肉，就和许先生站在客厅后边的方桌边包起来。
>
> 饺子煮好，一上楼梯，就听到楼上明朗的鲁迅先生的笑声冲下楼梯来，原来有几个朋友在楼上也正谈得热闹。那一天吃得是很好的。
>
> 以后我们又做过韭菜合子，又做过荷叶饼，我一提议，鲁迅先生必然赞成，而我做的又不好，可是鲁迅先生还是在饭桌上

举着筷子问许先生:"我再吃几个吗?"

因为鲁迅先生的胃不大好,每饭后必吃"脾自美"药丸一二粒。[1]

3月底,萧红曾写信到西安给在那里筹建"一文阁"分店的胡恒瑞,也不忘说到她在鲁迅家的情形,胡先生的日记也记录在案:

(1936年)4月3日　星期五

忽然收到了胖蝈蝈的来信,原来我们动身那一天她到我家去,从妻子那里要了我的西安地址,寄来她的旧作《看风筝》。还有她的信,"春天我们搬到四川路底的一条弄堂里,离老绍兴家很近。我们把老绍兴完全当作自己的长辈了。几乎每天都在他那里包饺子、做韭菜合子和荷叶饼,我把景宋看成了大姐。"

"大姐"景宋,从一开始就对萧红怀有一种只有相知的同性之间才有的理解和体恤,所以她们之间自然会有一些不为异性所知的私密交流,好比说,遇到头痛发作怎样对付,怎样选用疗效对路的药物的问题,"时常听见她诉说头痛,这是我有时也会有的……萧红先生告诉我有一种药名叫Socoloff的,在法国普世药房可以买到,价钱并不昂贵,服了不会引起胃病,试过之后果然不错,从此每逢头痛我就记起她的指导。"[2]

再有就是妇科疾患的困扰,使她们同样不堪其苦,看许广平的描述,萧红当时所体现的症状,应是很多女性所患有的痛经:

她同时还有一种宿疾,据说每个月经常有一次肚子痛,痛起来好几天不能起床,好像生大病一样,每次服《中将汤》也不见好。[3]

许广平就根据自己摸索的经验和心得,给了萧红不少的建议:

---

[1] 萧红:《回忆鲁迅先生》,《萧红全集》第二卷,哈尔滨:黑龙江大学出版社,2011年5月,144页。
[2][3] 景宋:《追忆萧红》,《文艺复兴》第1卷第6期,1946年7月1日。

像讲故事似的把前后经过告诉了萧红先生,而且我还武断地说,白凤丸对妇科不无效力,何妨试试?过了一些时候,她告诉我的确不错,肚子每个月都不痛了,后来应该痛的时候比平常不痛的日子还觉得身体康强,她快活到不得了。[1]

有了和许广平密切而深度的沟通,势必促进萧红和鲁迅一家全方位的融洽,这样的有时一起弄饭,有时陪鲁迅聊天,有时同看电影,有时研讨作品……并不是当时一般文学青年所能得到的待遇;毋庸置疑的是,正因为有这一段彼此之间的其乐融融打下根基,尽管时间并不长,但因了萧红过人的禀赋和超凡的慧心,加之她对鲁迅的精神依恋和用心观察,才有了后来的传世之作《回忆鲁迅先生》。

1936年4月份鲁迅与两萧交往小结:
日记中出现三次。
4月3日日记:"晚烈文来。萧军、悄吟来,制葱油饼为夜餐。"
4月11日日记:"晚萧军、悄吟来。蕴如携阿菩来。河清来。夜三弟来。饭后邀客及广平携海婴同往光陆

1936年春夏之交,萧红与许广平在大陆新村九号

1936年春夏之交,萧红在鲁迅家门外留影

---

[1] 景宋:《追忆萧红》,《文艺复兴》第1卷第6期,1946年7月1日。

戏院观《铁血将军》。"

4月13日日记："晚张因来。萧军、悄吟来。饭后邀三客并同广平往上海大戏院观《Chapayev》。"

第五节　对萧红进行服饰搭配常识的启蒙

频繁地出入大陆新村，同鲁迅许广平海婴相处亦宛如家人，使得萧红和鲁迅之间的了解和理解都在不断地加深，过从其间，大量的细节都被聪慧的萧红捕捉到并极为生动地记了下来。

比如，一天下午鲁迅正在楼上看稿，萧红走进卧室，鲁迅从那圆转椅上转了过来，还向着萧红微微地站起了一点，"好久不见，好久不见"，一边说一边还向她点头。

这倒把萧红弄糊涂了，"刚刚我不是来过了吗？怎么会好久不见？就是上午我来的那次周先生忘记了，可是我也每天来呀……怎么都忘记了吗？"

然后呢，"周先生转身坐在躺椅上才自己笑起来"，原来啊，"他是在开着玩笑。"这真让萧红领略到了先生幽默的工夫。

上海的梅雨季很少有晴天，这让来自黑土地的萧红多少有些不适，所以她格外盼望万里无云。有天上午天刚放晴，萧红感到高兴极了，一高兴就往大陆新村跑，一路跑得气喘，见面后一老一少互致问候——

> 鲁迅先生说："来啦!"我说："来啦!"
> 我喘着连茶也喝不下。
> 鲁迅先生就问我："有什么事吗?"
> 我说："天晴啦，太阳出来啦。"
> 许先生和鲁迅先生都笑着，一种对于冲破忧郁心境的展然

第十一章　搬至鲁宅附近

的会心的笑。[1]

年轻的萧红更是年幼的海婴最欢迎的人，只要一见到就会拉她去院子里一起玩，不是拉头发就是扯衣裳。

这也让萧红很是茫然——

> 为什么他不拉别人呢？据周先生说："他看你梳着辫子，和他差不多，别人在他眼里都是大人，就看你小。"
>
> 许先生问着海婴："你为什么喜欢她呢？不喜欢别人？"
>
> "她有小辫子。"说着就来拉我的头发。[2]

唉！却原来是小辫子惹的祸！

萧红与鲁迅的交往中，给人深刻印象的，还有鲁迅对穿衣美学的说法和对萧红衣着的借题发挥。

在萧红一贯的想象中，鲁迅一向不大注意周围人的穿戴。他自己就说："谁穿什么衣裳我看不见的……"

但是有一天，去往大陆新村的萧红穿了一件有着很宽袖子的大红上衣，还有就是咖啡色的格子裙，她自我感觉不错，心里那点小小的虚荣，使她希望能得到别人的夸赞；但病中的鲁迅并没理会她的心意，只管坐在躺椅上抽烟，还不断把那装在象牙烟嘴上的香烟用手再装得紧一点，然后又说些别的，总之，不提衣服的事；而许先生呢，只顾忙着家务，跑来跑去，也完全没有鉴赏衣装的意思。

这让有所期待的萧红有些崩不住了，于是，就有了以下的对话——

> "周先生，我的衣裳漂亮不漂亮？"
>
> 鲁迅先生从上往下看了一眼："不大漂亮。"
>
> 过了一会又接着说："你的裙子配的颜色不对，并不是红上衣不好看，各种颜色都是好看的，红上衣要配红裙子，不

---

[1][2] 萧红：《回忆鲁迅先生》，《萧红全集》第二卷，哈尔滨：黑龙江大学出版社，2011年5月，145页。

然就是黑裙子，咖啡色的就不行了；这两种颜色放在一起很浑浊……"

鲁迅先生就在躺椅上看着我："你这裙子是咖啡色的，还带格子，颜色浑浊得很，所以把红衣裳也弄得不漂亮了。"

"……人瘦不要穿黑衣裳，人胖不要穿白衣裳；脚长的女人一定要穿黑鞋子，脚短就一定要穿白鞋子；方格子的衣裳胖人不能穿，但比横格子的还好；横格子的，胖人穿上，就把胖子更往两边裂着，更横宽了，胖子要穿竖条子的，竖的把人显得长，横的把人显得宽……"

那天鲁迅先生很有兴致，把我一双短筒靴子也略略批评一下。[1]

本想得到夸奖，却不料平白地被启蒙一番，但是这样的被补课，萧红自然欢喜，并把此事写信告知她的朋友一文阁老板胡恒瑞，胡老板在1936年5月9日的日记中这样记述：

又收到胖蝈蝈的信：……前一阵梅雨季节，好不容易才放晴，我穿了一件大红上衣和咖啡色的带格裙子，受到了老绍兴的善意批评。原来红上衣要配红色或黑裙子的，配咖啡色是很难看的。又说瘦人不要穿黑衣裳，胖人则不要穿白衣裳；脚长的女人要穿黑色的鞋子；脚短的女人要穿白色的鞋子等等。

听罢这关于如何搭配服装的一课，在受益匪浅之余，又引起了萧红一系列的问题——

我开始问："周先生怎么也晓得女人穿衣裳的这些事情呢？"

"看过书的，关于美学的。"

---

[1] 萧红：《回忆鲁迅先生》，《萧红全集》第二卷，哈尔滨：黑龙江大学出版社，2011年5月，141—142页。

"什么时候看的……"

"大概是在日本读书的时候……"

"买的书吗?"

"不一定是买的,也许是从什么地方抓到就看的……"

"看了有趣味吗?!"

"随便看看……"

"周先生看这书做什么?"

"……"没有回答,好像很难以答。

许先生在旁说:"周先生什么书都看的。"[1]

你看,萧红的问题可真不少啊,而这个无视规矩的东北女孩儿,也弄些个怪问题,居然把迅翁闹得一时答不上来,然后是许广平在旁解围,真真气煞人也!

---

[1] 萧红:《回忆鲁迅先生》,《萧红全集》第二卷,哈尔滨:黑龙江大学出版社,2011年5月,143页。

第十二章　沐浴师恩

第一节　被喻为当今中国最有前途的女作家

　　进入1936年，萧红的创作态势渐入佳境，潜力不可挡，才情掩不住，已渐趋喷发。到上海一年有余，熬过了1935年种种，两萧已逐渐适应了上海这个陌生的南方大都市，有了鲁迅先生的加持和自身的努力，随着《八月的乡村》和《生死场》的出版和热销，两萧的名字已逐渐被上海文坛接受，他们作为新锐作家，在文坛上已开始比翼双飞。但在两萧之间比较而言，萧红似有着更多的粉丝，业内也似乎更看好萧红，普遍对她有更多的期待。用许广平的话来说，就是："每逢和朋友谈起，总听到鲁迅先生的推荐，认为在写作前途上看起来，萧红先生是更有希望的。"[1]

　　渐渐地，萧红受关注的范围，已不仅限于上海文坛了。

　　1936年4月下旬，美国记者埃德加·斯诺到达上海，因为一直想去陕北访问，所以他先去拜访了可以助他成行的宋庆龄等人；5月初的一次聚会上，鲁迅和斯诺相遇，这并不是他们的初遇，但他们还是约定了要作一次重要访谈。不久之后，由姚克陪同，斯诺到访大陆新村鲁迅寓所，于是便有了那样一次著名的长谈。

　　斯诺此番对鲁迅的拜访，很大程度上是要完成海伦·福斯特（当时的斯诺夫人）的一项嘱托，或者说是他们两人共同的心愿。斯诺从30年代初就对中国局势投注极大兴趣，并逐渐产生了要把新文学作品介绍给西方读

---

[1] 景宋：《追忆萧红》，《文艺复兴》第1卷第6期，1946年7月1日。

第十二章 沐浴师恩

者的想法,而鲁迅的作品自然是首选,为此他和青年作家姚克合作,用时一年多,基本选译完成鲁迅的短篇小说。接下来的时间里,鲁迅在给姚克的信中建议他们关注一下新出现的作家,"选译一本,每人一篇,介绍出去,倒也很有意义的",斯诺接受了鲁迅的建议并开始着手——这就是编译英文版《活的中国》(Living China)一书的缘由。而海伦正拟为《活的中国》撰写论文,因此有许多问题需要向鲁迅讨教,据说海伦当时甚至还有编写一部《中国文学史》的远大规划。所以,在斯诺临行前,海伦为此准备了一份打印出来的问题清单,其内容之庞杂是一般人难于回答的,里面有20多个大问题,大问题中还包括30多个小问题。

正是在这一次的深度访谈中,鲁迅表达了自新文学运动以来,他对中国左翼文学创作队伍的一些看法,回答了N多的关于左翼文学作家作品的问题后,在列举左翼文学的优秀作家时,鲁迅把柔石、张天翼、田军(萧军)、周文等都算在其中,但他更进一步认为:

> 田军的妻子萧红,是当今中国最有前途的女作家,很可能成为丁玲的后继者,而且她接替丁玲的时间,要比丁玲接替冰心的时间早得多。[1]

当时的萧红,仅是一个25岁的流浪文学青年,只出过部分作品,鲁迅这样的评价不可谓不高,这样的期许也非同寻常。

《活的中国》是一部中国短篇小说集的译作。其正文由两部分组成,第一部分为鲁迅作品,收录了鲁迅的七个短篇;第二部分题名为"其他中国作家的小说",共收14位作家的17篇作品,包括柔石、茅盾、丁玲、巴金、沈从文、田军(萧军)等人的代表性作品。并且每个作者都附有自己的小传,附录中还收入了海伦·福斯特的长篇论文《现代中国文学运动》。

《活的中国》于1936年8月,由英国伦敦乔治·C.哈拉普公司出版,

---

[1] 斯诺:《鲁迅同斯诺谈话整理稿》,安危译,《新文学史料》,1987年第三期,7页。

曾在国外产生较大影响；第二年，纽约的雷纳尔—希区柯克出版社在美国再版了此书。

比较有趣的一个事情是，当时的萧红应该也在备选作家的名单上，但《活的中国》在伦敦正式出版时，里面却未见萧红作品，而当时她是人在东京；此后编译者一直寻求在英国之外的国度出版，所以才有了第二年的纽约版。也许从伦敦版到纽约版之间，编译者还想再加进作者作品，萧红也一直是重要之选——与此有关的资讯通过下面的细节可见端倪：

1936年12月2日，萧军在上海致信萧红，信中直接谈到了关于小说的翻译和随篇自传的问题。12月5日，萧红回复说：

> 不过说翻译小说那件事，只得由你选了，手里没有书，那一块喜欢和不喜欢也忘记了。
>
> 我想《发誓》的那段好，还是最后的那段？不然就《手》或者《家族以外的人》吧！作品少，也就不容选择了。随便。自传的五六百字，三二日之间当作好。[1]

其中《发誓》那段是《生死场》中的一个片段，《手》和《家族以外的人》都是萧红当年发表的小说。

1937年纽约版《活的中国》究竟收没收萧红的作品，因未见其书不得而知，但为此而写的五六百字的自传则作为她一生最重要的散文而流传下来，那就是1936年12月12日写于东京的《永久的憧憬和追求》。这篇600多字的短文也是脍炙人口的名篇，它最初发表在1937年1月10日上海《报告》第一卷第一期，篇后附记有云：

> 这是作者写给Edgar Snow翻译的Living China中国小说集，准备在美国出版时加进去的一篇自传，兹先刊在这里。

---

[1] 萧军：《为了爱的缘故：萧红书简辑存注释录》（手稿本），北京：金城出版社，2011年8月，145页。

斯诺这次对鲁迅访谈的具体内容一直不曾公开披露，它躺在斯诺和海伦的个人档案中被尘封了50年之久；直到20世纪80年代由访美的中国学者安危先生偶然得知，并译成中文，最终以《鲁迅同斯诺谈话整理稿》为题，发表于1987年第三期《新文学史料》。

第二节　签约文化生活出版社

纵观萧红短暂的一生，纵观她一生的文学之路可以看到，1936年，她进入了写作生涯的第二个高峰期，其数量特别是质量，均已超过1933年到1934年在哈尔滨的第一个高峰期。

我们来大致梳理一下萧红1936年的创作情况：

1月，《初冬》和《访问》分别刊于《生活知识》和《海燕》；

2月，《过夜》再登《海燕》；

3月，短篇小说《桥》首次在《大公报》副刊闪亮登场；

4月，《索非亚的愁苦》再刊于《大公报》副刊，短篇小说《手》更被见于《作家》创刊号；

5月，《马房之夜》发表在《作家》第一卷第二号；

从2月到6月，拥有广泛读者的《中学生》杂志伸出橄榄枝，连续四期刊发了萧红作品，以"随笔"的名义共计九篇；

7月，《商市街》系列散文的首篇《欧罗巴旅馆》见于《文季月刊》一卷二期；

8月，《孤独的生活》亮相《中流》创刊号；

9月，从日本寄回《红的果园》和《王四的故事》被刊登在《作家》和《中流》；

10月，《牛车上》和《家族以外的人》分别被见于《文季月刊》和《作家》；

11月,有《海外的悲悼》和《亚丽》,还有《感情的碎片》;
……

这样的连发状态肯定已赢得了众多的读者,这样的创作势头和创作潜力也势必引起出版商的注意。5月1日,为两本小册子《商市街》和《桥》的出版事宜,萧红与上海文化生活出版社签订了《出版权授与契约》,这两本书均已入围巴金主编的《文学丛刊》。

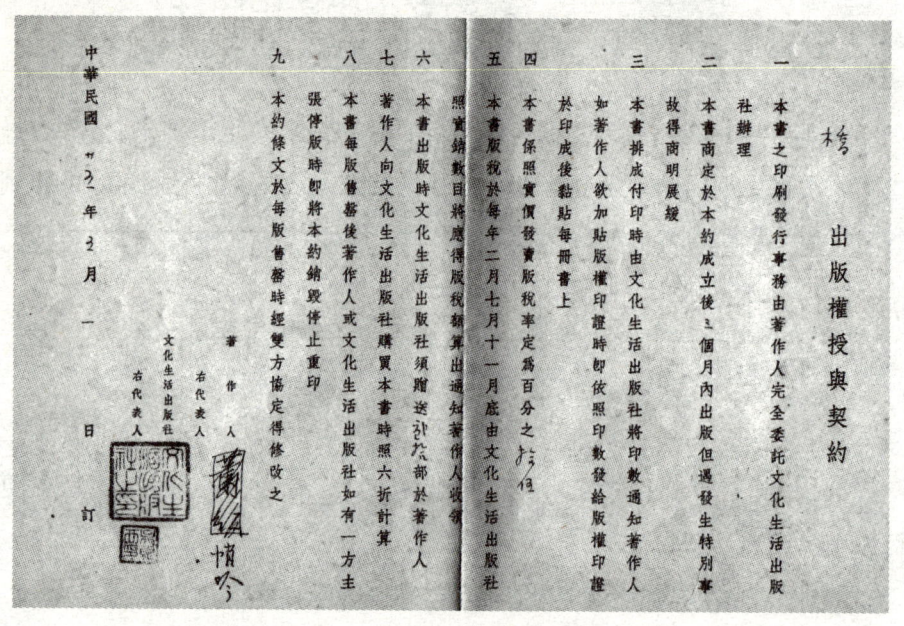

1936年5月,萧红和文化生活出版社签订《桥》的出版合同

文化生活出版社,最初叫文化生活社,简称文生社,由留日青年学生吴朗西、伍禅等人创办于1935年5月。当时巴金并不在国内,但吴朗西等认为他已经是一个知名作家,又有做编辑的经验,更看重他的人品和做事的认真负责,便邀请巴金回国参与并主持文化生活出版社的编务。巴金接受了邀请,出任总编辑。

巴金回国后不久,即开始着手编辑一套《文学丛刊》,他先是把自己的作品从别处取回,再加上鲁迅的《故事新编》、茅盾的《路》等,出版

第十二章 沐浴师恩

了第一集《文学丛刊》。巴金等在《文学丛刊》"发刊词"中为《文学丛刊》定下的编辑宗旨是："我们不谈文化，我们也不想赚钱，然而我们的《文学丛刊》却也有四大特色——编选谨严，内容充实，印刷精良，定价低廉。"丛刊里面"没有一本是使读者读了一遍就不要再读的书"；在定价方面，丛书也力求低廉，为的是"使贫寒的读者都可购买"。出版社当时尚在起步阶段，并没想到一定会有多么大的规模。

最终，《文学丛刊》共出10集，每集16本，包括了86位作家的作品，体裁有长短篇小说、散文、诗歌、戏剧、电影、杂文、评论、书信等，几乎涵盖文学门类的各种文学体裁，不仅是文化生活出版社所出的最重要的一种丛书，同时也成就了现代文学史上规模最大、最重要的一套文学丛书。其中的多数版本，至今仍是文学爱好者和藏书家着意搜寻和打捞的集子，它们也是所有现代文学研究者都不可绕过的必读书目。

在巴金一生的编辑活动中，在20世纪的出版史和文学史上，对新文学发展贡献最大、影响最深的，应该就是这套《文学丛刊》了。

《文学丛刊》的作者阵容甚是强大，创作实绩堪称辉煌，其中虽不乏在文学史上举足轻重的人物和当红名家，但更多的是30年代成长起来的文坛新秀，是他们的处女作、成名作和代表作。巴金和文化生活出版社在编辑出版的过程中，一旦发现有才华有前途的作者，便想办法为他们的作品提供发表出版的机会；通过他们的热情关怀和帮助，使不少青年作者更坚定地走在文学创作的道路上；在出版新作家作品的同时，《文学丛刊》每一集都有一到两位知名作家"站台"；它虽不是什么文学团体，但实际上参与了当时作家群（尤其是青年作家）的培养与建构。这与鲁迅的理念和风格极为接近，倚借它的助力，一个个文学才俊登上文坛，继而扩大影响，文化生活出版社和《文学丛刊》某种意义上已成为青年作家成长的摇篮。

萧红显然是受惠于这种编辑策略的青年作家之一。入选《文学丛刊》第二集的散文集《商市街》，1936年8月出版，是她正式出版的第一部作品集；她的散文、小说合集《桥》，则列入《文学丛刊》第三集，在1936年11

月问世，两书出版时，作者已经东渡日本；此外，1937年5月，萧红又有短篇小说集《牛车上》被列入《文学丛刊》第五集出版。

文化生活出版社自创办伊始，就得到了鲁迅的大力支持。巴金后来回忆说："（文生社）要是没有他的帮助，就不会有以后的发展"。初创时要出版《文化生活丛刊》，鲁迅立即同意给予《俄罗斯童话》；到了《文学丛刊》，鲁迅不仅提供《故事新编》，甚至亲自帮他们组稿，萧军的短篇小说集《羊》作为第一辑中十六册之一，就是鲁迅为之介绍的（见1935年9月11日鲁迅致萧军信）。鲁迅后期的不少著作，也交由该社出版。

文化生活出版社，是个不算太大的同人出版社，由他们出版的《文学丛刊》，是一套具有持久生命力、深远影响力的重要丛书。这个同人出版社和这套丛书，在中国出版史上和在现代文学史上的意义，是值得大书特书的一页，现在的研究还远远不够。如果没有这套洋洋大观的160本的《文学丛刊》，现代文学的灿烂星空会黯淡许多，文学领域的百花园里也势必多一些冷清。它为现代文学所做的无以替代的杰出贡献，正在被越来越多的有识之士所认同；它所展示的那样一个创作繁荣的时代，昭示着现代文学群星璀璨的黄金时代。

第三节　联署《中国文艺工作者宣言》

两萧在鲁迅身边之日，正是现代文坛风起云涌之时，有不少的文学社团，也有此起彼伏的文坛论争。在这些纷繁喧嚣之中，由于政治主张、文学理念、创作风格和不同流派等颇为复杂的原因，势必产生许许多多的恩怨，而这些恩怨持续了多年，其影响至今尚存，至今仍有那么多无法统一的说法。

对于关注20世纪30年代文坛的研究者来说，"革命文学论争"、

第十二章 沐浴师恩

"两个口号"(即"国防文学"和"民族革命战争的大众文学")论争和关于"左翼作家联盟"的评价问题,是绕不开的话题,也是说不完的话题;不同社团和不同派别,遇到问题就会采取的不同的方式,而且往往分歧很大。1935年年底,"左联"被解散,解散"左联",是为在新形势下成立新的更具统一战线性质的文艺组织而做的必要准备。

继1931年"九一八事变"之后,1935年又发生"华北事变",日本入侵者的气焰更为咄咄逼人,形势更加严峻。国内各界救亡图存的呼声越来越高,文艺界结成抗日民族统一战线的要求也越来越紧迫。

"左联"解散前后,有关人员即着手策划筹备成立新组织,这个新的组织就是中国文艺家协会。1936年6月7日,中国文艺家协会成立大会在上海福州路召开并发表宣言,由茅盾起草的宣言中有这样的内容:

> 光明与黑暗正在争斗。世界是在战争与革命的前夜。
> 中国民族已到了生死存亡的关头!

鲁迅和他周围的人都怀有强烈的救亡图存、争取民族自由的愿望,也打算就当时的民族危机有一个表态,其中,也许并不乏有点跟新成立的中国文艺家协会分庭抗礼的意味,于是,他们商议决定也发表一个宣言。

宣言本应由鲁迅起草,但那时鲁迅身体状况不佳,不宜劳神,便由巴金和黎烈文分别写了两份草稿,又经鲁迅过目合并生成,鲁迅第一个在上面签了名。黎烈文手抄了同样的几份,交给巴金和靳以,然后又交给黄源和胡风,大家再分别找人签名。这就是《中国文艺工作者宣言》诞生的大致经过。鲁迅修订的《宣言》中保留了不少巴金的原文,如:"在现在,在当民族危机达到了最后关头,一只残酷的魔手扼住我们的咽喉,一个窒闷的暗夜压在我们的头上,一种伟大悲壮的抗战摆在我们的面前的现在,我们绝不屈服,绝不畏惧,更绝不彷徨、犹豫。"

《中国文艺工作者宣言》和《中国文艺家协会宣言》两相对比,内容和提法上并没有多大差别，在救亡图存、共御外敌的问题上，两个宣言也有共同的指向，而且发表的时间也相当接近。

1936年6月15日，《作家》杂志第一卷第三期率先发表了《中国文艺工作者宣言》，联署者51人；7月1日出版的《文季月刊》七月号，这个宣言又刊发在"来件"栏目中，联署者42人。

该宣言后又刊登于《译文》新一卷第四期、《现实文学》第一期、《文学丛报》第四期等。

在《作家》杂志和《文季月刊》中，我们都看到了萧红的名字，作为首批联署人，她和萧军的名字与众多作者并列在一起。

萧红一向行事比较低调，公开签署之类的举措在她一生中并不多见，这样的第一次，显然是受鲁迅的感召而为之，或者说联署中多数人都是跟着鲁迅走的，不少人的态度都是依鲁迅的态度而定行止。五年之后，萧红在香港也有过一次签署，那是1941年，在《时代批评》杂志第73—74期合刊《人权运动专号》"人权运动题名录"上，她和当时在港的许多文化界人士联合签署的，这些都折射出她的思想倾向和创作理念。

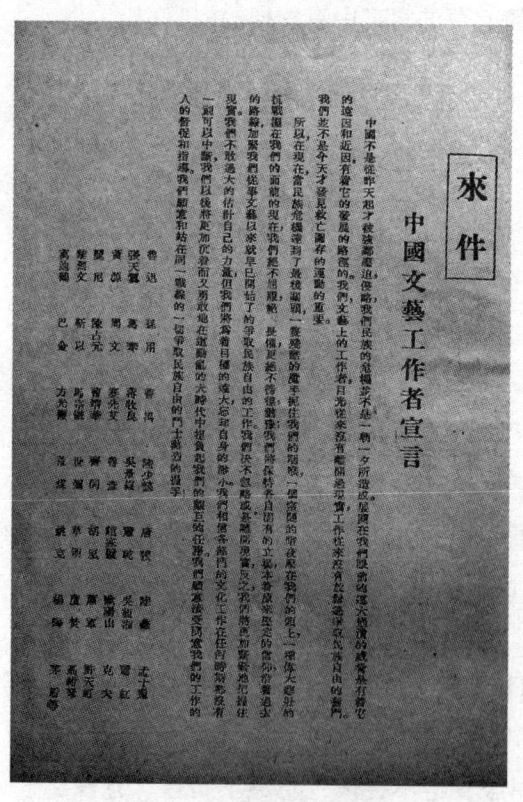

《文季月刊》1936年七月号"来件"栏目刊出《中国文艺工作者宣言》的签署

第十三章 情 殇

第一节 感情之路亮起"黄灯"

1936年，两萧在上海已基本立足，萧军和萧红这两个带着传奇色彩的文学才俊，对于读者来说，显然已不再是陌生的名字了。他们的作品频频亮相，人也在各种场合或圈子里出入，犹如一个特有的品牌，渐渐有了属于自己的小小光环。许多刊物的创刊号都陆续约稿，且每约必发……

随着作品不断推出，带来的是经济上前所未有的宽裕。这不仅改善了他们的生活条件，使其完全摆脱了经济上的窘困，也扩大了他们的交往范围。两个新锐作家意气风发，指点江山激扬文字，已经初具名家风范。而且，在他们的影响和带动下，一批来自东北的文学青年逃到关内，汇集上海，频频亮相，并且开始在文坛发声，强大的阵容正是在这前后逐渐形成在文坛上影响深远的"东北作家群"。这不正是他们久久盼望的状态吗？更兼有鲁迅的帮助与呵护，看上去鸿运当头，前途是一片大好。

然而，也许应了"鱼与熊掌不可兼得"的谶语，也许是命中躲不过的劫数，正处于文坛顺风顺水上升期的萧红，别样的烦恼却不期而至……生活的天空往往少云到多云，有时阴云密布，间或还有雷雨；风和日丽的日子少之又少——因为两萧之间的感情亮起了"黄灯"。萧军的"绯闻"或者说他在感情上的"散步"，使萧红的精神备受折磨，她一直担心的事还是发生了。

随着大批南下逃亡的东北人的到来，两萧昔日的故人中也有一部分来到了黄浦江畔；这其中，至少有两位年轻的女性在两萧生活中引起涟漪。

当年的哈尔滨名媛Marlie到沪，在一干东北同乡心中撩起骚动。Marlie的本名叫李玛丽，据说是位才貌双全的富家女子，为许多异性所欣赏或景仰，这其中也包括萧军。就在两萧相遇之初，当他们正在热恋中时，Marlie的倩影，就隐隐约约闪烁其间。敏感的萧红曾为此写过一首诗，记录了"你"（指萧军）当时对此女子的爱慕和"我"（指她自己）心中的隐忧，诗中有云：

> 昨夜梦里：
> 听说你对那个名叫Marlie的女子，
> 也正有意。
>
> 是在一个妩媚的郊野里，
> 你一个人坐在草地上写诗。
> 猛一抬头，你看到了丛林那边，
> 女人的影子。
>
> 我不相信你是有意看她，
> 因为你的心，不是已经给了我吗？
> ……
> 听说这位Marlie姑娘生得很美，
> 又能歌舞——
> 能歌舞的女子谁能说不爱呢？
> 你心的深处是那样被她打动！
> 我的名字常常是写在你的诗册里。
> 我在你诗册里翻转；
> 诗册在草地上翻转；
> 但你的心！
> 却在那个女子的柳眉樱唇间翻转。[1]

---

[1] 萧红：《幻觉》，《萧红全集》第四卷，哈尔滨：黑龙江大学出版社，2011年5月，247—248页。

第十三章 情 殇

萧红的这首诗写于1932年7月30日——这个日子距两萧在东兴顺旅馆"偶然"相遇并发生"闪恋"不足二十天;后来被题名《幻觉》刊登在1934年5月27日哈尔滨《国际协报》副刊《国际公园》,署名悄吟。

可能是Marlie的仰慕者不少,此事后来似没有什么实质性的进展,也许更多的是一种热血青年的单相思吧,更为切实的困扰来自"一个南方的姑娘"。

商市街时期的"程女士",就是《商市街》中"一个南方的姑娘",在萧红笔下,她"很漂亮,很素净";"渐渐对郎华比对我更熟,她给郎华写信了,虽然常见,但是要写信的"[1];那时单纯的少女,此时已为人妻为人母,回到上海后又和两萧联系上了,萧军有时会走挺远的路专门去看她,并邀她出去吃饭聊天,还给她写很抒情很投入的赞美诗……当然,这一切,都是不便让萧红知道的。但情感细腻的萧红怎能没有所察觉,只是大家都不愿意捅破,暗中涌动的暧昧让萧红不安、痛苦。

萧红无处倾诉也不愿倾诉,只把心中的失望和无助化作诗句,犹如苦酒,自饮自斟。在写作那些供发表换衣食的文章的间隙,她还写下生前不曾公开发表过的组诗《苦杯》(共计十一首),那里面一览无余地承载着她的幽怨和委曲:

《苦杯》(二)

昨夜他又写了一只诗,
我也写了一只诗,
他是写给他新的情人的,
我是写给我悲哀的心的。[2]

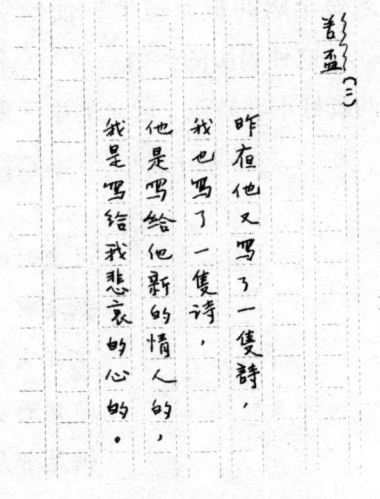

《苦杯》(二)手稿

---

[1] 萧红:《商市街·一个南方的姑娘》,《萧红全集》第一卷,哈尔滨:黑龙江大学出版社,2011年5月,228页。
[2] 萧红:《苦杯》,《萧红全集》第四卷,哈尔滨:黑龙江大学出版社,2011年5月,253页。

《苦杯》（四）

已经不爱我了吧！

尚与我日日争吵，

我的心潮破碎了，

他分明知道，

他又在我浸着毒一般痛苦的心上，

时时踢打。[1]

这已经近乎哭诉了，甚至是对"他"的指控。

萧军的"绯闻"和他对其他异性的热忱（他一向并不打算掩饰），都在两萧之间搅动波澜，敏感自尊的萧红，因为童年生活中爱的缺失，对情感的要求比一般女性更高；而萧军一向践行的这种"爱便爱，不爱便丢开"的"爱的哲学"，从一开始就令她无法适应，同时也被置身于缺乏安全感的被动境地，使她感到了莫大的伤害。

这种阴影的折磨一点一点侵蚀着事业初步成功带来的喜悦，也扰乱了两萧好不容易建立起来的生活秩序。

《苦杯》（十）

近来时时想要哭了，

但没有一个适当的地方：

坐在床上哭，怕是他看到；

跑到厨房里去哭，

怕是邻居看到；

在街头哭，

那些陌生的人更会哗笑。

---

[1] 萧红：《苦杯》，《萧红全集》第四卷，哈尔滨：黑龙江大学出版社，2011年5月，254页。

第十三章　情　殇

人间对我都是无情了。[1]

这一段失去了平衡的生活，是被许广平看在眼里的，"烦闷、失望、哀愁笼罩了她整个的生命力"的那个时期，在那些痛苦的日子里：

> 她有时谈得很开心，更多的是勉强谈话，而强烈的哀愁时常侵袭上来，像用纸包着水，总没法不叫它渗出来。自然萧红女士也常用力克制，却转向加热在水壶上，反而在壶外面满都是水点，一些也遮不住。[2]

第二节　在痛苦中寻求出路

"身体和精神全很不好"[3]，是萧军对萧红那时状态的一个界定，是他为说明她为什么东渡而起的由头，至于到底是什么原因"全很不好"，书中皆语焉不详或一语略过。

1936年上半年，鲁迅的身体状况相当不好，常处在病中；萧红的心绪异常不佳，常常郁闷得不能自拔。她跟很少的朋友诉说不满和不爽，却也未见得和盘托出，结果搞的别人不明就里，反倒猜测是她过于计较。

我们还很有必要，再通过组诗《苦杯》，透视萧红这一时段极其恶劣的心情和近乎崩溃的精神状态。

《苦杯》（五）

往日的爱人，

---

[1] 萧红：《苦杯》，《萧红全集》第四卷，哈尔滨：黑龙江大学出版社，2011年5月，256页。
[2] 许广平：《忆萧红》，上海《大公报·文艺》，1945年11月28日。
[3] 萧军：《为了爱的缘故：萧红书简辑存注释录》（手稿本），北京：金城出版社，2011年8月，3页。

> 为我遮避暴风雨，
>
> 而今他变成暴风雨了！
>
> 让我怎来抵抗？[1]

是啊，那遮避暴风雨的往日的爱人变成暴风雨了，这如何是好？令人痛苦得无所适从。

《苦杯》（六）

> 他给他新的情人的诗说：
>
> "有谁不爱个鸟儿似的姑娘！"
>
> "有谁忍拒绝少女红唇的苦！"
>
> 我不是少女，
>
> 我没有红唇了，
>
> 我穿的是从厨房带来油污的衣裳。
>
> 为生活而流浪，
>
> 我更没有少女美的心肠。
>
> 他独自走了，
>
> 他独自去享受黄昏时公园里美丽的时光。
>
> 我在家里等待着，
>
> 等待明朝再去煮米熬汤。[2]

莫非已经看到了"他"写给新情人的情诗？"他独自走了"，"独自去享受黄昏时公园里美丽的时光"——或许也不见得是"独自"吧；而

---

[1] 萧红：《苦杯》，《萧红全集》第四卷，哈尔滨：黑龙江大学出版社，2011年5月，254页。

[2] 萧红：《苦杯》，《萧红全集》第四卷，哈尔滨：黑龙江大学出版社，2011年5月，254—255页。

第十三章 情 殇

"我"呢,可叹"我"只能是"独自""在家里等待着",穿着"从厨房带来油污的衣裳","等待明朝再去煮米熬汤",其心情不可谓不失落。

萧红这种失落和无助,或能跟她四年前写下《幻觉》时的无望之忧很有一拼——

> 我正希望这个,
> 把你的孤寂埋在她的青春里,
> 我的青春!
> 今后情愿老死![1]

那时的萧红,还是个只有21岁的青春女孩儿,但落难的惨痛不堪和这个"新认识的人"眼神之中不时显露出的那分明的游离,让她在或许有救的同时也在茫然难测中饱受煎熬,句中透露出来的沮丧和绝望,仿佛怀抱着千年的凄楚和沧桑。

在《苦杯》(七)中,她更是直陈"他"的"暴虐"和父亲一样,但"父亲是我的敌人,而他不是",所以完全不知道该"怎样来对待他",心中的茫然更加重了无助和苦痛。

《苦杯》(八)

> 我没有家,
> 我连家乡都没有,
> 更失去朋友,
> 只有一个他,
> 而今他又对我取着这般态度。[2]

---

[1] 萧红:《幻觉》,《萧红全集》第四卷,哈尔滨:黑龙江大学出版社,2011年5月,250页。
[2] 萧红:《苦杯》,《萧红全集》第四卷,哈尔滨:黑龙江大学出版社,2011年5月,255页。

此时的萧红，和萧军共同生活已有四年，他们已经一起趟过早期生活中最穷困潦倒饥寒交迫的河，她对这份患难之情充满着珍惜和依恋，对于已经叛离家庭再无退路的她来说，"只有一个他"，只有这个来之不易的家，那是她生活中最重要的组成部分，几乎有她全身心的投入和奉献——唯其如此，对方的"潇洒"与"浪漫"才像一支毒箭，完全损毁了她心里的宁静和平衡，这实实地让人情何以堪啊！

《苦杯》（十一）

说什么爱情！
说什么受难者共同走尽患难的路程！
都成了昨夜的梦，
昨夜的明灯。[1]

这是组诗《苦杯》的最后一首，虽然那么的短，却已浓缩了相当丰富的内容和信息，看上去不过是瞬间的感悟信手拈来，但与前十首相较已有了境界的不同。她不再叙事，不再哭诉，也不再幽怨感伤命运之悲凉，已经开始有所禅悟，痛定思痛，她终于有了一点点一点点的明白，那曾经的铭心刻骨，此时刻或已变成了隔日的黄花，她曾经以命相托的锦书山盟："受难者共同走尽患难的路程"，如今看来已不复存在，已成了"昨夜的梦，昨夜的明灯"。

---

[1] 萧红：《苦杯》，《萧红全集》第四卷，哈尔滨：黑龙江大学出版社，2011年5月，256页。

第十三章 情　殇

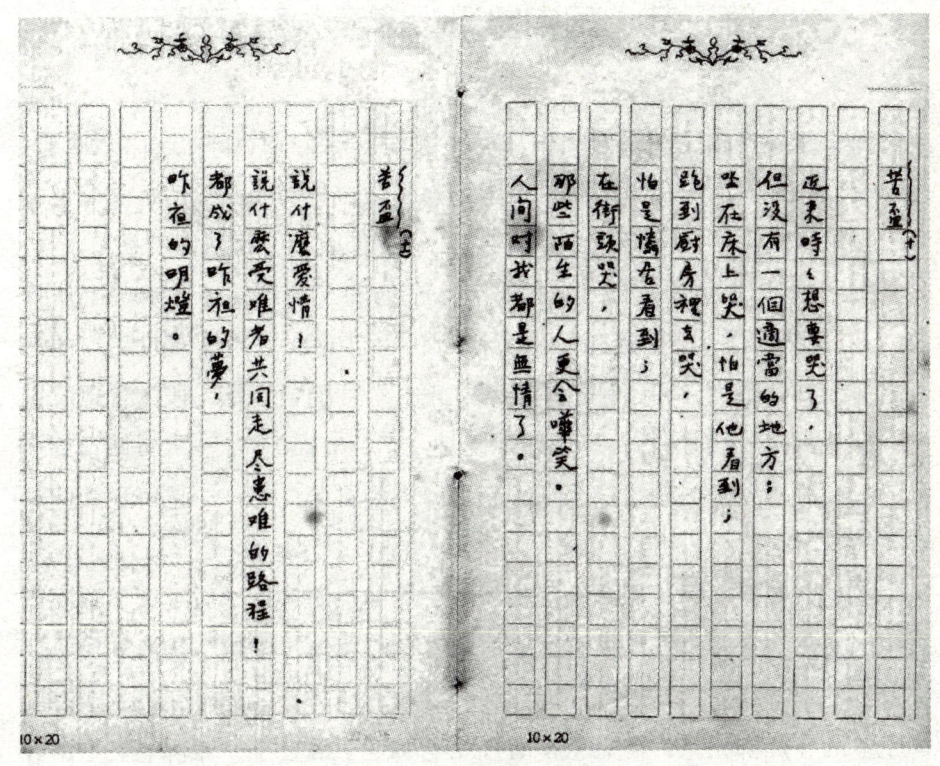

《苦杯》（十、十一）手稿

萧军"绯闻"的负面作用，使萧红在"苦杯"中纠结得太久，造成了精神层面的暗淡无光，她自己也不想总是这样，很想为这些垃圾情绪寻一个出口，抑或受到鲁迅曾在给他们的信中所说"倘受了伤，就得躲入深林，自己舐干，扎好，给谁也不知道"的影响，她已经在想办法从这令人窒息的阴影中抽离出去，静静地调整自己备受刺激的心绪。于是，和萧军暂时分开的想法在萧红的心里渐渐占据了上风。

第三节　病中鲁迅设家宴为萧红饯行

萧红被负面情绪困扰的状态，鲁迅和许广平当然看在眼里，但他们又碍于身份和多年的习惯，"不爱追求别人生活过程的小小经历，除非他们自己报道出来，否则我们绝不会探讨"[1]，不便直接间接地发表意见。

关于这一段生活，美国学者葛浩文在他的《萧红评传》中曾有所提及，"据鲁迅的一位门徒对笔者表示过：鲁迅几次因为萧军对萧红的态度之坏而感到不满，便不许萧军陪萧红来。"[2] 而且在那一段的鲁迅日记中，即从4月14至6月5日，更确切地说是一直到6月30日——从6月5日到30日的日记因"日渐委顿，终至艰于起坐，遂不复记"[3]——也鲜见和两萧有关的文字记载。

美国人葛浩文，因服兵役有被派驻台湾的经历，回国后继续学习汉语和中国文学，在印第安纳大学东亚语言专业攻读博士学位，是海外最早研究萧红的学者之一，其研究成果和影响也最为显著。他的研究最初或许起因于他的导师柳无忌，柳无忌是南社元老柳亚子的公子，而柳老又是萧红香港时期的忘年友人，他们一见如故，相交甚笃。葛浩文从20世纪70年代中期就开始寻访有关人员，调查和研究的结果均体现在其1974年获得通过的博士论文《萧红评传》中。1979年9月，该书被译成中文，作为"文星丛刊339"号在香港"文艺书屋"出版；1985年3月又由哈尔滨的北方文艺出版社出版；2011年萧红百年诞辰之际，此书由复旦大学出版社再次推出。

对于萧红离开萧军离开上海，为何要选择去日本，葛浩文也有他自己的推断：

---

[1] 景宋：《追忆萧红》，《文艺复兴》第1卷第6期，1946年7月1日。
[2] [美]葛浩文：《萧红评传》，哈尔滨：北方文艺出版社，1985年3月，92页。
[3] 《鲁迅全集》第十六卷，北京：人民文学出版社，2005年11月，610页。

第十三章 情 殇

虽然鲁迅憎恶日本军国主义者，但他在上海的许多好友都是日本人，其中包括内山完造；他的私人医生须藤和鹿地亘等。因此我们可以很合理的推断，萧红是在鲁迅的推荐之下才决定去日本的。[1]

对于萧红选择日本，萧军说因为是"黄源兄的建议"，缘由如下：

上海距日本路程不算太远，生活费用比上海也贵不了多少；

那里环境比较安静，既可以休养，又可以专心读书、写作，同时也可以学学日文；

日本的出版业比较发达，如果日文能学通了，读一些世界文学作品就方便得多了；

黄源兄的夫人华女士就正在日本专攻日文……各方面全能够照顾她……[2]

也有研究者提到另外的原因：

她意外收到秀珂的一封东京来信，说他已在东京念书。这也是让她心动的一个重要原因。[3]

许广平也在十年后撰文回忆，其中直击那一段"失了步骤"的非正常生活，并谈及这种状态是怎样影响到鲁迅的生活，甚至身体健康的。

萧红先生无法摆脱她的伤感，每每整天的耽搁在我们寓里。为了减轻鲁迅先生整天陪客的辛劳，不得不由我独自和她在客室谈话，因而对鲁迅先生的照料就不能兼顾，往往弄得我不知所措。

也是陪了萧红先生大半天之后走到楼上，那时是夏天，鲁

---

[1] [美]葛浩文：《萧红评传》，香港：文艺书屋，1979年9月，78页。
[2] 萧军：《为了爱的缘故：萧红书简辑存注释录》（手稿本），北京：金城出版社，2011年8月，3页。
[3] 叶君：《从异乡到异乡——萧红传》，北京：中国社会科学出版社，2009年3月，191页。

迅先生告诉我刚睡醒，他是下半天有时会睡一下中觉的，这天全部窗子都没有关，风相当的大，而我在楼下又来不及知道他睡了而从旁照料，因此受凉了，发热，害了一场病。

我们一直没敢把病由说出来，现在萧红先生人也死了，没什么关系，作为追忆而顺便提到，倒没什么要紧的了。

只不过是从这里看到一个人生活的失调，直接马上会影响到周围朋友的生活也失了步骤，社会上的人就是如此关连着的。[1]

细读此段文字并联系当时史实，其中所说"每每整天的耽搁在我们寓里"似有夸张；而"不能兼顾"、"不知所措"则甚或是一种不耐；尽管又说"作为追忆而顺便提到，倒没什么要紧的了"，但还是能让人看到经年之后的如鲠在喉，不知道许先生最想说的是不是下面的内容："只不过是从这里看到一个人生活的失调，直接马上会影响到周围朋友的生活也失了步骤，社会上的人就是如此关连着的。"

其实萧红在那前后已开始做着远行的准备，也许深感离别在即，去大陆新村的次数委实多了一些，而流连在那里的时间真的是长了一些。对此，或许鲁迅与许广平的想法和感受会有一些不同罢！

决定要东渡之后，萧红做了西装，烫了头发，想以一个全新的面貌来对待这次远足。据萧军后来回忆，能够动身还有一个直接的原因，就是那时正好书店里结算了一笔代卖的书款，更助她得以成行，没有这样及时的银两，想要远行怕也很难实现。

1936年7月15日，病中的鲁迅在家中设晚宴为萧红饯行，一直在发烧的他，靠在藤椅上，仍是不断地叮嘱毫无出国经验的萧红一些注意事项，被即将到来的惜别之情攫住的萧红一一点头记下。从那天日记的全文来看，有记"广平治馔为悄吟饯行"，亦有记"九时热三十八度五分"，并有"得母亲信"，"午后复徐伯昕信附版税收条一枚"，"夜烈文来"等内容，但其中看不出来萧军是否到场，也有可能是没到吧。

有谁知，那日的"广平治馔"，竟是他们最后的晚餐！

---

[1] 景宋：《追忆萧红》，《文艺复兴》第1卷第6期，1946年7月1日。

第十三章　情　殇

第四节　远托异国

　　1936年7月16日，黄源做东，和萧军一起为萧红送行，三个年轻的朋友好好吃了一顿，饭后又去照相馆合影留念。这张照片的原照，在北京的鲁迅博物馆存有一张，背面有题字："悄于一九三六年七月十七日赴日，此影摄于（十六日）宴罢归家时"，据萧军说这是他送给鲁迅那一张，背面的题字也出自鲁迅之手。[1] 但在近年，业内有研究者对此提出质疑，质疑的依据一是题字中对萧红单称一个"悄"字似有不妥；二是笔迹也有可疑之处。[2]

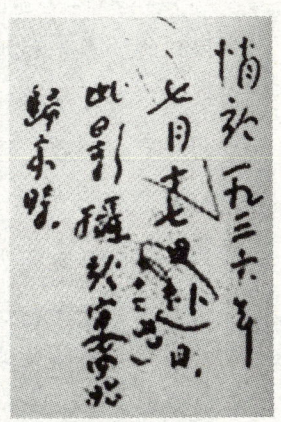

1936年7月16日黄源、萧军、萧红三人合影及照片背面题字

　　1936年7月17日，上海码头，在萧军的目送下，萧红登上轮船，驶向异国。

　　关于萧红为什么要在初步成功之时，离开自己熟悉的圈子，漂洋过海且选择东京，业内向有不同的解读。除美国"红学家"葛浩文的观点，日

---
[1] 萧耘：《鲁迅题字的一张照片——关于女作家萧红的一点史料》，《哈尔滨文艺》，1979年第四期。
[2] 参见《与萧红的一场精神约会》，"东北网黑龙江网络版"，2013年3月26日。

本学者平石淑子更认为，萧红出走东京，尽管很大一部分是因为她与萧军之间的隔膜与苦恼，但还有相当一部分是她自身的原因，她一直努力想要做一个好作家，而自己当时还远未成熟，"即为了维持作家的生命力，她有必要去寻找一片新的，完全陌生的土地。这大概就是萧红远渡东京的目的。"[1] 这应该就是我们当下所说的要"充电"吧！

也有人不解于萧红的此举是在鲁迅病重之时做出，因为1936年上半年鲁迅的身体状况总在不断地出状况，不断地"报警"。关于这一段，萧红在自己后来回忆的文字中亦不乏生动和细致的记载：

> 1936年3月里，鲁迅先生病了，靠在二楼的躺椅上，心脏跳动得比平日厉害，脸色略微灰了一点。
>
> 鲁迅先生呼喘的声音，不用走到他的旁边，一进了卧室就听得到的。鼻子和胡须在煽着，胸部一起一落。眼睛闭着，差不多永久不离开手的纸烟，也放弃了。藤椅后边靠着枕头，鲁迅先生的头有些向后，两只手空闲地垂着。
>
> 眉头仍和平日一样没有聚皱，脸上是平静的，舒展的，似乎并没有任何痛苦加在身上。
>
> 鲁迅先生在4月里，曾经好了一点，有一天下楼去赶一个约会，把衣裳穿得整整齐齐，手下夹着黑花布包袱，戴起帽子来，出门就走。…………
>
> 鲁迅先生晚上回来，热度增高了。

病中的鲁迅，见到来探视的萧红还不忘开个玩笑——

> 一个月没有上楼去，忽然上楼还有些心不安，我一进卧室的门，觉得站也没地方站，坐也不知坐在哪里。
>
> 许先生让我吃茶，我就依着桌子边站着。好像没有看见那

---

[1] [日]平石淑子：《萧红在东京》，《北方文学》，2011年第6期。

第十三章　情　殇

茶杯似的。

鲁迅先生大概看出我的不安来了,便说:

"人瘦了,这样瘦是不成的,要多吃点。"

鲁迅先生又在说玩笑话了。

"多吃就胖了,那么周先生为什么不多吃点?"

鲁迅先生听了这话就笑了,笑声是明朗的。

七月里,鲁迅先生又好些。

药每天吃,记温度的表格照例每天好几次在那里面,老医生还是照常地来,说鲁迅先生就要好起来了。说肺部的菌已经停止了一大半,肋膜也好了。

客人差不多都要到楼上来拜望拜望。鲁迅先生带着久病初愈的心情,又谈起话来,披了一张毛巾子坐在躺椅上,纸烟又拿在手里了,又谈翻译,又谈某刊物。

从七月以后鲁迅先生一天天地好起来了,牛奶,鸡汤之类,为了医生所嘱也隔三差五地吃着,人虽是瘦了,但精神是好的。[1]

也许正是这样的"七月里"和"从七月以后",让鲁迅周围的人们当然也包括萧红在内,有了较为乐观的预测,而那最坏的结局那样迅急地到来,是所有人都没有料到的。

因为曾经学医,鲁迅自己对病情也记录甚详。1936年5月18日至31日的日记里,每天都有体温的记录——一直都在发烧。

1936年5月31日日记,"下午史君引邓医生来诊,言甚危,明甫译语。胡风来。须藤先生来诊。夜烈文见访,稍谈即去。九时热三十六度九分,已为平温。"[2] 经过许广平、冯雪峰请求,鲁迅同意史沫特莱请的邓

---

[1] 萧红:《回忆鲁迅先生》,《萧红全集》第二卷,哈尔滨:黑龙江大学出版社,2011年5月,169页。
[2] 《鲁迅全集》第十六卷,北京:人民文学出版社,2005年11月,609页。

医生（Thomas.Dunn）来诊，在史氏和沈雁冰陪同下，邓医生到大陆新村对鲁迅的病进行了检查，确认他的病情非常严重，严重得超出了周围所有人的估量，同时，他还认为，作为一个年过半百且终年超负荷工作的人，鲁迅有着世所罕见的抵抗力。邓医生是美籍英国人，毕业于加利福尼亚大学医学部，曾任美国海军军医，1920年到沪行医，1943年返美。

鲁迅整个6月份的日记只有短短几篇——

一日　晴。　上午得吴朗西信并校稿。下午须藤先生来诊。夜又发热。

二日　晴。　上午得靖华信。得唐弢信。下午须藤先生来诊。得《おもちや绘集》（三辑）一本，七角。夜三弟来。

三日　晴。　上午得徐懋庸信。得王冶秋信并稿。下午须藤先生来诊。

四日　晴。　上午得叶紫信。午后须藤先生来注射。

五日　晴。　午得雷金茅信。孟十还赠《密尔格拉特》一本。自此以后，日渐委顿，终至艰于起坐，遂不复记。其间一时颇虞奄忽，但竟渐愈，稍能坐立诵读，至今则可略作数十字矣。但日记是否以明日始，则近颇懒散，未能定也。六月三十下午大热时志。

我们看到，鲁迅日记从6月6日至6月30日无记录，"终至艰于起坐，遂不复记"。在这仅有的几篇中，差不多篇篇都有的一个人是"须藤先生"，或"来诊"，或"注射"，几乎没有不来的日子。

也正是因了医生须藤的建议，鲁迅已在考虑"转地疗养"的方案了，而所要去之处，也是日本。

1936年6月25日，由许广平代笔给曹白的回信中就告知，由于须藤先生的主张，鲁迅有转地疗养的打算。

7月6日回信曹靖华：

本月二十左右，想离开上海三个月，九月再来。去的地方

第十三章 情 殇

大概是日本，但未定实。[1]

7月11日致王冶秋：

> 医生说要转地疗养。……现在在想到日本去，但能否上陆，也未可必，故总而言之：还没有定。
>
> 现在略不小心，就发热，还不能离开医生，所以恐怕总要到本月底才可以旅行，于九月底或十月中回沪。地点我想最好是长崎，因为总算国外，而知道我的人少，可以安静些。离东京近，就不好。[2]

7月17日，回信给异常牵挂他们而他们也异常牵挂的瞿秋白夫人杨之华，通报情况：

> 今年生了两场大病。第一场不过半个月就医好了，第二场到今天十足两个月，还在发热，据医生说，月底可以退尽。其间有一时期，真是几乎要死掉了，然而终于不死，殊为可惜。……本月底或下月初起，我想离开上海两三个月，作转地疗养，在这里，真要逼死人。[3]

非常巧合的是，这一阶段，正是萧红在上海各种张罗，准备开始东京孤旅的日子。

---

[1]《鲁迅全集》第十四卷，北京：人民文学出版社，2005年11月，111页。
[2]《鲁迅全集》第十四卷，北京：人民文学出版社，2005年11月，113—114页。
[3]《鲁迅全集》第十四卷，北京：人民文学出版社，2005年11月，116—117页。

第十四章 这是异国了！

第一节 最初的东京

两萧商议好了之后，他们决定暂时分开：萧红去日本，萧军去青岛，约以一年为期，然后再到上海聚首。

1937年7月20日，经过三天的海上颠簸，萧红抵达东京，并在黄源夫人许粤华的帮助下找好住处。

由于是第一次单独出这么远的门，而且在异域，她还是非常地不适应。7月26日在致萧军的信中说：

> 心情非常坏，想到街上去走走，路又不认识，话又不会讲。
>
> 这里太生疏了，满街响着木屐的声音，我一点也听不惯这声音。这样一天一天的我不晓得怎样过下去，真是好像充军西伯利亚一样。
>
> 我已经来了五六天了，不知为什么你还没有信来！[1]

这已是萧红离开上海十天之内，写给萧军的第四封信了。

8月9日，萧红完成一篇散文《孤独的生活》，通篇都是落寞和不适，无所事事（或有事做不下去）。让她不耐烦和不习惯的东西也总是两样：木屐声和蝉鸣，信中和文中都一再提及，反映了她内心的不安和焦躁，可见对她刺激之深。

---

[1] 萧军：《为了爱的缘故：萧红书简辑存注释录》（手稿本），北京：金城出版社，2011年8月，11页。

第十四章　这是异国了!

但萧红毕竟是萧红,各种不适都没能让她停止写作,在到达东京二十多天之后的8月14日,她已在信中告知萧军:"稿子我已经发出去三篇,一篇小说,两篇不成形的短文"[1];并且计划写长一些的东西。这是多么令人欣喜啊!

随后,萧红生活和写作的节奏逐渐理顺,业已打算去"东亚学校"补习日语了,这也是她东渡的目的之一。虽然身体不时的出状况,但她一直都在持续的写作中,所写作品陆续发回上海,不断地见诸上海的各大报刊。所以萧军在为信简做注时说她是"以自己的生命来对待自己的工作的,这也就是很快地熄灭了她的生命之火的重要原因之一"[2]。

在这一点上,萧红与鲁迅是何其相似啊!而此时,鲁迅的身体或者说生命也都处在了一个非常关键的拐点。

随着7月份病情的貌似好转和须藤医生的建议,鲁迅也一直在做着去日本疗养的准备,8月2日和7日在给曹白和赵家璧的信中都有要走的说辞:

> 我的病已告一段落,医生已说可以随便离开上海,在一星期内,我想离开……
>
> 总之,就要走,十月里再谈罢。[3]
>
> 我的病又好一点,医师嘱我夏间最好离开上海,所以我不久要走也说不定。
>
> 我想在月底走,十月初回来。[4]

鲁迅的疗养若能成行,萧红和他在日本相见的可能性是极大的;但是到了8月中,他的病又有起伏,很不稳定,要去日本的想法从已经固定到渐起变化,这在他给友人的信中都有迹可寻。

---

[1] 萧军:《为了爱的缘故:萧红书简辑存注释录》(手稿本),北京:金城出版社,2011年8月,15页。
[2] 萧军:《为了爱的缘故:萧红书简辑存注释录》(手稿本),北京:金城出版社,2011年8月,42页。
[3]《鲁迅全集》第十四卷,北京:人民文学出版社,2005年11月,121—122页。
[4]《鲁迅全集》第十四卷,北京:人民文学出版社,2005年11月,125、131页。

8月16日，鲁迅在信中和茅盾有较详尽的讨论。告知两三天前的"吐血数十口"已"完全止住"；接着强调，"转地实为必要，至少，换换空气，也是好的"；也许是针对来信中的内容，也许是茅盾建议他实在不行就在国内找一个地方，但种种因素之作用，鲁迅还是坚持想去日本，甚至是一个人去。

> 现已交秋，或者只我独去旅行一下，亦未可知。但成绩恐亦未必佳，因为无思无虑之修养法，我实不知道也。
>
> 倘在中国，实很难想出适当之处。莫干山近便，但我以为逼促一点，不如海岸之开旷。[1]

8月27日给老友曹靖华的信中说：

> 此热由肋膜而来（我肋膜间积水，已抽去过三次，而积不已），所以不甚关紧要，但麻烦而已。至于吐血，不过断一小血管，所以并非肺病加重之兆，因重症而不吐血者，亦常有也。
>
> 但因此不能离开医生，去转地疗养，换换空气，却亦令人闷闷，日内拟再与医生一商，看如何办理。[2]

8月31日再致茅盾：

> 我肺部已无大患，而肋膜还扯麻烦，未能停药；天气已经秋凉，山上海滨，反易伤风，今年的"转地疗养"恐怕"转"不成了。[3]

此信一周之后再致曹靖华：

> 至于病状，则已几乎全无，但还不能完全停药，因此也离

---

[1]《鲁迅全集》第十四卷，北京：人民文学出版社，2005年11月，127—128页。
[2]《鲁迅全集》第十四卷，北京：人民文学出版社，2005年11月，136页。
[3]《鲁迅全集》第十四卷，北京：人民文学出版社，2005年11月，139页。

第十四章 这是异国了!

不开医生,加以已渐秋凉,山中海边,反易伤风,所以今年是不能转地了。[1]

从这几封信我们可以大致看出此事的走向——

从8月16日的"转地实为必要,至少,换换空气,也是好的";

到8月27的"日内拟再与医生一商,看如何办理";

再到8月31日的"今年的'转地疗养'恐怕'转'不成了";

最终,9月7日"已渐秋凉,山中海边,反易伤风,所以今年是不能转地了"。

至此,鲁迅转地日本疗养不能成行已成定局。

事情的这种变化不仅体现在与周围朋友的信件往来中,鲁迅在与域外友人的通信中也有披露。

1936年7月23日在回复捷克斯洛伐克汉学家雅罗斯拉夫·普实克的信中告诉他:"从八月初起,要离开上海,转地疗养两个月,十月里再回来。在这期间内,即使有信,我也是看不到的了。"[2]——说得是多么的肯定!

但两个月之后的9月28日,鲁迅又非常明确地告知普实克:(转地疗养一事)"后来因为离不开医师,所以也没有离开上海,一直到现在。现在是暑气已退,用不着转地,要等明年了。"[3]——真的是去不成了!

此种变化,就使萧红和鲁迅失去了在日本相聚的可能——他们失去的不仅是在日本相聚的可能,而且是永远地失去相聚的可能!

---

[1]《鲁迅全集》第十四卷,北京:人民文学出版社,2005年11月,144页。
[2]《鲁迅全集》第十四卷,北京:人民文学出版社,2005年11月,390页。
[3]《鲁迅全集》第十四卷,北京:人民文学出版社,2005年11月,398页。

第二节 彼此牵挂 心有灵犀

在萧红去日本以前,两萧商定他们谁都不给鲁迅写信,以免他复信劳神,对于鲁迅在上海的种种,他们会通过常去那里的黄源来了解,而他们各自的近况也是通过黄源向鲁迅转告。所以萧红到日本后,没给鲁迅写过信;萧军在青岛期间,给鲁迅的信也极少。

两萧人虽然离开了上海,但恩师却无一日不在心中。鲁迅也许并不知晓他们不给他写信的约定,所以在《文学》社想跟萧红约稿又无从联系,想通过鲁迅获取信息时,1936年10月5日鲁迅回复茅盾的信作如是说:"萧红一去之后,并未给我一信,通知地址。近闻已将回沪,然亦不知其详,所以来意不能转达也。"[1]

而此时远在东京的萧红,9月中旬即已经开始了在"东亚学校"的日语补习。

"东亚学校"起初叫"东亚高等预备学校",是一所专为中国人而设的补习学校,学员都是初到日本的中国人;它是辛亥革命以来日本最负盛名的中国留学生预备学校,吸引了当时大约三分之二以上的中国留学生,在校学生达千人以上。据说许多中国近现代史上的名流包括秋瑾、周恩来等人赴日留学之初,都曾是该校学员。从其1914年成立到1945年毁于战火,先后约有两万多名中国留学生在此接受教育;回国后,他们对中国的政治、经济、军事、文化、教育等方面都产生了重大影响。

东亚学校的创办者,是日本著名教育家松本龟次郎先生,在中国留日学生教育史上,松本龟次郎是个应该大书特书的名字,因为"松本作为战前中国留学生日语教育的开拓者,创办了东亚高等预备学校,并一心致力于中国留学生的日语教育事业。松本龟次郎一生都致力于中国留学生的日

---

[1]《鲁迅全集》第十四卷,北京:人民文学出版社,2005年11月,162页。

第十四章 这是异国了!

语教育以及中日友好关系的推进"[1]。在松本龟次郎朴实无华的墓碑上,镌刻的碑文是:"把一生贡献给中国留学生教育的人",碑文由日本文学家井上靖手书。

非常有趣的巧合是,松本先生在创办东亚高等预备学校之前,曾在宏文学院为中国留学生讲授日语,正是在那里,他认识并教授过一个叫周树人的中国留学生,并对这个他称之为"周君"的学生留有深刻印象。时隔二十多年之后,"周君"的忘年交弟子萧红又来到松本先生创办的学校学习日语,也真是一段奇缘。

由于课业量很大,毫无基础的萧红"每日花费在日语上要六七个钟头"[2],这是她1936年10月17日写给黄源信中的描述,这使她倍感压力,疲于应对。

或许真的是有心灵感应,亦或许挂念太久不能不提,10月13日萧红在给萧军的信中,似乎是到日本后第一次提到她时刻惦记着的鲁迅先生:

> 在电影上我看到了北四川路,我也看到了施高塔路,(那)一刻我的心是忐忑不安的。我想到了病老而且又在奔波里的人了。[3]

也不知是个什么样的电影,居然让萧红在银幕上看到了施高塔路(即大陆新村所在地)一带,而从这封信里则完全可以看出萧红对鲁迅病情的乐观估测,尽管心里有一些莫名的"忐忑不安",她想到的是鲁迅虽已"病老",但却依然"在奔波里"而非卧床不起。鲁迅身为文化名人,言行举止都备受关注,在那之前,他欲前往日本"转地疗养"的想法,也许会通过一些不同的途径在日本有所流传,这让在日本深居简出的萧红也有所耳闻,所以萧红在10月20日给萧军的信末有这样的问句:"报上说 L.来这里了?"[4] "L"是他们对鲁迅的代称,因为当时的日本是个警察

---

[1] 林敏洁:《松本龟次郎与鲁迅》,《鲁迅研究月刊》,2013年第8期。
[2] 萧军:《为了爱的缘故:萧红书简辑存注释录》(手稿本),北京:金城出版社,2011年8月,99页。
[3] 萧军:《为了爱的缘故:萧红书简辑存注释录》(手稿本),北京:金城出版社,2011年8月,95页。
[4] 萧军:《为了爱的缘故:萧红书简辑存注释录》(手稿本),北京:金城出版社,2011年8月,103页。

国度，而且，在9月中旬萧红就被"刑事"造访过，这使她很愤怒，他们为防不测，不会在信上直称鲁迅。更让人心酸的是，萧红在10月21日给萧军的信中还说道："前些日子我还买了一本画册打算送给L.。但现在这画只得留着自己来看了"，信中的这句"只得留着自己来看了"有点让人困惑，其实，这时候，鲁迅已因病情恶化终告不治，萧红莫非已有了不祥的预感？看了几天后她给萧军的信，才为此语找到了解答：

> 关于周先生的死，二十一日的报上，我就渺渺茫茫知道一点，但我不相信自己是对的，我跑去问了那唯一的熟人，她说："你是不懂日本文的，你看错了。"我很希望我是看错，所以很安心地回来了，虽然去的时候是流着眼泪。[1]

买了画册打算送给鲁迅，这既是出自萧红对鲁迅的了解和牵挂，也是因为她和鲁迅共有的对美术的深度喜爱。那一段，萧红已渐渐习惯了在东京的生活，她学日语、买画册，还把自己居住的小屋装点得非常温馨，这是她东渡后从未有过的雅兴，用她自己的话来说就是：

> 大概在一个地方住得久了一点，也总是开心些的，因为我感觉到我的心情好像开始要管到一些在我身外的装点，虽然房间里边挂起一张小画片来，不算什么，是平常的，但，那需要多么大的热情来做这一点小事呢？[2]

这是萧红战胜了落寞的情绪，适应了环境且心情好转的具体表现，一切似乎都在好起来。可是，让她猝不及防的是，悄然之间，巨大的悲哀已经无情地袭来。

她哪里会料到，就在她抑制不住惦念，信中不断提到鲁迅的时候，极端强大的病魔已经彻底击垮了这位文化巨人的身躯——1936年10月19日凌晨5时，噩耗传出，鲁迅病逝于上海大陆新村九号寓所。

---

[1] 萧军：《为了爱的缘故：萧红书简辑存注释录》（手稿本），北京：金城出版社，2011年8月，209页。
[2] 萧军：《为了爱的缘故：萧红书简辑存注释录》（手稿本），北京：金城出版社，2011年8月，103页。

第十四章 这是异国了!

1936年秋,萧红在日本东京

第三节 噩耗确认——我想一步踏了回来

鲁迅逝世的消息很快传到日本,但由于萧红跟别人几乎没有什么交流,所以,她并没能够在第一时间知道消息。

10月20日,萧红看到一张报纸上的标题是鲁迅的"偲",且文中有几处"逝世"的字样,惊恐之余她心中顿失平衡,马上有了不祥的预感。

21日早晨,萧红在那个经常用餐的小饭馆里,又看到报纸上"鲁迅"、"逝世"、"损失"之类的字眼儿,她方寸大乱,心已被恐惧紧紧地掳住。

因为急于验证消息,和周围的人又语言不通,萧红顾不得吃完饭就出来,急忙乘电车赶往市郊一处叫"东中野"的地方,去找她在日本唯一的熟人。电车上本不拥挤,她却是一路站着,心中的焦虑和恐慌使她根本无法坐下,一路上都在流泪,满脑子都是报上黑色的字体:"逝世"!"逝世"！到了朋友处，张皇失措的她说明来意后却被朋友宽慰了一番；在送她出来的时候，朋友还说她"神经质"，"慌张得有点傻"，那应该是她最愿听到的话了，她宁愿这是自己的杞忧，在忐忑不安中，在半信半疑中，她恍恍惚惚地回到了自己的住处。

处在惶恐中的萧红，最终确认这个她极度抗拒的噩耗是在10月22日；23日，更是看到一份中文报纸，上面登载消息并配发了有鲁迅遗容的照片，这彻底击碎了她心中残存的一点点侥幸和祈盼，直接把她抛入了绝望的深渊。

24日，萧红强忍悲痛致信萧军：

> 昨夜，我是不能不哭了。我看到一张中国报上清清楚楚登着他的照片，而且是那么痛苦的一刻。可惜我的哭声不能和你们的哭声混在一道。
>
> 现在他已经是离开我们五天了，不知现在他睡到哪里去了？
>
> 我想一步踏了回来，这想象的时间，在一个完全孤独了的人是多么可怕！
>
> 最后你替我去送一个花圈或是什么。[1]

《中流》第一卷第五期"哀悼鲁迅先生专号"

这封信后来以《海外的悲悼》为题，发表在11月5日出版的《中流》第一卷第五期"哀悼鲁迅先生专号"上。编辑的按语说发表此信，是为了"让她的哭声和我们的哭声混在一道"，信中的那句孩子式的

---

[1] 萧军：《为了爱的缘故：萧红书简辑存注释录》（手稿本），北京：金城出版社，2011年8月，209页。

第十四章 这是异国了!

痴问:"不知现在他睡到哪里去了?"今天读来,依然令人动容。在那最初的几天,想一步踏回却是不能,更不能抑制回来的想象,萧红承受的孤独和可怕无以复加。

萧红确知消息之日,正是上海各界公祭之时。在那前后,萧军忙于丧仪的种种事务,没有时间也没有勇气写信告知萧红,在接到24日萧红的信之前,他已替萧红联署祭奠,在此类问题上,他们自有心心相印的默契。

从当时留下的现场图片中我们看到,送葬队伍的最前列是青年作家张天翼手书"鲁迅先生殡仪"的横幅,紧随其后就是一个巨大的轭形花圈,花圈的挽联上写着"敬献鲁迅先生",敬献者的落款处,萧红的名字已列在其中,这是以16个青年作家的名义集体敬献的,他们是:

草明 张天翼 榘公 姚克 屠琪 周文 萧红 路丁
华沙 胡风 契萌 欧阳山 萧军 奚如 周颖 聂绀弩

轭形花圈挽联上萧红名字已列其中

在鲁迅逝世后的一段时间里,萧红的精神和身体都受到重创,深深的悲哀和心痛浓得迟迟化不开,这对她的一生都产生了重大影响。

一时间,什么都干不下去,此后一段时间内她频繁写信,且每信必谈鲁迅。

10月29日给萧军信中诉说衷肠:

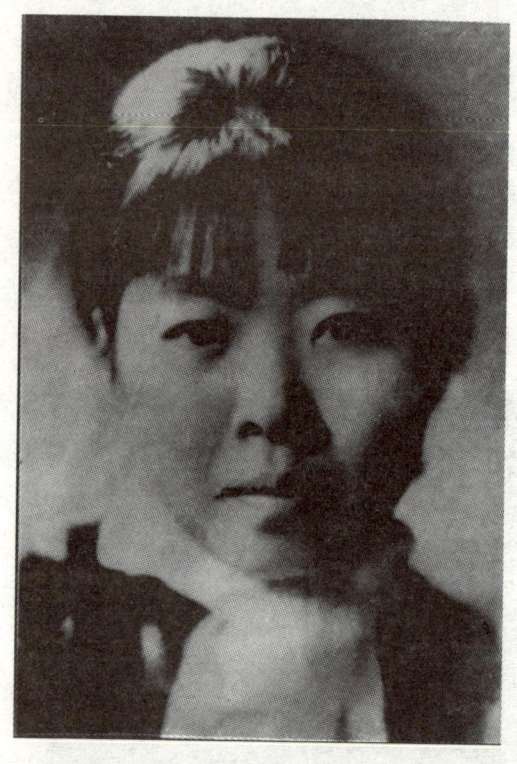

1936年秋,萧红在日本东京

这几天,火上得不小,嘴唇又全烧破了。其实一个人的死是必然的,但知道那道理是道理,情感上就总不行。我们刚来到上海的时候,另外不认识更多的一个人了。在冷清清的亭子间里读着他的信,只有他,安慰着两个飘泊的灵魂!……写到此地鼻子就酸了。[1]

三天以后再致萧军:

近来水果吃得很多,因为大便不通的缘故,每次大便必要流血。

许女士也是命苦的人,小时候就死去了父母……这可见她过去的孤零,可是现在又孤零了。孩子还小,还不能懂得母亲。既然住得很近,你可替我多跑两趟。别的朋友也可约同他们常到她家去玩,L.没有完成的事业,我们是接受下来了,但他的爱

---

[1] 萧军:《为了爱的缘故:萧红书简辑存注释录》(手稿本),北京:金城出版社,2011年8月,111页。

第十四章 这是异国了!

人,留给谁了呢?[1]

有刊物来约回忆鲁迅的稿件,她只能婉拒,11月9日致信萧军说:

> 关于回忆 L.一类的文章,一时写不出,不是文章难作,倒是情绪方面难以处理。本来是活人,强要说他死了,一这么想就非常难过。[2]

鲁迅逝世后,日本在最短的时间内为他出了"大全集",萧红知道后不免有些着急,11月19日给萧军的信中说:

> 因为夜里发烧,一个月来,就是嘴唇,这一块那一块的破着,精神也烦躁得很,所以一直把工作停了下来。
>
> 关于周先生的全集,能不能很快的集起来呢?我想中国人集中国人的文章总比日本集他的方便,这里,在十一月里他的全集就要出版,这真可配(佩)服。我想:找胡、聂、黄诸人,立刻就商量起来。[3]

1937年从日本即将回国的萧红

---

[1] 萧军:《为了爱的缘故:萧红书简辑存注释录》(手稿本),北京:金城出版社,2011年8月,119页。
[2] 萧军:《为了爱的缘故:萧红书简辑存注释录》(手稿本),北京:金城出版社,2011年8月,127页。
[3] 萧军:《为了爱的缘故:萧红书简辑存注释录》(手稿本),北京:金城出版社,2011年8月,133页。

1936年11月19日萧红给萧军的信

以萧红的行事风格,她一向很少主动张罗有关的集体活动,但这次不同,这是"周先生"的事情,所以看到日本方面的动作出乎意料地快她有点坐不住,她想找胡(风)、聂(绀弩)、黄(源)诸人,"立刻就商量起来"。

鲁迅逝世后,萧红最记挂的人当属许广平和海婴,12月15日致信萧军:

> 周先生的画片,我是连看也不愿意看的,看了就难过。海婴想爸爸不想?[1]

---

[1] 萧军:《为了爱的缘故:萧红书简辑存注释录》(手稿本),北京:金城出版社,2011年8月,151页。

第十五章　归国之后

第一节　拜　墓

1937年1月9日，萧红从东京转道横滨，搭乘日本邮轮"秩父丸"回国。1月13日，登陆上海汇山码头。

回到上海后，她和萧军居住在吕班路（今重庆南路）256弄一家俄国人经营的家庭公寓，仍属法租界，房客大部分是白俄，当时部分流亡关内的东北作家也寄居在这里。

安顿下来后，萧红最想做又最怕做的一件事，就是到万国公墓祭奠鲁迅先生。终于，在早春一个"半阴的天气"，她"跟着别人的脚迹"，走进了墓地。

这里对她是全然陌生，她想不通为什么到这里来寻先生，墓前站着已经掉了底的花瓶，萧红一眼就认出那曾是鲁迅家栽种"万年青"的花瓶。

再也听不到先生明朗的笑声冲下楼梯；再也看不到先生关爱和鼓励的目光；再不能一起吃水饺与葱油饼；再不能同观影片谈天说地……痛失鲁迅之后的上海，在萧红眼里怎么看都觉得有几分黯然了……

墓地归来，恸不可支，3月8日，写下《拜墓》一诗：

拜墓诗
——为鲁迅先生

跟着别人的脚迹,
我走进了墓地,
又跟着别人的脚迹,
来到了你的墓边。

那天是个半阴的天气,
你死后我第一次来拜访你。

我就在你的墓边竖了一株小小的花草,
但,并不是用以招吊你的亡魂,
只说一声:久违。

我们踏着墓畔的小草,
听着附近的石匠钻着墓石的声音。

那一刻,
胸中的肺叶跳跃了起来,

我哭着你,
不是哭你,
而是哭着正义。

你的死,
总觉得是带走了正义,

第十五章 归国之后

虽然正义并不能被人带走。
我们走出了墓门,
那送着我们的仍是铁钻击打着石头的声音,
我不敢去问那石匠,
将来他为着你将刻成怎样的碑文?

这首诗发表于1937年4月23日《大公报》副刊《文艺》第327期。

诗中所述:"你的死,总觉得是带走了正义",是何等沉痛哀悼;鲁迅的逝世,是萧红人生和文学天空难以弥补的双重坍塌。

3月间,日本小说家小田岳夫到达上海,他作为日本撰写鲁迅传的第一人,为创作一部以上海为背景的小说而实地考察;同时,更是为日本改造社即将出版的《大鲁迅全集》中《两地书》翻译的有关问题拜访许广平。

鲁迅去世后,许广平不愿住在原来的房子里,不久便由虹口搬到了法租界的霞飞坊64号,这是萧军帮她寻得的一个居处,当时萧军也住得离此不远,还有就是冯雪峰和胡风都住在附近。这次小田造访就在霞飞坊,两萧和胡风、黄源、鹿地亘等也参加了会见和访谈,然后大家共进晚餐。

1937年3月,上海法租界霞飞坊许广平寓所
前排左起:鹿地亘、小田岳夫
后排左起:胡风、许广平、池田幸子、萧军、萧红

《拜墓诗》手稿

第十五章 归国之后

1937年春,两萧、许广平母子一同拜谒鲁迅墓

4月初,金人到达上海,他是两萧哈尔滨时期的老朋友,也是俄罗斯文学的优秀译者,他的译文事业也曾得鲁迅先生的很多照拂。见到两萧,并和两萧、许广平母子等人一同拜谒鲁迅墓。那次同去为鲁迅扫墓的还有他们哈尔滨时期的另一个朋友牵牛房的"小蒙古"袁时洁、萧红的弟弟张秀珂、周建人先生的家人等,众人在墓畔留下了珍贵的合影。

1937年春,金人、袁时洁、萧红、张秀珂、萧军(从左至右)在鲁迅墓畔合影

1937年春,上海万国公墓鲁迅先生墓地。
左起:袁时洁、萧红、王蕴如、许广平、周建人次女、萧军、周建人长女、金人、张秀珂,中间为海婴。

　　但是,和萧军之间的关系没有多少改善,还是萧红最大的苦恼,萧军(和黄源夫人许粤华之间)的"恋爱绯闻"已是朋友圈子里公开的秘密,小报上也刊登与此有关的"花边"和"八卦",这些存在一直都在困扰着萧红;因为两萧和黄源、许粤华夫妇本来都是很好的朋友,她起初是无法相信,然后是无法接受,终日处在这样复杂而微妙的关系中,让她尴尬得无法面对。为了化解心中的苦闷,她再一次选择了回避,她要暂时离开这个环境,离开这个环境里她不想见到的人和事,在到一家犹太人开的画院学画不成之后,4月下旬,她去了北平。

　　此次北平之行,纯属散心之旅,除了寻到李洁吾、李镜之等早年的朋友叙旧而外,萧红还与出狱后的舒群异地重逢。在舒群的陪同下,一起去看"好莱坞"影片,去听"富连成"的京戏,还逛王府井大街,并去爬了长城。在北平分手时,萧红与舒群之间已消除了前段的误会,为了答谢舒群一贯无私的帮助，也为了纪念他们的友谊，萧红把自己《生死场》的手稿送给了舒群；那上面有鲁迅先生修改的笔迹，因而是萧红最宝贵的财产。

据舒群晚年回忆：

> 这部原稿有很珍贵的文学史料价值。我看过萧红那份原稿后，十分真切地感受到鲁迅对青年的爱护。那情谊太深厚，那份耐心也是少见的。《生死场》几乎每页都有鲁迅亲笔修改，蝇头小楷，用朱砂圈点，空当处写不下时，就划一道引到额上去添加，就是那一道，都划得笔直，字迹更是工整有体。当时我想，就凭鲁迅为青年改稿的细致耐心，他就是不朽的。[1]

非常可惜和遗憾的是，这份由鲁迅先生亲自修改过的宝贵手稿在后来的流离和动荡中丢失了。

第二节　撤离上海　惜别许广平

待在北平二十多天后，萧红回到上海；也许两萧都有改善关系的愿望，看上去似乎也多少有所改善，但又远远不是本质意义上的改善，他们直接冲突和吵架少了，沟通和交流更少了。

尽管冷战，尽管"每天在疏离着"，两萧还是共同参加了一些活动。1937年6月中，为哈尔滨时期共同的朋友金剑啸遇难周年，在沪的东北作家为他出版了长诗《兴安岭的风雪》，在那个小册子的附录里，他们都分别写了诗与文。还有就是，为先师鲁迅周年祭而编辑整理《鲁迅先生纪念集》和《鲁迅先生纪念册》的工作，也一直在筹备中。7月7日，"卢沟桥事变"爆发，时局动荡，人心恐慌，更加剧了这项工作的

---

[1] 张凤珠：《振翅的鹰——舒群二三事》，《中国作家》，1992年第一期。

紧迫感。7月17日下午，"鲁迅先生纪念委员会成立大会"在静安路华安大厦召开，会上决定，要在10月19日鲁迅的周年祭之前，出版《鲁迅先生纪念集》和《鲁迅先生纪念册》。萧红积极参与资料的收集、整理、编纂工作，具体负责鲁迅先生身后有关的"新闻纸的一部分裁剪及改正"。因为先生逝世时她不在上海，悲悼之情无法传递；所以周年忌日来临之时的这个工作让她格外投入。她把心中无限的哀思和敬意，倾注在琐碎繁复的工作中，她尽力把新闻报道收集得更齐更全，把工作做得更细致更完善。

7月30日，因为抵抗不力，北平、天津几乎同时沦陷；8月13日上午，日军炮轰闸北，进攻上海，淞沪抗战正式爆发。至此，看似偶然事件引起的"七·七事变"，拉开了史上最惨烈的八年抗战的帷幕。

中日开战，难坏了日本友人鹿地亘、池田幸子夫妇，他们夹在两个交战的敌国之间无从归属，中方当他们是敌人，日方则怀疑他们在从事间谍活动，"他们寸步不敢移动，周围全是监视的人们，没有一个中国的友人敢和他们见面"[1]，更没人敢接近或收留他们，处境非常危险。鹿地亘是日本左翼青年作家，流浪到上海后，经内山完造介绍结识鲁迅，又经鲁迅介绍和两萧相识并结下友谊，所以在那前后，萧红冒着极大的风险掩护他们，给了他们最急需的帮助。对此许广平先生赞道：

"这时候，唯一敢于探视的就是萧红和刘军两先生，尤以萧红先生是女性，出入更较方便，这样使得鹿地先生们方便许多。""在患难生死临头之际，萧红先生是置之度外的为朋友奔走，超乎利害之外的正义感弥漫在她的心头，在这里我们看到了她却并不软弱，而益见其坚忍不拔，是发扬中国固有道德，为朋友解难的弥足珍贵的精神"。[2]

由于战争爆发，上海的许多刊物都无法操作，被迫停刊，部分抗战报刊则应运而生。胡风也想办一个类似的刊物，他在8月底召集两萧、曹

---

[1][2] 景宋：《追忆萧红》，《文艺复兴》第1卷第6期，1946年7月1日。

第十五章 归国之后

白、彭柏山、艾青等人具体商议，正是在这样一个小范围的聚会上，两萧同时结识了另一位东北作家端木蕻良。

胡风提议给刊物定名《抗战文艺》，但萧红坦率地表示异议："这个名字太一般了，现在正是'七·七事变'，为什么不叫《七月》呢？用'七月'做抗战文艺活动的开始多好啊！"[1] 大家一听，纷纷认可，于是，刊名就正式定了下来；题刊的"七月"两个字采集于鲁迅先生的手迹，《七月》周刊于9月11日正式创刊。

不久之后，战局吃紧，刊物无法维持，上海就要沦为孤岛，文化界人士都在考虑何去何从。在当时的情况下，他们大致有以下选择：

一是留在"孤岛"（租界）；

一是撤离到大后方；

还有部分去往延安或参加新四军。

胡风决定要去武汉继续办《七月》，他也邀请两萧等人前去；两萧因此也选择了武汉，当时那里还是大后方。

在收拾行囊的时候，在纠结于如何处置他们随身所带的重要物品时，两萧做出了一个重要且堪称"英明"的决定，那就是，所有要件均不带在身边，而是悉数存放到许广平那里——许先生因为要守护鲁迅遗物是不会离开上海的；而他们要逃难，这一去便是天涯，马乱兵荒，命运莫测。

首先就是鲁迅写给他们的五十多封信，这是两萧此生最宝贵的财富，且不仅仅是属于他们个人，所以不能有任何的不测和闪失；于是，他们把所有信件内容全部誊写了一份，把复制件带在身边，而鲁迅亲笔所写的原件，严密地包扎好，交与许广平保存。还有一部分就是他们的个人用品和物品，因为难以割舍，又极其不愿意它们在动荡的生活中损毁或遗失，也一起托付给了他们最信赖的、视若亲人的许广平先生。

1937年9月底，两萧惜别他们至为挂念的许广平和海婴，从梵皇渡车站告别了上海。

---

[1] 钟耀群：《端木与萧红》，北京：中国文联出版公司，1998年1月，4页。

当时寄存在许先生家里的，是萧红留在这个世界上唯有的且数量最多的物品，也是最重要的贴身物品：它们包括少量的衣物、几本影集、几样随身用品、书刊等，其中最重要的，是那本手抄的《自集诗稿》，里面的近半数作品在她生前不曾公开发表，而这些作品，一直到1980年，才在《中国现代文学研究丛刊》第三辑上悉数问世。

这些东西被许广平历尽艰辛地、完好无损地保存了下来。1956年3月21日，连同大批鲁迅遗物，一起捐赠给了即将落成的北京鲁迅博物馆。唯其如此，才使得多年之后的读者得以亲见作家的手泽、照片等遗物。它们在后来所具备的无可替代的作用，恐怕是寄存者当年也未曾料到的，这是萧红之大幸，是读者和研究者之大幸，同时，也是现代文学史和现代作家研究之大幸！

从这个意义上来说，萧军与萧红应该向许广平先生叩拜谢恩；我们所有喜爱鲁迅和萧红的读者和研究者，都应该深深叩谢许广平先生……

萧红穿过的衣物，现藏北京鲁迅博物馆

第十六章　逃亡路上忆和念

第一节　晴川历历　芳草萋萋

1937年9月底，两萧同部分文艺工作者一道，从上海西站（当时叫梵皇渡车站）上车，沿沪杭线到嘉兴，从嘉兴再到南京，在那里等候几天之后，挤上一艘拥挤不堪的破旧客轮，10月10日抵达汉口。

当时，国民政府和国民党中央党部已从南京迁至武汉，加上"九省通衢"的重要地理位置，武汉已成战时首都，同时也是全国政治、军事和文化中心。

在两萧到汉之前，胡风已经先期抵达。

胡风到武汉后就着手《七月》的复刊事宜，不久后，胡风与两萧等人又常在两萧借住的小金龙巷聚商。《七月》在上海创刊之初，出的是周刊，而现在，同人们商定把《七月》做成半月刊。在那前后，正值鲁迅先生病逝周年之日到来，所以复刊后的首期《七月》就是"鲁迅先生纪念专辑"，并于1937年10月16日出版；因为草创，一切匆忙，主编胡风采取的办法是："把在上海出的周刊上发表的文章选出一些，再加上新写的，编成了第一期。"[1] 因为此故，仅萧红一人就有三篇文章刊出，它们分别是：《在东京》、《天空的点缀》和《失眠之夜》。

---

[1] 胡风：《在武汉——抗战回忆录之一》，《新文学史料》，1985年第二期。

1937年10月16日，在武汉复刊后的第一期《七月》，纪念专号封面

《在东京》是萧红从日本回国后所写的第一篇纪念鲁迅的文章，详细记载着她得知鲁迅逝世消息的具体过程和心路：

最初是模模糊糊的猜测，心里仍不肯相信，并因此而起的强烈不安和烦躁——"我"从外面回来，走在路上，不住地滴水的伞翅、饭馆里下女的金牙齿、吃早餐的人的眼镜和雨鞋、贴在厨房边的大画……一切都让她心神不定，莫名烦躁，以致回到住处却无法进门，原来是手中的雨伞忘了收起来。对于女房东的提醒，她完全没有一点谢意，一直相处很好的房东，现在看上去是那样地讨厌，说她"好像鸽子似的在笑"、还有和男人一样的"肥厚的脚掌"、"并且那金牙齿也和那饭馆里下女的金

第十六章 逃亡路上忆和念

牙齿一样"。

第二天,又处在极度恐慌中——因为看到张报纸上的标题是鲁迅的"偲",翻查了字典还是不明就里,而文章的句子里掺杂着"逝世"、"损失"或"殒星"之类的字样……这更让她心惊肉跳,于是,饭吃了一半就回家。"一走上楼,那空虚的心脏,像铃子似的闹着,而前房里的老太婆在打扫着窗棂和席子的噼啪声,好像在打着我的衣裳那么使我感到沉重。"

因为急于验证消息而周围又没有可以求证的人,所以赶快乘电车奔市郊去找那唯一的朋友,车上本不拥挤却无法安坐,一路站着,一路哭着,"路上看了不少的山、树和人家,它们却是那么平安、温暖和愉快!我的脸几乎是贴在玻璃上,为的是躲避车上的烦扰,但又谁知道,那从玻璃吸收来的车轮声和机械声,会疑心这车子是从山崖上滚下来了",更是衬托出她的惊恐和烦躁。她的朋友因生病的缘故,并没有订最近的报纸,并且解释说那个"偲"字是个印象的意思,是面影的意思,一定是有人到上海访问了鲁迅回来写的;出来送她的时候,朋友还说她"神经质",她宁愿是这样,带着一点但愿是虚惊的侥幸心理和一点傻傻的阿Q心理回去了……

最终坐实了噩耗是在22号,那也是靖国神社开庙会的日子。庙会闹了三天,在她上课的东亚学校里,教员们讲些下女的故事,神的故事,和日本人拜神的故事,引得中国留学生满堂大笑,"好像世界上并不知道鲁迅死了这回事"。混迹于这样格格不入的氛围里,让她痛心且愤怒;当她的一个号称是诗人的"同学",在这样的场合表达了对鲁迅不敬的观点时,她又气又恼,恨不得上前去把那"歪了一下"的"黄色小鼻子""用手替他扭正过来"。

文章在最后部分谈到"日华学会"为鲁迅所开的追悼会,说到他们一班40几个人当中,去参加追悼鲁迅先生的只有一位女生。因此,"她回来的时候,全班的人都笑她,她的脸红了,打开门,用脚尖向前走着,走得越轻越慢,而那鞋跟就越响。她穿的衣裳颜色一点也不调配,有时是一件红裙子绿上衣，有时是一件黄裙子红上衣。"有研究者推断说，这个唯一去参加追悼的女生就是萧红自己。[1]

她告诉读者，"这就是我在东京所看到的这些不调配的人，以及鲁迅的死对他们激起怎样不调配的反应。"[2]

萧红的情绪有多恶劣，她的悲恸就有多深重，但这种感受和这样的心情，连来自同一国度的同胞也不能理解，怎不让她的孤寂之感愈发强烈起来！怎不让她顿然地感到悲哀！

这篇《在东京》，后来被收入《萧红散文》，1940年6月由重庆大时代书局出版，篇名改为《鲁迅先生记（二）》。

第二节 《万年青》和《逝者已矣!》

鲁迅的周年祭，是萧红心中无法直视的痛点。先生病逝时她未能送行，一年过去了，为避战火她来到了武汉，因此不能到恩师的墓前祭奠。在那前后，萧红一直被惶惶不安的情绪包裹着，这件事一直是驻足在她心里的。《海外的悲悼》、《拜墓》在上海刊出后，她还是久久地沉浸其中。所以，我们看到，《在东京》一文刊出两天后的10月18日，她的另一篇纪念鲁迅的散文《万年青》，也被见于武汉《战斗旬刊》第一卷第四期"鲁迅先生周年祭特辑"，这是孔罗荪和锡金、冯乃超等办的刊物。

《万年青》全文不足1000字，篇幅上要比《在东京》短得多。如果说《在东京》是追记萧红在日本确知鲁迅逝世前后的实录，那么，《万年青》则是她回到上海后，针对着一种叫作"万年青"的绿色植物，还有跟这绿色植物有关的花瓶、花瓶位置的变动而生的忆和念。

萧红第一次到鲁迅家做客，是1935年的冬天，她几乎是在进门的第一

---

[1] [日]平石淑子：《萧红在东京》，《北方文学》，2011年6期。
[2] 萧红：《鲁迅先生记（二）》（原题为《在东京》），《萧红全集》第二卷，哈尔滨：黑龙江大学出版社，2011年5月，180页。

第十六章 逃亡路上忆和念

时间就注意到了这种绿色植物;来自于北国寒冷地带的她,好奇地问主人这叫什么,冬天居然也不怕冻?鲁迅和许广平都回答过这个问题,鲁迅说它"永久这样",许广平说它"最耐久"。但是现在,"万年青"虽在,主人却不在了,而那往常摆在黑色长桌上的花瓶,已经站在了鲁迅的遗像前。而在两萧眼里的许先生:

> 有时候就检查着这"万年青",有时候就谈着鲁迅先生,就在他的照像前面谈着,但那感觉,却像谈着古人那么悠远了。[1]

"八一三"淞沪抗战之后,鲁迅墓地已不便出入,只有许广平绕道去过一次,据说花瓶已找不到,那墓上的荒草已长得很高,那恐怕会要把鲁迅先生的半身瓷像也给遮盖住了罢!而他的那些逃离战火的弟子们却是越走越远了。

> 我们在这边,只能写纪念鲁迅先生的文章,而谁去努力剪齐墓上的荒草?我们是越去越远了,但无论多么远,那荒草总是要记在心上的。[2]

《万年青》后来收入《萧红散文》时,题名改为《鲁迅先生记(一)》。

写罢了这些仍意犹未尽,于是又有一篇《逝者已矣!》出手。这篇文章标明的写作日期是1937年的10月17日,起因是萧军从印厂带回来一张复刊后《七月》的封面,他们用按钉把它按在了墙上,那上面的"七月"二字,是采集了鲁迅先生的手迹;这个封面又让她联想到当年他们共同创办的杂志《海燕》,那"海燕"两个字就是鲁迅先生题写的。

触景生情,萧红格外地思念自己心灵的引路人,针对自己那一段的焦躁和没耐心,想起鲁迅对她的教诲……

---

[1][2] 萧红:《鲁迅先生记(一)》(原题为《万年青》),《萧红全集》第二卷,哈尔滨:黑龙江大学出版社,2011年5月,176页。

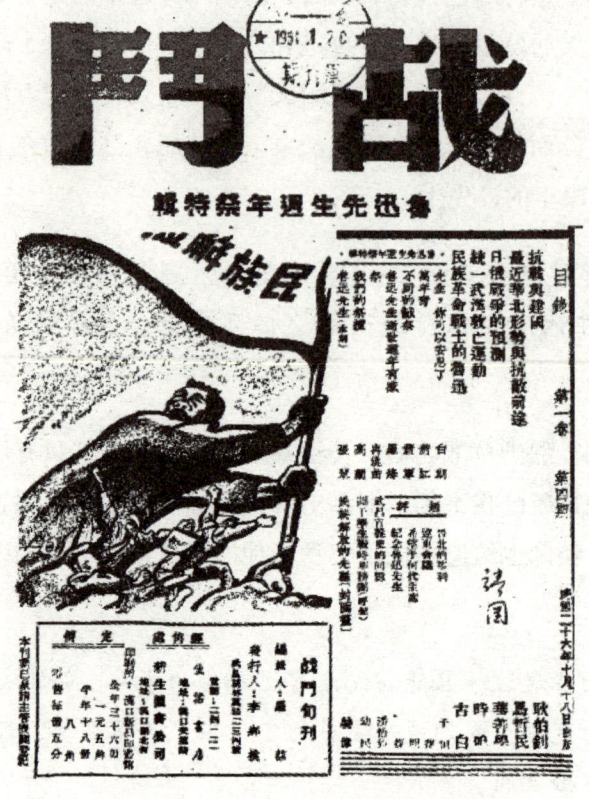

1937年10月18日,武汉《战斗》旬刊
第一卷第四期"鲁迅先生周年祭特辑"

　　她为自己的文章写得不好而焦躁,对自己也完全没有信心,鲁迅告诫她要"慢慢作,不怕不好,要用心,性急不成";对于鲁迅先生为陌生青年(也包括她和萧军)看稿或校稿,她始终不懂他为什么这样的过于的有耐心,而后来才慢慢地悟出,这就是他常说的:"能作什么,就作什么。能作一点,就作一点,总比不作强",这是鲁迅一生都在践行的理念,他在很大程度上影响到当年在他身边的萧红。睹物思人,物在人去,萧红依然难掩心中的忧伤。

　　看着墙上的那张《七月》的封面上站着的鲁迅先生的半身

第十六章　逃亡路上忆和念

照像：若是鲁迅先生还活着！他对于这刊物是不是喜悦呢？若是他还活着，他在我们流亡的人们的心上该起着多少温暖！[1]

"若是他还活着……"这应该才是萧红最想说的话罢！这段话还告知读者，鲁迅先生不在了，可怜漂泊的流亡人，温暖更向何处寻！

《逝者已矣！》一文，刊载于1937年10月20日《大公报》副刊《战线》第二十九号。

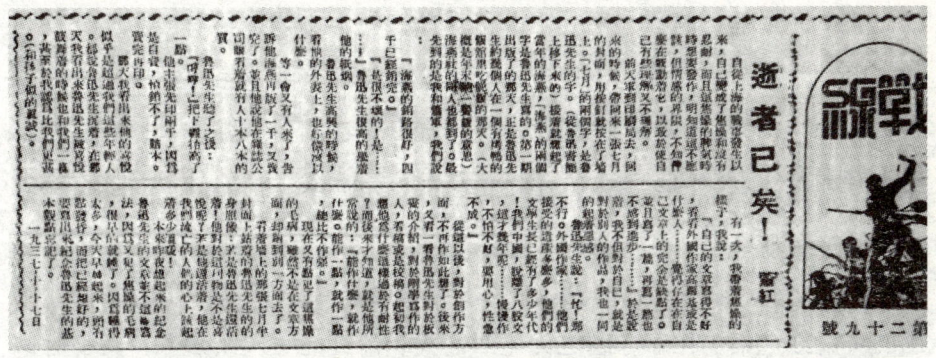

1937年10月20日，《大公报》副刊《战线》第二十九号上刊登的《逝者已矣！》

周年祭前后，萧红连续见诸报刊的三篇文章层层递进，各有不同的侧重，但共同埋在其中的，是萧红心中深深的怀念，浓得化不开。

1938年元旦过后，两萧和端木蕻良、江丰、田间、艾青、李又然等参与了武汉木刻展览的有关筹备工作。之所以参加这个活动，应该还是跟鲁迅有关，因为，这种在木上刻图画的艺术一向是先生最欣赏最关注的。鲁迅生前许多跟美术有关的活动都直接关涉木刻，他生前最后一次参加的活动，就是赴八仙桥青年会参观"中华全国木刻第二回流动展览"，并和青年木刻家们交流，那一天是1936年的10月8日，距鲁迅病逝的10月19日仅10天左右。胡风的朋友在湖北通志馆提供了场地，据胡风说："这是抗战期间在国统区开的第一次全国性的木刻展览会。"[2]

---

[1] 萧红：《逝者已矣！》，《萧红全集》第四卷，哈尔滨：黑龙江大学出版社，2011年5月，179页。
[2] 胡风：《在武汉——抗战回忆录之二》，《新文学史料》，1985年第三期。

第三节　和聂绀弩讨论小说学

聂绀弩是两萧的朋友,他们相识在上海,是通过鲁迅先生招集的饭局认识的;后来也曾一起办过《海燕》,但限于种种原因,那时交往并不太多。后来大家都到了武汉,1938年2月初,又一起从武汉奔赴山西临汾的民族革命大学(简称"民大"),受邀担任"文艺指导";在那个草创的"民大"里,一切都远未规范,所以这些被请来的专家、学者都没有多少具体的"教务",相对来说比较悠闲,又住在同一个院子里,在这里,聂绀弩和萧红之间的交流大大超过了从前;再后来,他们又一同随丁玲的"西北战地服务团"去了西安。

萧红去世多年之后,1980年聂绀弩应邀撰文,为人民文学出版社所出的《萧红选集》作序,题之为《回忆我和萧红的一次谈话》,其中对这一时段中他和萧红之间比较深入的谈艺论文有详细记载。因为都是作家身份,谈话的内容自是离不开创作,在聂绀弩的记忆里,在他富有感情的笔端,在他和萧红的那些谈话中,印象最深的部分,依然是和文艺有关,和鲁迅有关的。

湖北才子聂绀弩,桀骜不驯,特立独行,文风犀利,奔放不羁,和鲁迅、胡风一样,聂绀弩也非常欣赏萧红的才情,加之当时两萧感情告急——据说在那前后他自己的生活貌似也遇到了类似的问题,他在和萧红的谈话中,自然有着他自身的想法和感触。他不希望萧红陷入和"某人"的感情纠葛,觉得那对她来说并不是一条被看好的路,所以就拿李汝珍的小说中武则天科举选才女说事儿,并说她若去应试,定不会排名靠后云云。孰料,对这般类似奉承的话,萧红并不领情,反倒觉得自己不被理解,她直言聂绀弩的说法"错了",因为她说自己不是《镜花缘》中人,

第十六章　逃亡路上忆和念

而是《红楼梦》里的人。搞得聂绀弩一头雾水之后，萧红坦言自己就是曹雪芹笔下那个学诗的香菱，近乎痴迷，废寝忘食；虽然有些禀赋，但以为她是不学而能，文章提笔就来却是大错，她强调自己更像香菱在梦里也做诗一样，她是在梦里也写文章的，就是说极其投入，极其用心，不过不曾向别人诉说，别人也不知道罢了。

在这样的谈话中，鲁迅自然是不可绕过的，那是萧红和聂绀弩共同的导师和偶像，但萧红对有关问题独到的看法，却很出乎聂绀弩的意外。

当时有一种比较流行的说法，是说萧红的散文写得好，小说倒不见得怎样；对此，萧红自己并不以为然，甚至也不服气，她觉得这种近乎挑剔的说法无非是说她的小说跟别人不一样，不符合一些人的写作理念，她对如何写小说有着自己的想法，所以表达了下面的观点：

> 有一种小说学，小说有一定的写法，一定要具备某几种东西，一定写得像巴尔扎克或契诃夫的作品那样。我不相信这一套。有各式各样的作者，有各式各样的小说。若说一定要怎样才算小说，鲁迅的小说有些就不是小说，如《头发的故事》、《一件小事》、《鸭的喜剧》等等。[1]

接着萧红还表示自己要写《阿Q正传》、《孔乙己》之类的小说，至少会在长度上超过鲁迅——这样的理想和抱负说明彼时的萧红，在文学之路上还是满怀豪情的。在她看来，有出息的作家，根本不应该一味地膜拜权威，哪怕这个权威的名字叫鲁迅；要想做一个优秀的作家，创作上一定要有自己的特色。

老聂听完萧红一席话，很是惊讶，他开玩笑地说萧红你今天可是把鲁迅贬得不轻，可是你知道，他有多喜欢你呀！

---

[1] 聂绀弩：《回忆我和萧红的一次谈话》，《新文学史料》，1981年第一期。

萧红对鲁迅的小说也有自己的见解,她认为:

> 鲁迅的小说的调子是很低沉的。那些人物,多是自在性的,甚至可说是动物性的,没有人的自觉,他们不自觉地在那里受罪,而鲁迅却自觉地和他们一齐受罪。如果鲁迅有过不想写小说的意思,里面恐怕就包括这一点理由。但如果不写小说,而写别的,主要的是杂文,他就立刻变了,从最初起,到最后止,他都是个战士、勇者,独立于天地之间,腰佩翻天印,手持打神鞭,呼风唤雨,撒豆成兵,出入千军万马之中,取上将首级如探囊取物!即使在说中国是人肉的筵席时,调子也不低沉。因为他指出这些,正是为反对这些,改革这些,和这些东西战斗。[1]

聂绀弩把这番说辞理解为在小说和杂文领域,分别有着不同的鲁迅,就是说,鲁迅竟是两个鲁迅;但萧红笑着告诉他,中国现在有一百个鲁迅、两百个鲁迅也不算多。

这番讨论也让聂绀弩头一次见识了萧红"这么能扯",让他有一种须刮目相看的讶异。

于是乎,他们还有下面的对话,这是萧红对鲁迅的推崇加理解,也是对自己的分析和解剖。

> 我说:"萧红,你说鲁迅的小说的调子是低沉的。那么,你的《生死场》呢?"
>
> 她说:"也是低沉的。"沉吟了一会儿,又说:"也不低沉!鲁迅以一个自觉的知识分子,从高处去悲悯他的人物。他的人物,有的也曾经是自觉的知识分子,但处境却压迫着他,使他变成听天由命,不知怎么好,也无论怎样都好的人了。

---

[1] 聂绀弩:《回忆我和萧红的一次谈话》,《新文学史料》,1981年第一期。

这就比别的人更可悲。我开始也悲悯我的人物，他们都是自然奴隶，一切主子的奴隶。但写来写去，我的感觉变了。我觉得我不配悲悯他们，恐怕他们倒应该悲悯我咧！悲悯只能从上到下，不能从下到上，也不能施之于同辈之间。我的人物比我高。这似乎说明鲁迅真有高处，而我没有或有的也很少。一下就完了。这是我和鲁迅不同处。"[1]

从这里我们可以清楚地看到萧红对鲁迅的态度，还有她把自己和鲁迅所做的观照；萧红看到鲁迅高于自己所写的人物，而她却是低于自己所写的人物，这是多么大的差距啊，足以让她努力一生，真是清醒极了——这样的清醒在她短暂的写作生涯中是一以贯之的。

第四节　师从鲁迅的文学观

在鲁迅身边的日子里，在萧红有意无意的观察和学习中，潜移默化，她受到多层次的熏陶和启迪，使她在思想和艺术方面更加成熟，这些熏陶和启迪，对她文学理念的形成和发展都有不可忽略的作用。只是她的作品中很少见到这类观念的表达，倒是在另外的场合有所披露，在这样的表达和披露中，我们不难看出鲁迅对她的影响。

《七月》在武汉复刊后，主编胡风想把它办得更好更有新意，他不仅发表文艺作品，还制定了一项富有创意的新举措，那就是不定期举行文艺座谈会，让大家就生活和创作的所有问题，各抒己见，自由发言。关于这样做的初衷，胡风后来回忆称：

> 约集几个愿意谈谈感想的人谈谈。不设具体的理论项目，自由地交换意见，促进对问题的关心，互相吸取经验，正确地对

---

[1] 聂绀弩：《回忆我和萧红的一次谈话》，《新文学史料》，1981年第一期。

待具体生活问题和创作实践问题,认真地正视生活和读者的要求,检查自己,希望把工作做得更好一点。不作结论,就是留给作者和读者主动地对待问题。[1]

正是在这种宽松自由的氛围中,萧红前后两次参加了《七月》杂志社的文艺座谈会。

1938年1月中旬,《七月》召开第一次座谈会,题为"抗战以后的文艺活动动态和展望",大家积极发言,气氛热烈。萧红在其中的发言更是与众不同,显示了她对文学创作的深刻思考。她既不同意有人所持的只有到前线才有好作品的说法,也不同意说留在后方就是和生活隔离:

> 我看,我们并没有和生活隔离。譬如躲警报,这也就是战时生活,不过我们抓不到罢了。即使我们上前线去,被日本兵打死了,如果抓不住,也就写不出来。[2]
>
> 譬如我们房东的姨娘,听见警报响,就骇得打抖,担心她的儿子,这不就是战时生活的现象吗?[3]

此番发言虽然不长,却表达了萧红在创作上的一贯主张,即作者生活环境里发生过或正在发生的一切,都可以成为他创作的来源,不管是平时还是战时,也不管你是在前线还是在后方,它都取决于作者对生活的观察能力和把握程度,就看你是"抓得住"还是"抓不住"。

三个月以后,萧红从武汉到西北又回到武汉,且已经历了与萧军分手并与端木蕻良结合的生活变故。4月29日,她又参加了《七月》杂志社举办的第三次座谈会,这次座谈会的主题是"现时文艺活动与《七月》",依然是自由讨论,畅所欲言的会风。

萧红在座谈中阐述了自己对有关问题的观点。针对当时非常流行的

---

[1] 胡风:《在武汉——抗战回忆录之二》,《新文学史料》,1985年第三期。
[2] 《萧红谈话录(一)》,《萧红全集》第四卷,哈尔滨:黑龙江大学出版社,2011年5月,435页。
[3] 《萧红谈话录(一)》,《萧红全集》第四卷,哈尔滨:黑龙江大学出版社,2011年5月,439页。

第十六章 逃亡路上忆和念

"战场高于一切"的说法,她表示了自己不同的看法:

> 胡风对于他自己没有到战场上去的解释,是不是矛盾的?你的《七月》编的很好,而且养育了曹白和东平这样的作家,并且还希望再接着更多的养育下去。那么,你也丢下《七月》上战场,这样是不是说战场高于一切?还是为着应付抗战以来所听惯了的普通的口号,不得不说也要上战场呢?[1]

萧红认为在战时,每个人都各尽其能,努力做好自己的工作,就是对抗战最大的支持,并不一定无论什么人,都要上战场。

说到题材,她也亮明自己的观点:"一个题材必须要跟作者的情感熟习起来,或者跟作者起着一种思恋的情绪。但这多少是需要一点时间才能够把握住的。"[2]这是萧红自身经验的总结和阐述,在她的写作实践中,她所写的得心应手的作品题材,无一不是她自己熟悉的和有感情的;这种理论同时也符合艺术的创作规律,不用时间去体验生活,不潜沉下来构思作品,而为着流行趋势去写一些应景的东西,急功近利,难免生硬,也不会有好的作品产生。这与鲁迅所说的"创作总根于爱"的观念也是相通的。

当时抗战和救亡是压倒一切的主题,原本固有的阶层组合发生了很大变化,针对奚如的观点,萧红也非常坦率地表达了自己的看法:

> 关于奚如对于作家在抗战中的理解,我有意见的:他说抗战一发生,因为没有阶级存在了。他的意思或是说阶级的意识不鲜明了,写惯了阶级题材的作家们,对于这刚一开头的战争不能把握,所以在这期间没有好的作品产出来,也都成了一种逃难的形势。作家不是属于某个阶级的,作家是属于人类的。现在或是过去,作家们写作的出发点是对着人类的愚昧![3]

---

[1][2][3]《萧红谈话录(二)》,《萧红全集》第四卷,哈尔滨:黑龙江大学出版社,2011年5月,460页。

萧红强调作家的人类属性，她力主"作家写作的出发点是对着人类的愚昧"，这是她高人一等的认知和取向，其内核也与鲁迅"改造民族灵魂"的精神一脉相承。鲁迅"改造民族灵魂"的文学观，影响了整整几代作家，而他也许正是从这个角度认可并嘉许萧红文学创作的终极价值。萧红与鲁迅在文学中从理念到实践的所作所为，思想源头应该是更接近新文学之初的启蒙理想。

这是一个卓越的表达，卓越到具有恒久意义！联系到当时救亡的主题，更是难能可贵。这种作家"不是属于某个阶级"，而是"属于人类的"；无论现在或是过去，作家们写作的出发点是"对着人类的愚昧"的理念，就是放在今天，也并不过时；这样的思想深度，是萧红的作品得以超越时代、迄今仍拥有广泛读者的重要原因。

这种主张的公然表达，表明萧红已经具备相当成熟的创作思想，她随后的那些杰出的作品也直接间接地佐证了这一主张；也许这种主张还不够完善，还需在实践中不断提升，怎奈天不假年，我们无法分享萧红在文艺理论上的更高建树了。

第十七章 山城重庆

第一节 要筹办名为《鲁迅》的刊物

  随着"八一三"的炮火撤离上海后,萧红就奔波在逃难路上,武汉、临汾、西安再到武汉、重庆,一路南去,她的身体仍不时出状况,很多事情都无暇兼顾;但身在"孤岛"的许广平和海婴却一直是她非常惦念的,各种与鲁迅有关的事也总是放在心头。

  1939年3月14日,萧红复信许广平,此前,许广平曾有信给萧红,嘱咐她收集一些重庆纪念鲁迅逝世两周年的有关报刊,并在信中澄清了传说已久的1938年12月上海霞飞坊着火,许宅被烧的说法,在重庆的萧红看到这封信,悬着的心才算是放了下来;她在回信中还告知许广平,"关心这件事情的人太多,延安和成都,都有人来信问过"。

  然后就说到鲁迅两周年之祭重庆的活动,虽然开了会,但萧红并没去参加,用她自己的话说就是"不能去参加","那理由你也是晓得的"——萧红当时正以重孕之身在江津的白沙待产,且产下的男婴几天后夭折。许广平在信中让她收集一些当时报纸纪念鲁迅的有关文章,她觉得虽然已经过了两个月,但怕许广平手里的贴报簿仍没有重庆的有关内容,所以还在收集着,也担心不能收集得快、收集得全。萧红在信中表达了诚恳的自责,怪自己做事不留心,应该当时就收集而不是要等到后来再去找。

  在同一封信中,不仅有解释和抱歉,还有更重要的想法沟通:为了配合上海的《鲁迅风》，更为了纪念她心中的恩师，他们想要在重庆办一个刊名为《鲁迅》的杂志。

1939年1月，一份叫作《鲁迅风》的杂志，在冷清的"孤岛"上海创刊，由金性尧、王任叔等发起主办，以刊登小品、杂文、随笔、散文为主，以研究、学习、继承、发扬鲁迅精神遗产，抨击时弊和反对日军侵华为宗旨。这个刊物的出现，使得沉闷已久的上海滩气氛略显生机。

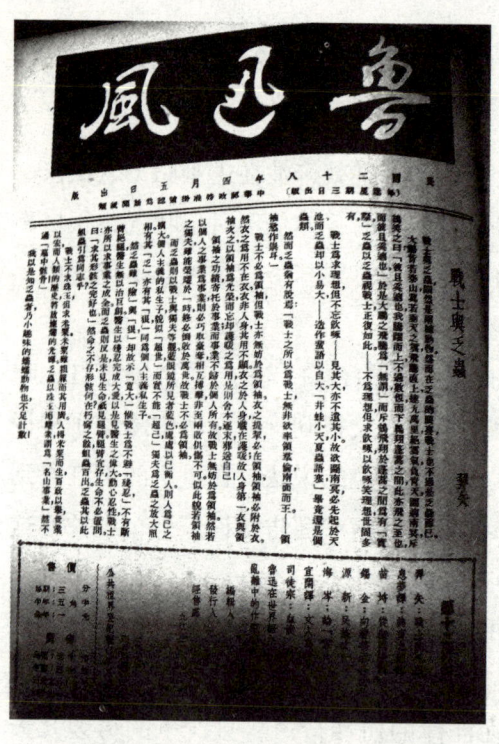

1939年4月《鲁迅风》第十二期封面

受到《鲁迅风》的鼓舞，也想配合这个杂志的传播，萧红在信中谈到他们想象的这本筹划中的刊物。她告之许广平，说自己打算给《鲁迅风》写稿。而他们想办的那本名叫《鲁迅》的刊物，至今还未能出来；因为想到鲁迅去世之后，算算自己做的事情太少，难免心急起来，她坦诚自己有些太着急了，不该打算出得那样急，不应该赶鲁迅两周年的时间段；要办一个杂志是多么复杂的一件事，那样的着急只能是应了"欲速则不达"的老话。

但跟《鲁迅》有关事宜，一直都在萧红脑海里萦绕着……在向许广平通报的信里，那真是不厌其详；不仅只是概略地想想，而是已经有着非常具体的设计和打算：

> 所以这刊物我始终计算着，有机会就要出的。年底看，在这一年中，各种方法我都想，想法收集稿子，想法弄出版关系，即最后还想自己弄钱。这三条都是要紧的，尤其是关于稿子。这

第十七章 山城重庆

刊物要名实合一，要外表也漂亮，因为导师喜欢好的装修（漂亮书），因为导师的名字不敢侮辱，要选极好极好的作品，做编辑的要铁面无私，要宁缺勿滥；所以不出月刊，不出定期刊，有钱有稿就出一本，不管春夏秋冬，不管三月五月，整理好就出一本，本头要厚，出一本就是一本。载一长篇，三两篇短篇，散文一篇，诗有好的要一篇，没有好的不要。关于周先生，要每期都有关于他的文章。研究，传记……[1]

萧红在信中已向许广平约稿，请她做传记的工作——写回忆文章，还要请茅盾、台静农来写稿，而且文章越长越好，因为在她看来，研究导师的文章是非长文不够用的。

导师的长处，我们知道得太少了，想做好人是难的。其实导师的文章就够了，绞了那么多心血给我们还不够吗？但是我们这一群年轻人非常笨，笨得就像一块石，假若看了导师怎样对朋友，怎样谈闲天，怎样看电影，怎样包一本书，怎样用剪子连包书的麻绳都剪得整整齐齐。那或者帮助我们做成一个人更快一点，因为我们连吃饭走路都得根本学习的，我代表青年们向你呼求，向你要索。

我们在这里一谈起话来就是导师导师，不称周先生也不称鲁迅先生，你或者还没有机会听到，这声音是到处响着的，好像街上的车轮，好像檐前的滴水。[2]

这封书简，是萧红写给许广平的信，发表时只刊出了前半部分，后半部分被略去。

从信中不难看出，萧红对这本拟办的刊物是非常认真地琢磨过，同时也很投入地想做成这件事，你看她有多用心：

---

[1][2] 萧红：《致许广平》，《萧红全集》第四卷，哈尔滨：黑龙江大学出版社，2011年5月，400—401页。

各种方法我都想；

收集稿子、弄出版关系、还想自己弄钱；

这刊物要外表也漂亮，因为导师喜欢好的装修（漂亮书）；

要选极好极好的作品，要宁缺勿滥；

不出月刊和定期刊，有钱有稿就出一本，本头要厚，出一本就是一本；

载一长篇，三两篇短篇，散文一篇，诗有好的要一篇，没有好的不要；

关于周先生，要每期都有关于他的文章。

筹划得真是具体，这刊物仿佛已经呼之欲出了。但是，这份在萧红的心目中非常美好的刊物，最终还是没能出成。那时在国统区，要办一个刊物，须过很多关卡，登记、审批；还有纸张、印刷、发行和投递等方方面面的问题，当然，最重要的前提还是要先有足够的财力支撑；这些必不可少的要素都是让萧红望"刊"兴叹的，无论从哪方面来说都力不从心。

这是萧红成年之后在写作之外，极少数自己主动想做，却并不擅长的事情，之所以这般忘我地投入，认真地考虑，"要选极好极好的作品"，"各种方法我都想"，除了是对鲁迅知遇之恩的回馈和反哺，恐怕再没有别的解释。

自己的杂志没能出，她还是用自己的方式支持着上海的许广平，除了这封"乱离中的作家书简"，她在6月份所写的控诉战争暴行的散文《轰炸前后》，8月20日被见于第十八期《鲁迅风》；9月5日，第十九期《鲁迅风》又刊出了萧红散文《长安寺》，这是《鲁迅风》杂志的最后一期，随后即已停刊。

第二节 系列回忆美文的诞生

1939年5月间,萧红随端木蕻良搬到了嘉陵江畔的黄桷镇,黄桷镇与北碚隔江相望,北碚是距重庆西北方向大约50公里的一个市镇;当时从上海西迁的复旦大学就坐落于此。他们之所以能搬到这里,也得益于复旦教务长孙寒冰的安排,因为端木当时在复旦大学兼有教职。

大约在这前后,萧红已经着手写作系列回忆鲁迅的文章,因为先生三周年的忌日快到了。这样的写作既是她的个人心愿,也是应了多家报刊的稿约。

流经北碚的嘉陵江

鲁迅逝世时,萧红人在东京,她的哭声虽不能和大家的哭声"混在一道",但有一篇《海外的悲悼》遥寄哀思;周年祭时,她在武汉连发几篇追忆文章;两周年祭时,她人在江津待产,身不由己,力不从心,只能远观纪念的动态;眼看就是三周年了,她心中的思念和忧伤无法遏制地与日俱增。想到自己三年来所经历的生活剧变,想到鲁迅对自己的知遇之恩,在这相对安静的大后方，与大陆新村有关的上海往事不断在脑海中涌现，与鲁迅一家朝夕相处的情景不时浮现，先生生活中的一些细节经过时间的过滤，变得越发清晰挥之不去，她沉浸在这种对往事的重温之中，沉浸在痛失良师的伤感之中……这里面，有相知相惜的温暖和大爱，也有生离死别的哀恸与怅憾……

悠悠岁月，荡不尽绵绵心痛。

重庆北碚，内迁的复旦大学旧址

那一段时间，萧红的身体状况依然不是很好，产后的虚弱尚未完全恢复，又出现肺病的症状，物价飞涨，营养不良，她怕精力和体力均不争气耽误截稿的时间，就请了当时复旦大学的学生姚奔帮忙做部分记录。据姚奔后来回忆，那时，他们连续几天，"在黄桷树镇嘉陵江畔大树下的露天茶馆，饮着清茶，她望着悠悠的江水，边回忆边娓娓动听地叙述着她在上海接受鲁迅先生教益的日子。我边听边记，她根据我的记录，整理成文。"[1]

---

[1] 丁言昭：《萧红传》，南京：江苏人民出版社，1993年9月，225页。

第十七章 山城重庆

多年之后,我们一读再读这部《回忆鲁迅先生》,依稀还能感觉到它仍然保留着一点口述文学的痕迹。

1939年9月22日,萧红的回忆散文《鲁迅先生生活散记——为纪念鲁迅先生三周年祭而作》完成,10月1日刊于重庆《中苏文化》第四卷第3期;10月14日起,此文以"本报特约稿"连载于新加坡《星洲日报》副刊《晨钟》,当时主持《晨钟》副刊的郁达夫为此撰写附言云:"本篇系编者向重庆特约萧先生为纪念鲁迅逝世三周年纪念所作之稿件,本拟于十九日专号上发表,但因全文过长,一二次登载不了,故先期披露。萧先生所记者,系鲁迅晚年的生活,颇足以补我《回忆鲁迅》之不足,请读者细细玩味,或能引起其他更多关于鲁迅的记述,那就是我的希望了";11月1日,它又被见于武汉由茅盾主持的《文艺阵地》第四卷第一号"鲁迅先生逝世三周年纪念特辑"。

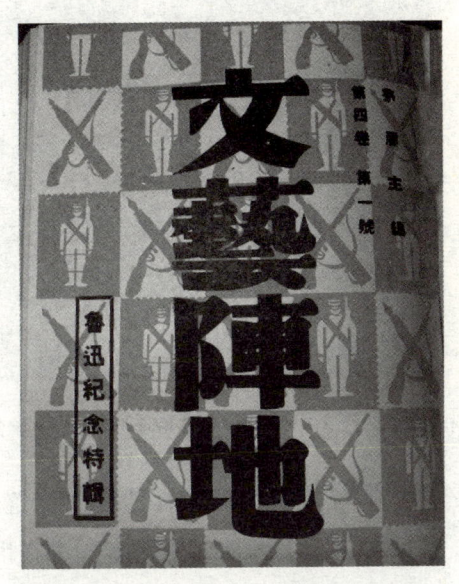

1939年《文艺阵地》第四卷第一号封面

10月18日至28日,萧红的《记忆中的鲁迅先生》在香港《星岛日报》副刊《星座》第427—432号与读者见面;12月中,此文易名《鲁迅先生生活忆略》,发表于上海出版的《文学集林》第2辑《望——》;也许是读者和编辑都太喜欢这篇文章了,不久之后,1940年6月10日,《鲁迅先生生活忆略》又被上海《艺风》杂志第二期全文转载。

10月20日,《记我们的导师——鲁迅先生的生活片断》(回忆录),发表于桂林由叶圣陶主编的《中学生》战时半月刊第10期。

 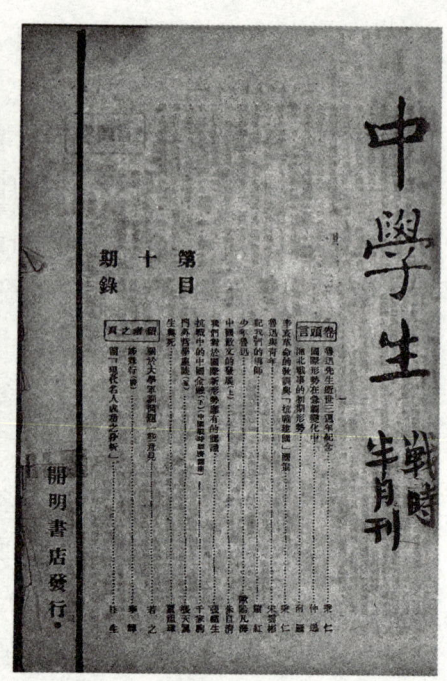

1939年10月《中学生》战时半月刊第十期

整合以上各篇内容的《回忆鲁迅先生》整体完稿，大约在当年的10月下旬；书中的大部分内容，都在以上的篇目中发表过；萧红把整理好的稿子寄往上海请许广平审订。当时重庆的"妇女生活社"有意要为它出单行本，但萧红觉得总字数较少使这个小册子有点单薄，就征得正在重庆的鲁迅好友许寿裳先生的同意，把他此前所写的《鲁迅的生活》一文收编进去；后又征得许广平同意，把她所写的《鲁迅和青年们》也收入其中。

《回忆鲁迅先生》一经问世，久盛不衰。自鲁迅上海病逝七十余年，回忆和纪念文章可谓汗牛充栋，但这篇《回忆鲁迅先生》无疑可在其中执牛耳；在现代文学怀人散文这个小小的百草园里，它也堪称花中魁首。

萧红无与伦比的细节描述，带我们走进大陆新村，那里有——

鲁迅先生明朗的笑声；

鲁迅先生走路很轻捷；

他对衣饰色彩搭配的见解；

第十七章 山城重庆

夜半送客嘱许先生付钱；

喜欢北方饭；

每饭后必吃"脾自美"胃药；

大人包水饺在旁闹得起劲的海婴；

贩卖精神私货的"商人"；

鲁迅先生的穿戴习惯；

佩服珂勒惠支的画；

许先生忙着家务跑来跑去；

家里的洗澡间，有时摆着校样纸；

夜间看完电影等车，先生坐在路边和一个乡下的安静老人一样；

先生家不同用途的两种纸烟；

坐在椅子上翻一翻书就是休息了；

喜欢吃一点酒，多半是花雕；

踢"鬼"的故事；

不轻易否定海婴的话；

亲自动手包书，绳头剪得整整齐齐；

客厅里，长桌上绿豆青色的花瓶；

卧室里，许先生做的白布刺花围子、八仙桌、藤椅、立柜、装饰台上的玻璃养鱼池；

写字台上，烧瓷的笔架、烟灰盒、茶杯、带绿灯罩的台灯；

热闹的厨房；

客厅的书架；

海婴公子的玩具橱；

病中的先生，"目力是疲弱的，没有一些呻吟"；

许先生哭了；

许先生的衣裳都是旧的，纽扣洗脱了，买东西到最便宜的店铺去；

处处俭省，把俭省的钱，都印了书和印了画；

海婴在玩一大堆黄色的小药瓶,并向小朋友夸耀;

七月里,鲁迅先生又好些;

他以为自己好了,别人也以为他好了。准备冬天庆祝先生工作三十年;

又过了三个月,病又发了,又是气喘;

十七日,一夜未眠;

十八日,终日喘着;

十九日下半夜,人衰弱到了极点。天将发白时,先生就像平日一样,工作完了,他休息了。

用了这样长的篇幅来回忆晚年鲁迅,对其思想、治学、政治主张和影响力等"宏大"的方面却避而不谈,不同于绝大多数回忆中的"高大上",文中所述,除了细节还是细节,运用这些似乎上不了台面的"小事",把"大陆新村九号"内中场景一一激活,呈现给读者的,是一个血肉丰满的人间鲁迅,凸显出的是一个立体的活的鲁迅,这种细致入微的观察和记忆,这种还原和凸显,全凭萧红的法眼,无人可以替代。某种程度来说,晚年的鲁迅只有在这篇文章里才是鲜活的,立体的,血肉丰满的;或者说,鲁迅活在萧红隽永的文字里。

此忆完全是大家手笔。不加任何修饰的文字,结实饱满,充满着原生态独具的活力和张力;从容不迫的叙述风格,简约大气,温暖和亲切扑面而来。

通篇不着一个"爱"字,却倍感一往情深;不闻呼天抢地的悲声,深植骨髓的思念和痛感却长驱直入直抵内心;如今,这篇至美的怀人至文,穿越七十多年的时空隧道,依然发散着钻石般醉人的光芒。一读再读,依然令人动容。

那里有最真挚的情感,最虔诚的感恩,那是心思极重的萧红用慧心,用妙笔,用源自心泉的血水和泪水编织的,奉献于先生灵前的最最素洁的花环!

第十七章　山城重庆

第三节　枇杷山与塔斯社记者谈鲁迅

萧红自幼生活在东北，其文学谱系和创作基因里，除了祖父给予的古典文学启蒙，还有哈尔滨这个国际大都市多元文化的必然影响。在早期，由于地缘的限制，萧红更多的是受到俄罗斯文化的熏陶；到上海后，在鲁迅的影响下，她和萧军结识了史沫特莱、鹿地亘等人，但与最早影响到他们的俄苏文化界，却一直都没有直接接触，尽管他们早年在哈尔滨时曾在朋友的赞助下学过俄文。

直到1938年逃难到重庆后，萧红见到了塔斯社记者B.H.罗果夫。

罗果夫是俄罗斯人，苏共党员，1937年起任塔斯社驻中国记者，热心中国文化并致力于中苏文学的交流。1938年"中华全国文艺界抗敌协会"在汉口成立时，他以国际代表身份出席。国民政府把重庆作为陪都后，他成为国宣处新闻发布会的固定听众。罗果夫为人豪爽，平易随和，与许多中国文化界人士都建立了友谊。

1938年年底，萧红和端木蕻良在重庆结识了罗果夫，据说当时的罗果夫是苏联驻华大使馆文化参赞、塔斯社远东分社的社长。据罗果夫后来回忆，他很高兴见到了鲁迅的两位亲密朋友：俄国文学翻译家曹靖华和女作家萧红——"我们商约好以后再见面，在这遥远的重庆，我要找机会同他们碰头，继续收集有关鲁迅生平的材料。"

后来，在罗果夫和萧红之间有过一些断断续续的访谈，访谈的内容自然关乎文学，创作，但更多更具体的问题是跟鲁迅有关的。

根据罗果夫的提问，萧红介绍了她和萧军到上海后，与鲁迅先生第一次见面的情况；还有鲁迅第一次请他们吃饭的经过；更重要的是鲁迅帮他们看稿（指《八月的乡村》和《生死场》）并分别写了序言，还帮助他们的作品最终出版；而正是这两部作品的出版使他们在上海一举成名。

萧红还介绍了鲁迅一家当时生活来源等情况，只有稿费，再无其他；还有他和上海文化圈子里的一些恩怨和亲疏，和《译文》杂志、《文学》杂志的关系；鲁迅的病情等等。

应了罗果夫的邀问，萧红特别谈到了"鲁迅同瞿秋白的关系"，她说他们是"最亲密的朋友"，"他们是志同道合者"，鲁迅始终认为瞿秋白是中国人里的最优秀者；他的牺牲在文化方面的损失是无法弥补的。瞿秋白遇害后，周围的人都尽量避免谈到他，以免引起鲁迅的悲伤。

在回答"中国人中间有谁比较了解鲁迅的生平？"这个问题时，萧红说，首先是他的同乡许寿裳教授和教育总长蔡元培教授，他们是鲁迅的老朋友，了解他早年的生活，曾一起学习或一起工作过。还有就是他的妻子许广平女士和两个弟弟周作人、周建人，鲁迅与周作人在思想上很早就有分歧；而周建人不大过问政治，对文学也不感兴趣。还特别提到一位叫台静农的作家，另有散文家许钦文和他的妹妹许羡苏等人。

此外，又特别强调比较了解鲁迅的还有俄文教授曹靖华，他是一位著名的俄罗斯文学和苏联文学的翻译家；再者，瞿秋白对鲁迅上海时期的情况比所有的人都更知情，本来他是适宜的出色的鲁迅传记的作者，但已经牺牲；现在比较了解鲁迅的老朋友还有文学家冯雪蜂。

跟这些访谈有关的记录，后来被罗果夫整理为《回忆我搜集鲁迅材料的时候》一文；此文后来被译成中文，刊登在1981年第15期《文学研究动态》（此为内部刊物）；1982年3月出版的《东北现代文学史料》第四辑里，曾以《记萧红的谈话》为题，摘选了其中的有关内容。但许是年代久远等原因，现在看来，此文误记甚多，很多说法与事实出入较大。

1939年10月19日，重庆文化界举行鲁迅逝世三周年纪念会，罗果夫与会并发言介绍鲁迅在苏联的影响，这次纪念会由胡风邀请国民党元老邵力子做会议主席。

第十七章　山城重庆

1939年11月，苏联驻华大使馆要举行庆祝"十月革命"纪念活动，他们向萧红和端木蕻良发函，邀请他们到枇杷山参加大使馆举行的招待会。招待会上罗果夫向他们表示，要翻译、介绍他们的作品给苏联读者，希望两人给予协助，萧红和端木蕻良欣然答应下来。

20世纪40年代，罗果夫曾将鲁迅的作品译成俄文结集发表；后来，他还翻译了端木蕻良的《风陵渡》、茅盾的《林家铺子》、萧红的《莲花池》等小说，合集成《中国短篇小说选》，将之译介到苏联国内，促进了中苏文学之间的借鉴和交流。

罗果夫也是将萧红作品介绍给俄罗斯读者的第一人。

第十八章　香港的蓝天碧水

第一节　鲁迅六十诞辰的纪念活动

1939年下半年，因为被怀疑附近有一个国军的军火库，北碚一带逐渐成了重点轰炸目标，敌机不仅白天来炸，而且加强了夜袭，晚上往往并不投弹只是盘旋骚扰，俯冲的轰鸣震耳欲聋。

就这样一日数惊，昼夜不宁，随时都会有警笛声，时刻准备着往外跑，日常生活和作息都完全乱了套，人们处在极度恐慌和极度疲惫中，精力和体力均已透支，特别是体质本来就虚弱的萧红，承受力已达到极限。在这种情况下，萧红与端木蕻良决定离开重庆。

1940年1月17日，萧红和端木蕻良乘坐的航班抵达九龙启德机场。

1937年底上海沦陷后，香港成了文化界人士的避难之地，他们从上海、广州、重庆、武汉相继辗转到港；因此，那曾是"文化沙漠"的英属港九，在内地战火纷飞的背景下，演绎出前所未有的文化繁荣。

文化群英会聚香江，上演了不少连台好戏，其中规模最大、最具影响力的，当属纪念鲁迅先生六十诞辰的系列活动。

生于1881年的鲁迅，1940年满五十九周岁，但是中国民间有做虚岁的习惯，因此就策划并发起在这一年隆重纪念先生的花甲冥寿；先生的诞辰之日本是阴历八月初三，由于民国时期已不用夏历，所以上海文化界人士征得许广平同意后，准备在公历8月3日举行有关活动，沪外各地也就照此办理。

与此有关的种种活动，也是萧红在港期间参与最多、投入最多的一项

第十八章　香港的蓝天碧水

盛事。在那之后，她专心写作，参加的社会活动少之又少。

1940年7月，萧红那一部为先生三周年祭而汇集成书的《回忆鲁迅先生》单行本，由重庆妇女生活社出版，这个应运而生的小册子，已是给先生六十诞辰的一份厚礼。

为使纪念活动开展得更丰富多彩，当时的文协理事、香港《大公报》文艺副刊编辑杨刚找到萧红，提议由她写一部关于鲁迅生平的剧本，在纪念晚会上演出；起初萧红有些犹豫，心理准备不足，怕难当此重任，怕没有把握；后来她在端木和朋友们的鼓动下接受了任务，开始写作哑剧剧本《民族魂——鲁迅》。

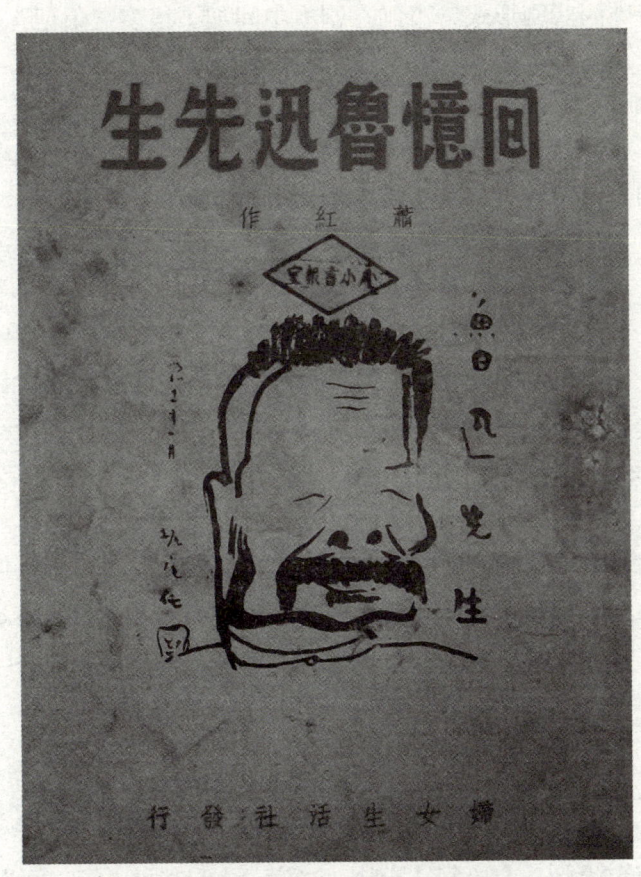

1940年7月《回忆鲁迅先生》初版封面

在写作的过程中，萧红部分采纳了端木的意见，因为端木早年在南开中学就有过话剧创作的经验。所以，某种程度上来说，这个哑剧是他们二人共同创作的作品，以萧红为主，但不可否认端木蕻良的贡献与付出，最后还是由萧红定稿。

但是，这个"费几昼夜的工夫完成了一个严密周详的创作，可惜限于文协的经济情况，人力与时间的局促，这剧本竟不能与观众见面。而由文协和漫协同人参照了萧女士的意见，写成了这一幕四场的哑剧。"[1]

萧红凭借对鲁迅的理解和丰富的想象，用象征手法，把鲁迅作品中的众多形象重新排列、组合、融汇，并以此展现鲁迅的生活与思想。由于哑剧这种特殊的戏剧形式，萧红在剧本中间加了很多"附记"，用来说明道具的制作和舞台效果的把握，她在附录中说明：

> 鲁迅先生一生，所涉至广，想用一个戏剧的形式来描写是很困难的一件事，尤其用不能讲话的哑剧。
>
> 所以我这里取的处理的态度，是用鲁迅先生的冷静、沉定，来和他周遭世界的鬼祟跳嚣作个对比。[2]

这个剧本的特殊之处在于它不仅表现了鲁迅象征着"民族魂"，更是在很大程度上反映着萧红的"鲁迅观"。这个萧红创作中少见的"异数"，自然引起有关学者的注意：

> 这剧本包括的人物、时间、空间都很多，作者不但设计剧情，人物动作，甚至连怎样利用最简陋的物质制造应有道具，也写得明白。由于这剧本形式特别，可说是萧红风格的外一章。[3]

---

[1] 冯亦代：哑剧的试演《民族魂——鲁迅》，香港《大公报》，1940年8月11日。
[2] 萧红：《民族魂鲁迅》，《萧红全集》第四卷，哈尔滨：黑龙江大学出版社，2011年5月，322—323页。
[3] 卢玮銮：《1940年萧红在香港》，香港《明报月刊》，第14卷第11期，1979年11月。

1940年8月3日，下午三点，由"文协香港分会"、"中华全国漫画家协会香港分会"、"青年记者协会香港分会"、"华人政府文员协会"、"中华全国木刻协会香港分会"和"业余联谊社"等团体联合举办的鲁迅诞辰六十周年纪念会在加路连山的孔圣堂举行。

会议由许地山主持，流程如下：

一、宣布开会

二、行礼如仪

三、主席报告

四、萧红女士报告鲁迅先生事迹

五、演讲（张一麐等）

六、歌咏节目（由长虹歌咏队担任）

七、朗诵鲁迅先生作品《热风》第四十九等（文艺协会诗歌组担任）

八、闭会

身着黑色丝绒旗袍的萧红，在会上向大家报告鲁迅的生平事迹，内容"大部系根据先生自传，并参证先生对人所讲述者，加以个人之批评"[1]。

当晚，又举行了纪念晚会：

有长虹歌咏团专为晚会

1940年8月3日，萧红在鲁迅诞辰六十周年纪念会上宣读鲁迅生平

---

[1]《本港文艺团体昨纪念鲁迅诞辰》，香港《大公报》，1940年8月4日。

第十八章 香港的蓝天碧水

排练的献诗；

由工人店员和银行职员组成的"业余联谊会"排演的、鲁迅作品中唯一可以上演的《野草》中的剧作《过客》；

演唱纪念鲁迅先生的歌曲；

然后是田汉编剧、李景波自导自演的《阿Q正传》第五幕；

根据萧红剧本改编的哑剧《民族魂——鲁迅》，扮演鲁迅先生的是上海银行职员张宗祜，由画家张正宇给他化妆后，形神兼备，出色的表现获得了大家的好评；

还有徐迟代表文协诗歌组朗诵《聪明人和傻子和奴才》；

香港何君谱曲的鲁迅诗："惯于长夜过春时……"

演出后，萧红眼含热泪上台答谢演职员。

演出是成功的，满场观众久久不去。

纪念会收到了很好的社会效益，当时有关报纸均有详细报道——

> 昨天的天气这样恶劣，大雨如注地倾下，然而赴会参加纪念的人，并没有因此减少。赴会途中，随处可以看到参加者撑着雨伞，穿着雨衣，顶风冒雨地带着十二分的热忱向孔圣堂走去。
>
> 三时开会的时候，三百多的赴会者一同地肃静下来，许地山先生的开会词，萧红女士的报告鲁迅先生传略，张一麐先生的讲演，徐迟先生的诗朗诵以及长虹歌咏团的唱纪念歌，每字每句都抓着了听众的注意力，并没有像在其他会场中，听众打瞌睡及谈话的现象。讲演者或歌唱者的引人兴趣与否先不必去说它，这只可以说是鲁迅先生的思想、行动在民族革命的思潮中，是继续高涨着，有一种推动的力量存在着。[1]

10月19日，萧红和端木蕻良出席香港文协等团体联合举办的鲁迅先生逝世四周年纪念会。10月21日起，10月31日止，哑剧剧本《民族魂——鲁迅》在《大公报》副刊《文艺》、《学生界》连载。

---

[1] 香港《星岛日报》，1940年8月4日，第三版。

民族魂魯迅 ①

萧紅

（劇情為演出方便，如有更改，須徵求原作者同意。）

一幕　人物

少年魯迅　　何半仙　　孔乙己　　阿Q
當舖掌櫃甲乙　單四嫂子　　王醫　　牽羊人
藍皮阿五　　祥林嫂

第一幕　表演

　　六十年前八月三日，魯迅先生生在浙江省，紹興府，他的父親姓周，母親姓魯，魯迅先生的真姓名叫周樹人，魯迅是他的筆名。
　　他生來記性很強，感覺很敏，生性仁慈，對於人類懷着一種熱愛。他的一生的心血都放在我們民族解放的工作上，他的工作就是想怎樣拯救我們這水深火熱中的民族。但是他個人的遭遇很壞，一生受盡了人們的白眼和冷淡。
　　這啞劇的第一幕是說明魯迅先生在少年時代他親身所遇的，親眼所見的周圍不幸的人羣，他們怎樣生在這地面上來，他們怎樣的求活，他們怎樣的死亡。這裏有庸醫誤人的何半仙，有希望天堂的祥林嫂，有吃揩油飯的藍皮阿五，有專門會精神勝利的阿Q……
　　魯迅小時候，家道已經中落，父親生病，魯迅便不得不出入在典當舖的門口。
　　魯迅看穿了人情的奸詐浮薄，所以從很小的時候，就想改良我們這民族性，想使我們這老大的民族轉弱為強！

第二幕　劇情

　　舞台開幕時，是一片漆黑。
　　黑暗中漸漸的有一顆星星出現了，越來越亮，又漸漸隱蹤去。
　　黑幕拉開，舞台有個高高的當舖櫃台，櫃台上面擺着一個渾圓的葫蘆，一個飯糰大小的一把酒壺。
　　當舖門口西邊有一張桌子，桌裙是一張白布，什麼字也沒有寫，東邊是兩件破棉襖亂放在那裏。
　　近當舖門口有個小石獅子的下馬台，是早年給過路人拴馬用的，下馬石旁邊立着一根紅色的花柱，柱頂上有塊招牌，寫個很大的「押」字。
　　開幕後，啞場片刻。
　　單四嫂子上，手中抱着一個生病的小孩，她顯出非常的疲倦，坐在小石獅子上休息、擦汗、喘氣、嘆息、看視小孩、驚惶、將小孩怒擺的放下，左右找人，沒有，又將小孩愛撫的抱在懷裏。流淚。用手搖小孩，看天，作祈禱的樣子，掠髮、擦汗，又檢視小孩。
　　藍皮阿五上，形狀鬼祟，以背向後退，作手勢和別人講話：手勢表示下面的意思：小傢伙，好凄涼，我明天，和你痛痛快快喝一場………在咸亨酒店，半斤不夠，一個人得喝三斤，明天見………
　　正退在石獅子上，差一點沒有和單四嫂子相撞。

1940年7月，啞劇劇本《民族魂——魯迅》在《大公報》副刊《文藝》、《學生界》連載

第二节 临终之托

萧红和端木蕻良到香港后，与在内地的朋友联系不是太多，但跟文艺理论家华岗却一直有书信往来。他们之间的友情始于武汉《新华日报》创办之时，熟习并相互信任于华岗在重庆乡间"养病"前后，更建立在对鲁迅先生共同敬重的基础上。

华岗与鲁迅的"结缘"更早于萧红和端木蕻良，而且是鲁迅向落难中的华岗施以援手，读鲁迅日记之1933年12月28日可见：

> 上午复静农信。午后收大阪朝日新闻社稿费百，即假与葛琴。[1]

葛琴是左联比较活跃的女作家，当时她的夫君华岗被官府抓捕，关押在山东狱中；鲁迅以刚刚得到的百元稿费"假与葛琴"，用以营救，令人铭感。那时的萧红，还是东方莫斯科商市街一带正在起步的文学青年。华岗与萧红都先后沐浴过鲁迅的恩泽，因此，在他们之间，与鲁迅有关的事情，是一个永远也说不完的话题。

1940年6月24日，萧红在致华岗的信中，提到上海有关方面的打算，关于鲁迅的六十诞辰，端木蕻良在写文章，她也打算做一文章，题目尚未定；还问到华岗在这样的纪念日是否要做文章？如有稿件请寄到《文艺阵地》去，上海方面要扩大纪念，欢迎大家把放在心里的理论和感情发挥出来。

1940年，萧红的《回忆鲁迅先生》单行本出版，她特地赠送华岗一本，并在书上题字："纪念敬爱的导师"。[2]

---

[1] 《鲁迅全集》第十六卷，北京：人民文学出版社，2005年11月，415页。
[2] 华滇珂：《萧红与华岗——谈萧红致华岗的六封信》，《文史哲》，1983年第4期。

1940年8月28日，萧红给华岗回信说："又得那书出版的广告，一并寄上，因为背面有鲁迅纪念生辰的文章，所以不剪下来，一并寄上看看。"[1]

信中说的"那书"是华岗所著《中国民族解放运动史》，见到广告就给朋友寄去，看得出萧红是个重友情之人；仅是因为那背面有纪念鲁迅的文章而舍不得剪下来，"一并寄上"，则体现着她对先师的尊重和感念。

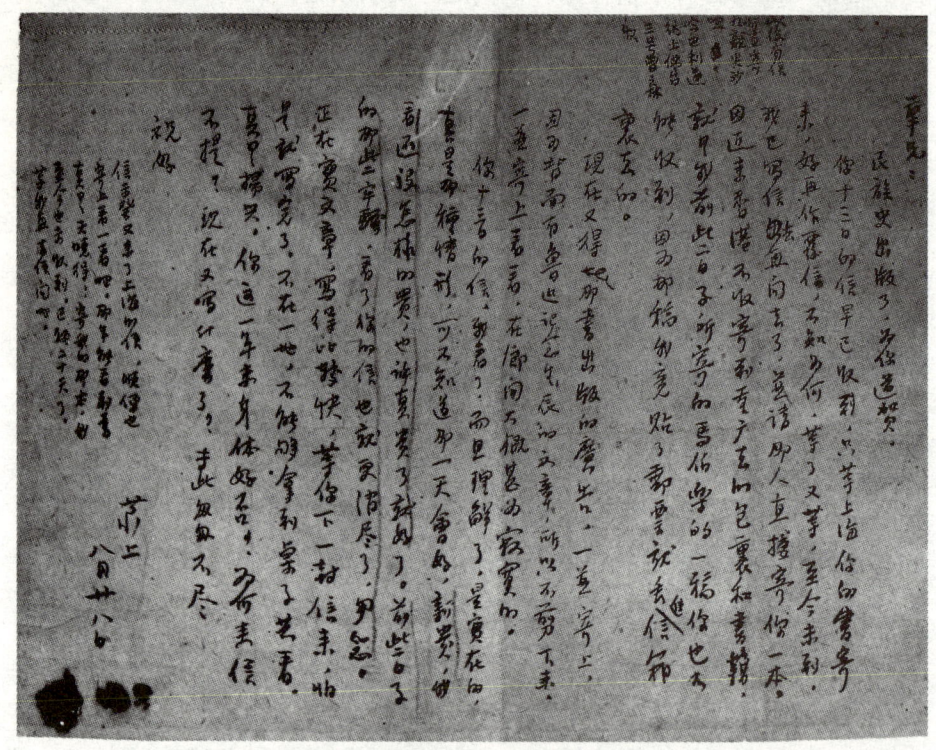

1940年8月28日，萧红致华岗的信

1940年11月，通过"国兴社"社长胡愈之的介绍，萧红和端木蕻良结识了在港的东北民主运动负责人、《时代批评》主编周鲸文先生。周先生早年就读于美国密歇根大学等名校，一向器重文化人，又因都是东北同乡，他们几乎是一见如故，马上就商议由他出资筹办大型文学刊物《时代

---

[1] 萧红：《致华岗》，《萧红全集》第四卷，哈尔滨：黑龙江大学出版社，2011年5月，411页。

第十八章 香港的蓝天碧水

文学》杂志。

1941年6月1日，被称为四十年代"香港唯一巨型文学月刊"的《时代文学》杂志正式和读者见面，约稿作家群英荟萃，多数人都是所在领域里的一流人才，彰显了《时代文学》办刊的气度和胸怀。创刊号上，特意刊登了许广平和海婴在鲁迅六十诞辰时所摄照片，并有许广平写给萧红和端木蕻良的信件之手迹，信中有云："香港来人既多，你们当大热闹一番了，不胜羡煞，不过，萧先生身体美中不足，不知近来可好些没有？为念。"[1]

1942年初，在太平洋战争爆发后的港九，萧红的身体状况迅速恶化；一月中旬又被误诊，手术后刀口感染，持续高烧不退；更由于所住医院被日军接管，被赶至设在圣士提反女子中学的临时救护站，缺医少药，命悬一线；但是萧红心中依然有非常强烈的求生愿望，她对守护在身旁的青年作家骆宾基说自己总有一天，会健健康康地从医院出来，还要写《呼兰河传》的第二部，等等。终于预感到自己来日无多之后，她甚至幻想让骆宾基把她先送到上海，送到许广平身边，此情此景的托付和求助，大概是她一生最后的诉求了。

据端木蕻良后来回忆，萧红临终曾有类似遗嘱的交代：倘若一旦不治，要先葬在一个面向大海的风景区，要用白色的床单包裹，将来如有可能，请把她的骨灰送往上海，葬在恩师鲁迅的墓边。

这真是一个极其沉重的嘱托，沉重到了几乎无法操作和执行。但通过这个处于生死临界点的最后托付，让我们所有人都看到了恩师鲁迅在萧红心灵中、生命中所居的是怎样的一个位置——那是至高无上的，是怎样估测都算不得过分的啊！

---

[1] 香港《时代文学》创刊号，1941年6月1日。

第十九章　袅袅余音

第一节　许广平的萧红之忆

　　1942年1月22日，萧红在香港溘然长逝，端木蕻良尽力妥善处理了萧红的骨灰后，撤离了香港。稍后，他致函上海的许广平先生，告知萧红离世及后事安排，并特别委托她恳请内山完造先生能设法保护萧红在香港的临时墓地。

　　当时的许广平自己正处在危难之中，太平洋战争爆发后，日本对英美不宣而战，日本的军车开进了租界，几天后的凌晨，身着便衣的日本宪兵队十余人，冲进霞飞路霞飞坊许广平的家中，逮捕了她并押解到北四川路日本宪兵司令部，关进恶臭难闻的集体牢房；后又被转送到极司非尔路76号的特务机关"调查统计局"。

　　日本人抓捕许广平，只因为她鲁迅夫人的身份，并据此认定她理应熟悉上海文化界的左翼人士，他们想以她为突破口，将有抗日倾向的上海文人一网打尽。在狱中许广平遭受凌辱、拷打以至电刑等酷刑，被折磨得死去活来。终因找不到任何真凭实据，在被关押76天之后，由内山完造先生将她保释出来。

　　正是在许广平走出鬼门关不久，在"刚刚跳出监狱的虎口，相信活下来的时候，到家里不几天意外地收到端木蕻良先生的简单噩耗，大意说，萧红女士于某月日死了，葬于香港某花园的某处，并且叫我托内山完造设

第十九章　袅袅余音

法保护"。

对于这封信和这样的请求,许广平在后来也有所回应。

想起鲁迅先生逝世时,萧红曾叫人设法安慰她,但是现在,许广平却不知向什么地方表达安慰;不但没有办法安慰,连端木蕻良的这封值得保留的信也被迫销毁。当时因为安全因素,她不敢存留任何友人的来信。她因此感到自责:

> 更其对不住端木蕻良先生的是,我并没有把他的意思转向内山先生请求。因为我觉得萧红女士和上海人初次见面的礼物是:《生死场》。她是东北作家,而又是抗日分子,想来内山先生不会不清楚的。请他"保护",也许非其权力所及。或者能设法了,也于他不便。在我这方面,也不甘于为此乞求他援助,我把这句话吞没了,直至现在才公开出来,算是自承不忠于友。[1]

在这篇《忆萧红》中,许广平还回忆说,她和鲁迅在上海被环境所迫,不得不过着近乎隐居的生活,朋友来的不多,女的更是少有;这使得她常常感到孤寂,心里时常会萌发一些希冀,企望户外声音的到来。而她正是在这样的一种状态下,见到了"两个北方来的不甘做奴隶者。他们爽朗的话声把阴霾吹散了,生之执著,战,喜悦,时常写在脸面和音响中,是那么自然,随便,毫不费力,像用手轻轻拉开窗幔,接受可爱的阳光进来。"[2]

这篇文章刊出之时,日本已经宣布无条件投降,八年的苦难终得结束。不久,《文艺复兴》杂志要出一期专号,悼念战乱中死难的作家,前来约稿;许广平当时心态比上一年更趋从容,于是,就有了这篇更详细更给力的《追忆萧红》。

---

[1][2] 景宋:《忆萧红》,上海《大公报·文艺》,1945年11月28日。

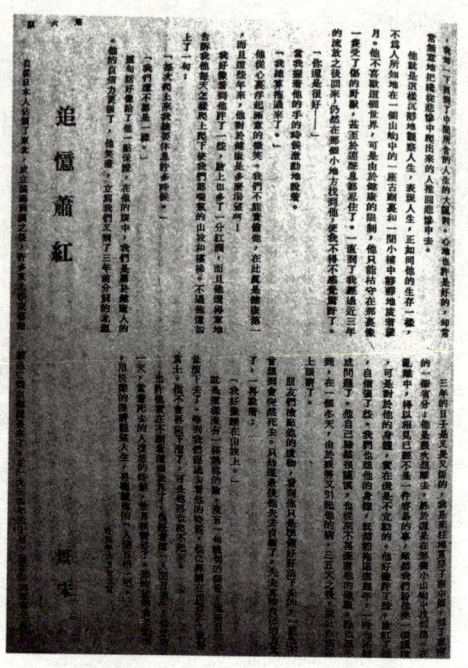

1946年11月《文艺复兴》刊载许广平（署名景宋）的《追忆萧红》

许广平此文从与萧红第一次会面写起，更绕不开作为东北人民向征服者抗议的里程碑的作品——《生死场》与《八月的乡村》，及其带给上海文坛的新奇与惊动；在她看来，《生死场》手法的生动，更显得成熟；所以，每逢和朋友谈起，她总听到鲁迅先生的推荐，认为在写作前途上看起来，萧红先生是更有希望的。

同为女性，许广平和萧红自然有一些私密的话题，她们之间通过许许多多片段的谈话，陆续穿起了彼此身世的大致轮廓。关于两萧的情变，许广平也有自己的观感：

> 他们在患难中相遇，这一段变故是值得歌颂的，直至最后，他们虽然彼此分离，但两方都从没有一句不满的话，作为向

第十九章　袅袅余音

对手翻脸的理由，据我所听到，是值得提起的。[1]

许广平惋惜着萧红的早逝：

> 到现时为止，走出象牙之塔的写作，在女作家方面，像她的造诣，现在看来也还是不可多得的。如果不是在香港，在抗战炮火之下偷活的话，给她一个比较安定、舒适的生活，在写作上也许更有成功。不过如果不是为了战争，她也许不会到香港去，也许不会在这匆匆的人世急忙忙地走完她的旅程，那是可以断定的。[2]

她们也曾讨论如何对付共有的头痛和妇科疾病的困扰，并互相服用彼此推荐的药物。

文末，许广平还用了不少文字记录了萧红的一件侠义行为，是关于救助鹿地亘和池田幸子方面的：

> 在患难生死临头之际，萧红先生是置之度外的为朋友奔走，超乎利害之外的正义感弥漫着她的心头，在这里我们看到她却并不软弱，而益见其坚毅不拔，是极端发扬中国固有道德，为朋友急难的弥足珍贵的精神。[3]

作为鲁迅先生的生活伴侣，作为萧红女士的文学之友，同时也是一个颇具才智的知识女性，许广平近距离地观察到鲁迅与两萧之间，或者说与许多的文学青年之间，究竟是为了什么并怎样地建立起一种密切而牢固的关系，这在某种程度上，解答了众多读者心中的部分疑惑。从这个角度来说，这篇文章最大的看点，应是下面的这段文字：

> 人每当患难的时候遇到具有正义感的人是很容易一见如故的。况以鲁迅先生的丰富的热情和对文人遭遇压迫的不幸，更加速两者间的融洽。为了使旅人减低些哀愁，自然鲁迅先生应该尽

---

[1][2][3] 景宋：《追忆萧红》，《文艺复兴》第1卷第6期，1946年7月1日。

最大的力量使有为的人不致颓唐无助。所以除了拨出许多时间来和萧红先生等通讯之外，更多方设法给他们介绍出版，因此萧红先生等的稿子不但给介绍到当时由陈望道先生主编的《太白》，也还介绍给郑振铎先生编的《文学》，有时还代转到良友公司的赵家璧先生那里去。总之是千方百计给这些新来者以温暖，而且还尽其可能给介绍到外国。那时美国很有人欢迎中国新作家的作品，似乎是史沫特莱女士也是热心帮助者，鲁迅先生特地介绍他们相见了。在日本方面，刚巧鹿地亘先生初到上海，他是东京帝大汉文学系毕业的，对中国文学颇为了解，同时也为了生活，通过内山先生的介绍，鲁迅先生帮助他把中国作家的东西，译成日文，交给日本的改造社出版，因此萧红先生的作品，也曾经介绍过给鹿地先生的。从这里我们可以得知萧红先生的写作能力的确不错，而鲁迅先生的无分成名与否的对作家的一视同仁也是使得许多青年和他起着共鸣作用的重要因素。[1]

第二节　周家子孙话萧红

1945年8月15日，日本天皇颁布诏书，宣布日本无条件投降，至此，灾难深重的八年抗战终告结束，遭遇重创的华夏大地，千疮百孔，百废待兴。当人们从兵荒马乱和惊恐不安中稍稍安定下来，对故人的寻找和怀念便占据了重要位置，得知萧红病逝的消息，许广平痛惜不已，"战争的火焰烧蚀了无数有作为的人，萧红女士也是其中之一个"。

在回忆萧红的文章中，许广平还对自己由于种种原因，没能向内山完造转达保护萧红墓的请求而自责：

---

[1] 景宋：《追忆萧红》，《文艺复兴》第1卷第6期，1946年7月1日。

第十九章 袅袅余音

> 我们往来见面了差不多三四年,她死了到现在也差不多三四年了,不能相抵,却是相成,在世界上少了一个朋友,在我的生命的记录簿上就多加几页黑纸。
>
> 自责两句不就算完了良心的呵谴。我不知道萧红女士在香港埋葬的地方有没有变动,我也没法子去看望一下。[1]

许广平的这个没法子去看望在香港的萧红埋葬地所带来的遗憾,不久就由海婴替她弥补了。

1946年11月,海婴乘船经广州去香港,在跑马地半山的培侨中学就读高中一年级。不久之后,他就去了萧红的墓地。时隔五十多年,年近古稀的海婴对此仍有清晰的记忆:

> 在香港期间,我曾与几个培侨同学,到浅水湾萧红的墓地凭吊。墓地近海滩,立着一块小小低矮的木板碑,上面写着:萧红之墓。对于这位热情天才的阿姨,当时我虽然年少,她来我家时的音容笑貌仍记忆犹新,伫立她的墓前不禁怆然生悲,随即拍摄几张照片留念,至今保存着。[2]

1946年冬,周海婴与同学一同谒拜萧红墓

---

[1] 景宋:《忆萧红》,上海《大公报·文艺》,1945年11月28日。
[2] 周海婴:《我学无线电》,《天津日报》,2009年10月20日。

从当时留下的照片上看,与海婴一同谒拜萧红墓的,还有他的同学李湄(廖梦醒的女儿)、沈宁(夏衍的女儿)等人。

鲁迅去世时,海婴只有七岁,跟父亲有关的事情、萧红和萧军常来常往在他们家其乐融融的情景,是他童年时代最温馨美好的回忆。他在《鲁迅与我七十年》这本书里,对这段日子有如下记载:

> (因为父亲的疾病日渐加重了)来访的客人不能一一会见,只得由母亲耐心解释和转达意见。每当病情稍有好转,就有萧军、萧红两人来访。这时候父亲也总是下楼,和他们一边交谈,一边参观萧红的做饭手艺,包饺子和做"合子"(馅饼)这些十分拿手的北方饭食,一眨眼工夫就热腾腾地上了桌,简直就是"阿拉丁"神灯魔力的再现。尤其是她那葱花烙饼的技术更绝,雪白的面层,夹以翠绿的葱末,外黄里嫩,又香又脆。这时候父亲也不禁要多吃一两口,并且赞不绝声,与萧军、萧红边吃边谈,有说有笑,以致压在大家心头的阴云似乎也扫去了不少。这时我小小的心灵里只有一个愿望,就是希望他们能够常来,为我们带来热情、带来欢快。[1]

晚年的周海婴

从童年到暮年,海婴始终都喜欢并怀念着这位"热情天才的阿姨"。

2011年,会逢萧红百年诞辰,她的故乡黑龙江省拟举行隆重的纪念活动。在受邀的嘉宾中,鲁迅之子周海婴自然是众望所归。但是在那一年前后,他的身体状况非常不好,一直住在医院里,正当大家祈愿他恢复健康并能够亲临大会的时候,传来了他病故的消息。

---

[1] 周海婴:《鲁迅与我七十年》,上海:文汇出版社,2006年7月。

第十九章　袅袅余音

此时，纪念萧红百年诞辰研讨会正在紧张的筹备中，这样，鲁迅一家和萧红的缘分，就延续到了周家的第三代身上；海婴走后，海婴的长子、鲁迅长孙周令飞就子承父业，继续说着萧红和鲁迅的故事。

2011年6月1日，初夏的冰城气候宜人，哈尔滨友谊宫，周令飞作为父亲的代表莅临大会，并以"上海鲁迅文化发展中心主任"的身份，就鲁迅和萧红之间特殊的缘分，在开幕式上发表了热情洋溢的精彩致辞。

周令飞说，是文学的魔力把鲁迅和萧红这两个诸多元素截然相悖的人放在了一起，成就了一段近代文学史上的美谈。在他印象中的萧红，只有两处记忆较深，一处，她是那个常被爸爸拉辫子的萧红；另一处，她是那个写出让他读来最亲切最感动的回忆鲁迅文章的萧红。

周令飞强调，左翼青年中有很多没有对鲁迅正式拜师行礼的弟子，他们都受过鲁迅的教诲，对鲁迅精神都怀有一种归宿感和认同感，他们在鲁迅去世后继承鲁迅遗志，捍卫鲁迅这面旗帜，人们将这些青年学生称为鲁门弟子。其中，萧红也是当之无愧的鲁门女弟子；她在鲁迅逝世后写出的多篇回忆，对传播和研究鲁迅，将鲁迅的精神和思想作为一份无形的遗产进行传承做出了很大贡献。

周令飞三番五次充满感情提到的，是萧红那篇《回忆鲁迅先生》带给他的震撼。虽然身为鲁迅的长孙，但几乎和大家一样，更多的是从课本从老师那里知道鲁迅，他脑海中的祖父始终是严厉得让人望而生畏的文坛斗士——直到20世纪90年代的某一天，在父亲的推荐下，他第一次读到了萧红的《回忆鲁迅先生》，开篇第一行就已让他顿时心花怒放，并一扫对祖父的严厉印象和畏惧感，一口气读完全文。这次被邀与会，他又读此文，并再次陶醉在萧红特有的娓娓道来之中，上海家中的件件陈设，那桌上的几样饭菜，那里的生活气息，那文中的祖父、祖母、爸爸竟然活生生地出现在他的面前，像电影镜头那样动作起来。

萧红在文章结尾处的几行字再一次让周令飞潸然泪下：

一切都戛然凝固，萧红的文字弄得我眼泪不停地流。请允许我尊称您一声：萧红姑姑，感谢您让我与祖父、祖母和刚刚失去的爸爸在此刻相逢。

萧红的《回忆鲁迅先生》文章，细微之处见真情，"于无声处听惊雷"，我以为是史上最为真实、最为详尽、最为精彩的回忆鲁迅生活的经典，我确信她的文章就像一只生命之手，一百年后，五百年后，仍然可以触摸到鲁迅先生的体温。[1]

2011年6月1日，鲁迅长孙周令飞在纪念萧红百年诞辰研讨会上致辞

这一番饱含深情的精彩发言穿越时空，大约可以视为三代周家与萧红神交的一个定位吧！

---

[1] 周令飞：《在纪念萧红诞辰百年学术研讨会上的致辞》，《百年视域论萧红》，哈尔滨：黑龙江人民出版社，2013年2月，14页。

第二十章 篇外缀语：他们是人世间美好的相逢

——直面萧红与鲁迅兼及纷纭众说

近年来，由于"萧红热"的不断升温，引发了更多人对这位英年早逝的民国女作家的关注。人们的关注点不仅是她的生平、她的作品，更有众多读者津津乐道于她的感情生活，在热炒她和几位异性之间的恩恩怨怨之余，亦有人把她和鲁迅之间的交往也划拉进来，并且不厌其烦地"探索"和"研究"一番。曾几何时，"萧红与鲁迅的关系"或已演变成了一个意味深长的话题。

而参与讨论者，大多基于男女之间的层面，或臆测或想象，进而极力要推断并得出这两位作家之间有恋情的结论，以吸引人们猎奇的目光。文人特别是民国文人的生活是不乏花边和八卦的，这也是一个很容易产生绯闻逸事的研究领域，热闹中，各种醒目的标题屡见不鲜，直挂眼帘——其间不时有人追问"鲁迅和萧红是啥关系"？也见到更耸人听闻的说法"鲁迅与萧红、许广平的爱恨情仇"……其中不乏普通读者好奇的探问，更有影视作品和网络纸媒的推波助澜。一时间众说纷纭，莫衷一是。

萧红本是个比较边缘化的作家，多年以来在文学史上的站位都比较偏，这个一向不受主流意识待见并一直被冷落的民国作家，在离世几十年之后，何以忽然之间"热"得一发而不可收，吸引了方方面面关注的目光，且成了当下文坛难以绕过的言说，还真成了一个问题。因此，我们有必要简略回望一下在研究领域里跟她有关的几个拐点。

1942年1月22日，萧红病逝于日军占领下的香港，因为战乱中丧生的人很多，所以当时知道的人很少，只在很小的范围内进行了匆忙的告别；4月中，消息传到延安，那里的文友们自发地为她举行了一个纪念追思会，参加的多是东北文学界的故旧和上海时期的有关人员，并在《文艺月报》出版了一期"纪念萧红逝世特辑"的专号。而骆宾基完成于1946年的《萧红小传》，无疑是最早的萧红传记；再后来，虽也有部分怀念的文章陆续刊出，但基本上处于一个沉寂状态。

十五年之后的1957年，香港浅水湾丽都花园附近的萧红墓面临被损毁，消息传出之后，在港的文艺界人士，以叶灵凤、陈君葆等人为首积极奔走呼吁，并临时组织了一个"香港文艺界迁送萧红骨灰返穗委员会"，办理有关具体事项，及至以"友好"的名义出面和港英当局交涉，终于促成萧红骨灰在7月22日被成功挖掘，并迁葬广州银河公墓。在那前后，报刊上特别是港媒，有大量的文章报道与此事有关的林林总总，很是热闹了一番，算是一个小小的高潮；而大陆那时正处于反右的非常时期，文化领域人人自危，因而舆论界相对冷清。

第一波真正的"萧红热"出现在20世纪70年代末和80年代初。那时的中国大陆，刚刚走出十年浩劫的灾难，百废待兴；随着改革开放和文化禁锢的破冰，文学界又重新发现了萧红，并做了大量拓荒性的工作。最具标志性的作品出现在1980年，这一年12月，肖凤所著的《萧红传》由天津百花文艺出版社出版，这样一个开先河之作，是新中国成立后的第一部萧红传记。萧红故乡黑龙江社会科学院文学研究所的研究人员自然也有杰出的贡献，1981年，在萧红诞辰七十年之际，一批和她有关的书籍陆续在黑龙江问世，当年还在哈尔滨举办了萧红诞辰七十周年的纪念会，一时间故雨新朋众星云集，把萧红热推到了一个新的高峰。围绕七十周年诞辰的纪念活动和十年后首次出版的《萧红全集》，是萧红研究的重要奠基，为更广泛深入的探究打下基础。只有在这样的基础上，萧红研究才从传统探索逐步过渡到形成一定规模的新式探索。

第二十章 篇外缀语：他们是人世间美好的相逢

此后基本上又处在一个较为低谷的时期，同时也在为新的高潮积蓄着必要的能量。

进入20世纪90年代，特别是21世纪之后，由于互联网多媒体带来的便利，随着各种研究逐渐和国际接轨，萧红研究也进入了信息时代的快车道。各种新的研究成果层出不穷，数量和质量都有大幅提高。2011年，中国文坛迎来了萧红百年诞辰，这样的一个契机，更把萧红热推到了一个全新的高度。除了目不暇接的专著和论文之外，更有影视作品的不断推出，在萧红诞辰百年的背景之下，余热还在升温，各种有关项目也在运作中……

经过多年的开拓和耕耘，萧红研究已初具规模。不同形式的研究成果丰富多彩，她在文学史上的地位渐趋稳固且稳中有升；因了几代研究者的不懈努力，更多的人知道了一个叫萧红的民国作家，更多的人开始读她的作品，认识并了解萧红、认同并爱上萧红，人们痛惜她短暂而多难的身世，敬畏她对文学的虔诚，这些都使得她作品的文学价值更加彰显。但与此同时，也带来了一些洋溢着娱乐和喜感的东西，如对萧红婚恋情感的大讨论，对她和鲁迅之间"特殊关系"的猜测与窥视。

十几年前，余杰在他的自传体爱情小说《香草山》中就曾明确表示，他一直认为，鲁迅和萧红之间，除了师生之情，还有别的精神和感情上的撞击。而他是凭自己的直觉，在鲁迅和萧红的文字的缝隙里感觉到的。他的依据是萧红的《回忆鲁迅先生》，它是所有回忆鲁迅的文字中最感人的，远远超出许广平的回忆。说萧红的才华比许广平高，倒是其次的原因；更重要的是萧红比许广平更能理解鲁迅、更能走近鲁迅的内心。还说在当时鲁迅家中，只要萧红到来，鲁迅就会开朗、快乐许多，谈兴也很浓；这也引起许广平隐约的不满。而余杰最后的结论是，这种"隐秘而忧伤的感情"，这样"淡淡的、忧郁的情缘，并无损于先生的伟大"。[1]

而在余杰之前，就已有了近似暗恋之说的揣摩：

随着青年流亡者萧红的到来，他的孤寂已久的心地，仿佛

---

[1] 余杰：《鲁迅和萧红：另一种情怀》，《家庭·下半月》，2002年第1期。

有了第一次融雪。[1]

但多年之后，同一个作者对此问题亦有些新的说法，在接受《羊城晚报》采访时，林贤治再次强调：

> 萧红像鲁迅一样，过早地蒙受了婚姻的创伤，而且患有肺病，身心严重受损。对于无法返回的故园，两人都怀有热烈而沉郁的乡土情感；他们的小说，诗一般地散发着大地的苦难气息。此外，同样地喜爱美术，对美特别敏感。这样，他们之间就有了更多的共同语言。对话范围很广：社会、文学，直到裙子、靴子、穿戴的漂亮，总之非常相得。读鲁迅的书信可以看到，鲁迅写给二萧的用语是最活泼的，有些书信毋宁说是调皮的，事实上就因为其中有一个收信人是萧红。

之后，他明确表示：

> 反对把萧红和鲁迅的情感关系庸俗化，但是，应当承认鲁迅是萧红内心里最信赖、最依赖、感觉最亲近的男人。情感、情绪不同于道德理性，有它特别精微、幽眇，甚至晦暗难明的地方。[2]

这样的说法，受到了陈漱渝先生的批评，他认为在萧红心目中，鲁迅是敬爱的导师，慈祥的长辈，并没有留下让人猜量的感情空间，并言在谈及作家婚恋生活时：

> 如果捕风捉影，移花接木，或背离事实，凭空杜撰，那必将使论述对象蒙受更大的冤屈，这种做法更是不足取的。[3]

---

[1] 林贤治：《一个人的爱与死》，《守夜者札记》，青岛：青岛出版社，1998年12月，150页。
[2] 《争说萧红——萧红与鲁迅有"特殊关系"？曾引起许广平不满》，《羊城晚报》，2014年7月13日。
[3] 陈漱渝：《鲁迅的婚恋——兼驳有关讹传谬说》，《长城》，2000年第3期。

第二十章　篇外缀语：他们是人世间美好的相逢

就萧红与鲁迅的关系，更为新潮的视点来自于新一代作家，"萧红在民国女作家里，长得不漂亮，文采也不见得最好，却在史上留下一笔，这与鲁迅的直接帮助是分不开的"。其在否认暗恋说的同时也有惊人之语：鲁迅对萧红，仅止于喜欢，更像是纵容一个任性的孩子；重要的是鲁迅没有给她暧昧的机会，如果肯给，萧红是断不会拒绝的。"女人常因崇拜而爱慕，鲁迅又那么帮她"。所以作家的结论就是："不要说他们之间有什么暗恋，就是如此的关系吧，保持一定距离，心灵又相互抵达。这些感情，是不能说给婚姻里的那一位的。这样的止步，却是能维持一生的情谊。"[1] 以网络时代加速度的生活节奏来看民国文人，怎么说都有一点穿越的感觉。

存放在呼兰萧红故居的几枚红豆，似乎更能诱发人们丰富的联想，据说它们是鲁迅送给萧红的，被萧红一直带在身边。红豆自古就是表达相思的载体，由它来想象鲁迅和萧红之间的暧昧貌似顺理成章；但有一个不争的基本事实是，存留下来的红豆共有四枚，其中两枚是许广平所赠，四枚或是许广平与鲁迅一同赠送的。[2] 不知这是否还能够引发暧昧之想；再后来，这几枚红豆又被萧红转赠给了端木蕻良，据端木蕻良的子侄辈记述，端木在香港时还专门以此为寄，给住院的萧红写过牵挂的诗："红豆生南国，春来才两枝。两枝皆思泪，留与见君时"[3]；再有就是，与红豆一起随身携带并保存下来的，还有一包故乡土地上生长的黑豆，大约在三十粒左右。

2008年，85岁的"七月"派诗人牛汉出版了《我仍在苦苦跋涉——牛汉自述》一书，其中关于鲁迅与萧红，也爆了一点"猛料"。文中牛汉溯及早年对萧军的访谈，觉得萧红跟鲁迅的关系不一般。其依据就是萧红去日本后一封信也没给鲁迅，这很不正常；而受访的萧军也不否认此说，并说是鲁迅和萧红商定萧红去日本不写信的。然后访谈者和被访者在这个

---

[1] 叶细细：《鲁迅和萧红什么关系：暗恋？不掺杂任何欲望》，《广州日报》，2009年9月25日。
[2] 倪美生：《萧红遗物的几点说明》，哈尔滨师范大学"北方论丛丛书"第四辑《萧红研究》，1983年6月，201页。
[3] 曹革成：《殷殷红豆情》，《跋涉生死场的女人——萧红》，北京：华艺出版社，2002年3月，337页。

问题上达成了共识。此言一出，舆论大哗，以牛汉之身份和影响，人们自然是很少怀疑其可信度的；而萧军更是当年那个圈子里的当事之人，这样的共识似已坐实了这对师生之间不易为外人道的隐秘。但是，这个"猛料"还是被业内人士质疑，最终还是站不住脚。多年研究萧红并一向较真的叶君博士公开撰文，对此说进行了有力的辩驳。他直陈所谓的"鲁迅和萧红商定萧红去日本不写信"近于荒谬，因为不给鲁迅写信是两萧分别前的约定，主要考虑当时鲁迅的病体不堪回复之劳，而这一约定萧军在《鲁迅给萧军萧红信简注释录》一书"前言"部分即有明确表达，何以会这样前后的说法自相矛盾，真是匪夷所思。在叶君看来，萧军这样做，不仅是其独特的性格使然，更有可能是源自他对萧红极为隐秘的不服甚至嫉妒；因为在写作上，他虽然勤奋有加，但禀赋和才情不如萧红，这已为文坛所公认，但作为男人，他心里一直不以为然，他甚至一直闹不清萧红的作品有什么特别的好，而自己的作品又有什么不对劲儿，所以在叶君看来，以上说法"大约是其内心里的这份因嫉妒而生的隐秘逆反，让他产生了一点点精神施虐的冲动，不经意间随口一说。然而，萧红的形象于是淹没于传说和暧昧的想象。我觉得这是萧红更大的悲剧"[1]。

2014年8月14日，著名编剧李樯做客凤凰卫视《锵锵三人行》，与窦文涛、许子东一起，围绕即将上映的许鞍华导演汤唯等主演的电影《黄金时代》，对该片主人公传奇女性萧红展开讨论。在被主持人问及影片中鲁迅和萧红的关系时，本片编剧兼监制李樯回答："我觉得是应该有感情吸引的，但这个感情就很宽泛，我觉得说暧昧也好，或模糊也好，其实暧昧不是一个坏的词，是一个多义性的意思。我觉得里边有敬仰吧，也有对这个作为作家鲁迅的一种热爱，还有作为精神导师的一种热爱……（鲁迅）他对于萧红永远是，一种很欣喜一种很健康明朗的心态。""但是他俩之间的东西又特别美好，你没有任何龃龉的或者说暧

---

[1] 叶君：《萧红与鲁迅》，《北方文学》，2011年第六期，"纪念萧红诞辰百年特辑"，21页。

第二十章 篇外缀语：他们是人世间美好的相逢

昧的心理去揣度他们，好像他们之间有一种惺惺相惜的东西，你也会跟着很有一种喜悦。"

其中还举例强调一番鲁迅特别爱吃萧红做的北方饭；这也从另一角度道出了他们师生之间的非同一般。

那么，我们不妨沿着这个"不一般"的绳索，来看一看萧红和鲁迅之间到底是怎样的"不一般"。

放眼中国现代文坛，纵观萧红和鲁迅的交往始末，他们之间的关系还真是非同寻常，真担得起这个"不一般"！

鲁迅作为一代宗师，不仅拥有丰富多彩的传世作品，而且以人间大爱，培育影响了几代文学青年。以他生前多年的阅历，对年轻人有过从希望到失望的心路，但这些都无有大妨，他对青年还是抱有期待和信心，即便是他们中有不少人委实让他失望，但见到禀赋出众者他还是甘当人梯不遗余力。我们在读《为了忘却的记念》和《忆韦素园君》等文中，不难看出他对柔石等人和韦素园的深情眷顾，文中扑面而来的怜惜和悲悯，直到今天也依然能打动我们，这样的年轻人，于他本人来说是"很好的朋友"，于中国来说是"很好的青年"和"值得记念的青年"。在鲁迅用心血培育扶持的众多青年作家当中，萧红和萧军是非常引人注目的一对儿；在鲁迅的晚年，他对绝大多数陌生人几乎都是拒之门外的，而两萧得到接纳和受欢迎受重视的程度全然是个异数，鲁迅也并不打算掩饰他对他们的怜惜和钟爱。

从两萧到上海后第一次见面就借钱给他们，设宴介绍他们认识文学界的朋友，再到后来家门完全向他们敞开，尤为重要的是，两萧在上海文坛第一次发表作品，都是鲁迅直接出面大力推荐；特别是对萧红，萧红到沪后公开发表作品的第一篇、第二篇、第三篇……无一不是鲁迅亲自写信向有关刊物的主编或编辑寄稿，直到萧红自己渐渐站稳了脚跟。鲁迅为《生死场》所作序言，已经成了一篇名序，而这部作品，不仅是萧红的成名作，更是她在现代文学史上得以立足的基石。

从此以后登上文坛，步入了写作生涯的专行线和快车道，萧红在鲁迅身边，受其直接影响，得以获取巨大的教益。

这是天大的手都捧不下的无边恩泽啊！这样的恩泽对于受惠之人的意义是怎样夸大都不过分的。

萧红和鲁迅的相遇，在钱理群教授看来，与其说是"左翼文化界一方面的主帅"和"游击战士的会师"，"毋宁说这是中国现代文学史上'父'与'女'两代人的会合。——他们之间整整相距了三十年；但却有着最亲密的文学的血缘关系。"[1]

见到鲁迅前，23岁的萧红生命中已走过几次麦城。她经历了母亲和祖父的去世，出逃北平求学和与父亲的家庭决裂，与未婚夫同居怀孕被弃，直至被扣为人质濒临被卖掉的绝境……遇到萧军后生下孩子又被迫送人，生活窘困，挣扎于饥寒交迫中……年纪轻轻，她已是过早地伤痕累累。但尤为可贵，同时也让人感到震撼的，正是从那一阶段起，她开始了自己文学之路上的艰难起步；在萧军和朋友们的鼓励下，已经写出了最初的习作，长春的《大同报》副刊和哈尔滨《国际协报》副刊，都是她早期耕耘的园地，而且，靠着朋友的资助，她和萧军业已印刷出版了他们最初的合集《跋涉》，在北满文坛小有了名气。因为自身遭际和天生的敏感，又接受过五四新文化的启蒙，萧红所写所叙多是出自穷苦女性或弱势群体的视角，多是直面人生的现实主义文风，这和鲁迅倡导的"为人生""改造民族灵魂"的文学理念高度契合。

见到鲁迅后，萧红自觉不自觉地受其影响，更加扎实地走在现实主义创作道路上。这种理念的影响是深远的，是巨大的，几乎贯穿于此后她所有的写作之中。

鲁迅认为"创作总根于爱"，萧红则说"一个题材必须要跟作者的情感熟习起来，或者跟作者起着一种思恋的情绪"，他们同样把感情的投入放在创作的首要位置；

鲁迅强调选取题材"不必趋时"，尽可能选取自己所熟悉所经验的东

---

[1] 钱理群：《"改造民族灵魂的文学"——纪念鲁迅诞辰一百周年与萧红诞辰七十周年》，《十月》，1982年第一期。

第二十章 篇外缀语：他们是人世间美好的相逢

西，萧红无师自通，她的创作素材大多来自她最熟悉的生活；

萧红与鲁迅都是乡土文学最优秀的代表作家。一写江南水乡，呈现浙东农村特有的风情，一写东北乡镇，展示白山黑水的风俗画卷；真实反映两地民间的物质生活和精神面貌，揭示民族苦难。这是乡土文学的灵魂所在，正因此，当鲁迅看到具有极其浓郁乡土气息的《生死场》时，他仿若看到了当年的自己，马上就爱上了这部作品；

鲁迅小说中的悲剧艺术，萧红在吸取借鉴的同时又有所发展，形成了专属于她自己的悲剧艺术；在那些"几乎无事的悲剧中"，当我们看到有二伯、王大姑娘、冯歪嘴子、小团圆媳妇等形象时，脑海里也往往会浮现出阿Q、祥林嫂、闰土、孔乙己；萧红面对乡间无处不在的"生死场"所体现出来的关注和忧虑，和鲁迅"哀其不幸、怒其不争"的思想感情一脉相承；

萧红与鲁迅从不以旁观者的角度和冷漠的态度进行创作，总把自己的全部感情倾注于描写对象。那部分带有自传色彩的作品，分别真诚地展示着自己的灵魂和自身的命运；他们都有一颗不愿作奴隶的心，他们都是有赤子之心的人！从这个意义上来说，萧红与鲁迅的小说，于写实风格中渗透着抒情的诗意，是真正的诗！

非常难得的一点是，他们同时都具备着足够的幽默和睿智！

正是从这些方方面面着眼，鲁迅在与斯诺的谈话中嘉许萧红是"当今中国最有前途的女作家"，明确指认她在写作上的罕见禀赋和文学价值。萧红与鲁迅之间因此有一种特殊的亲切油然而生。

无论过去还是现在（或许还有将来），我们总听到有人在说，没有鲁迅的扶持，就没有作家萧红。初听似乎是对的，但细想却有些失之武断。因为就我们所知，在找到文坛"伯乐"之前，萧红就具备了一匹"千里马"最重要和最可贵的潜质，在联系上鲁迅之前，她就在努力地写着，也就是说，即使没有鲁迅之助推，萧红也终会成为一个作家——那样的不世出的才情，有什么能挡得住呢！但是，我们也不得不承认，如果没有鲁迅，没有他的加持和大爱，萧红的成长也许会慢许多，会晚许多，她的成才之路势必会多出很多的坎坷和弯曲，甚至可能会有这样的现象发生，

"她可能默默无闻地寂寞下去，失望和颓唐甚至会毁掉她"[1]，如此后来读者看到的可能会是另外一种样貌的萧红。这是多么的不好而可怕，真的是不好，真的是可怕；我们不要！不要！如果能选择，我们不要另外一种样貌，我们还是想要看到"这样"的萧红！所幸，真好，上苍眷顾民国文坛，萧红幸甚！读者幸甚！

萧红也并非是白得了那些个关爱，她是极其懂得感恩的聪慧之人；在后来的日子里，她对待写作宗教般的虔诚，天地可鉴。萧红的勉力与勤奋对得住那样的加持和关爱，也不曾有负于那些异乎寻常的怜惜与期许。

1936年前后在上海文坛横空出世的萧红，携着来自北国的清新，用了天籁般穿心而过的文字持续发力，对当时相对沉闷的文坛颇具摧枯拉朽般的冲击和震撼。

茅盾曾在《论萧红的〈呼兰河传〉》中说，（这部作品）"开始读时有轻松之感，然而愈读下去心头就会一点一点沉重起来"，无独有偶，我们在读鲁迅作品时，何尝不是每每会有这样的感受！

鲁迅去世后，对于他的"没完成的事业"，萧红是发下宏愿要"接受下来"的，这也是她后期文学创作最大的一个动力源，他们之间有着薪火相传的文学血缘。在写给许广平的信中，在不断书写的那些怀念鲁迅的文字里，我们不止一次的读到萧红常为自己写得不好而焦虑，为自己做的事少而着急。其实，她已经非常努力了，鲁迅的欣赏与器重，令她刻骨铭心，那样的期许与鼓励自然是她最重要的精神支撑。在颠沛流离的艰苦岁月里，在屡遭不测与贫病交加中，萧红始终保持着对文学的敬畏，心性坚定地走在写人生、写人心的现实主义之路上，不仅传承了鲁迅的文学理念且在此基础上有所创新，她的介于小说与散文间的新型小说形式、她在语言风格上特有的"萧红体"直抵人心，她所开辟的女性话语空间，贫困加弱势群体的视角……都不为成规所拘，对后世创作已经产生的而且继续产生影响。那些具有恒久艺术魅力的作品，也给现代文学提供了与

---

[1] 蔡登山：《鲁迅爱过的人》第十一章《文学血脉的薪火——萧红与鲁迅的父女情》，上海：文汇出版社，2008年5月。

第二十章　篇外缀语：他们是人世间美好的相逢

鲁迅有所不同的文学遗产，《呼兰河传》、《马伯乐》、《后花园》、《北中国》和《小城三月》等一批佳作，数量上远远超过萧红的前期创作，艺术上更是有了质的飞跃。这样一批作品，是萧红对现代文坛和现代文学特殊的历史贡献。

鲁迅去世五年多，31岁的萧红也被战争的黑洞吞噬。五年多的日日夜夜，鲁迅无时无刻不在萧红的心中，那是她心中始终燃烧着的一团火，是她心中永不熄灭的一盏灯。在萧红短暂而多舛的一生中，有两个最重要的人给过她极大的关爱——童年时的祖父，成年后的鲁迅，她为祖父所写的文字和为鲁迅所作的回忆都堪称经典，感人至深百读不厌。萧红一生情路崎岖，但存留下来的文字中，很少见到与几位异性有关的记载，这其中反差之大，耐人寻味。

1935年7月28日，长春《大同报》副刊《大同俱乐部》登出萧红的散文《祖父死了的时候》，文中说道：

> 我想世间死了祖父，就没有再同情我的人，世间死了祖父，剩下的尽是些凶残的人。

萧红传世经典《呼兰河传》整个第三章都是献给祖父的，在那里，萧红用一支生花妙笔再现了她和祖父在一起的温馨童年。

> 我觉得在这世界上，有了祖父就够了，还怕什么呢？虽然父亲的冷淡，母亲的恶言恶色，和祖母的用针刺我手指的这些事，都觉得算不了什么。何况又有后花园！[1]

1936年12月，客居东京的萧红应约写下脍炙人口的散文名篇《永久的憧憬和追求》，其中发自心灵最深处的诉求也是跟祖父连在一起的。文末的两句话，几乎可以看作是萧红生活和写作的宣言：

> 从祖父那里，知道了人生除掉了冰冷和憎恶而外，还有温

---

[1] 萧红：《呼兰河传》，北京：中国青年出版社，2014年1月，116页。

暖和爱。

   所以我就向这"温暖"和"爱"的方面，怀着永久的憧憬和追求。[1]

  这篇仅有几百字的散文返璞归真，作者过人的才情充溢其间；文中倾诉的期待和向往，至今都感动着读者的心灵。

  记写鲁迅的文字在萧红的后期创作中屡见不鲜，其中产生巨大影响的当属那篇可以传世的《回忆鲁迅先生》。萧红与鲁迅在思想上文学上都是相通的，他们的心灵也是相通的。在鲁迅人格魅力的感召下，沐浴师恩满怀深情的萧红娓娓道来，文中的表现没有感情泛滥的感恩戴德，没有哭天抢地的悲情四溢，只有春风化雨的点点滴滴，温暖亲切从容大气。只从日常生活入手，以白描的笔法，用无数的细节为读者勾画出一个有血有肉的鲁迅，大陆新村家中的场景也无不鲜活……这是一种极高的境界，这样的文字对于读者有一种挡不住的魔力。这篇文章也成为萧红对恩师最好的纪念，最好的报答。

  《回忆鲁迅先生》文章开头就拿鲁迅明朗的笑声说事儿，一举颠覆了常人心目中横眉冷对、让人望而生畏的斗士形象，这样一个别开生面的起头，也让40岁的周令飞第一次读到它时"顿时心花怒放"；而那个看上去没有任何情绪渲染、平实到极点的结尾，也让周令飞立觉"一切都戛然凝固"，并随之泪水长流。作为鲁迅的长孙，周令飞个人认为这篇文章，是史上"最为真实、最为详尽、最为精彩的回忆鲁迅生活的经典"，细微之处见真情，"于无声处听惊雷"。[2]

  萧红有幸，在短暂而饱经忧患的一生中，在她醉心的文学创作事业中，在永久"憧憬和追求"着"温暖"和"爱"的旅途中，曾那样近距离地接触过"一个时代的全智者的催逼"。得遇鲁迅，是她生命中最大的幸运与福祉，这一份幸运与福祉，使她年轻的生命得以焕发炫目的光芒，成

---

[1] 萧红：《永久的憧憬和追求》，《萧红全集》第四卷，哈尔滨：黑龙江大学出版社，2011年5月，166页。
[2] 周令飞：《在纪念萧红诞辰百年学术研讨会上的致辞》，《百年视域论萧红》，哈尔滨：黑龙江人民出版社，2013年2月，14页。

第二十章　篇外缀语：他们是人世间美好的相逢

为现代文坛天空中一道亮丽的虹彩。

鲁迅亦当含笑，他对当时尚处于浑金璞玉状态的萧红有发现之功，这随后也给他带来了"发现的欣喜"，这样的认同和预期告诉人们，他的法眼甚是了得！那个最初就被他看好的"满洲姑娘"，在文学之路上一路狂奔，才气沛然又勤勉不懈，虽伤痕累累却终成大器，未曾有负他的期许和厚爱！

于今看来，萧红无疑是20世纪中国最优秀的中国作家之一，而这一切，自然又和鲁迅断不可分。

这其中种种，怎一个"暧昧"了得！

不知那爱盯着"暧昧"的读者，究竟是出于何种心态！

稍感遗憾的是：萧红生前虽有几张与许广平的合照，但作为师生的鲁迅和萧红，却未见有任何一张合影留下来——待到合影，鲁迅已在墓中；呜呼！生离死别，天人永隔。但萧红留在世上仅有的一点随身物品，在她离世14年之后的1956年，随着大批鲁迅遗物，被许广平一并捐赠给北京鲁迅博物馆，并因此得到了最好的永久的保存。这，也应该算是一份前世的积缘吧！

身为上海鲁迅文化发展中心主任，周令飞对周家和萧红之间的交往自有与众不同的感触和定位，关涉到当年萧红出入大陆新村、受到鲁迅全家特别是海婴的欢迎时，他认为"因为萧红漂亮，活泼有朝气，在大人群里她年轻好看，在周家小楼里她别开画面。总之她讨爸爸的喜欢，更讨爸爸的爸爸喜欢。一个讨大家喜欢的萧红，才能在鲁迅生命的最后两年中频繁的出现在他的家中，有她对鲁迅帮助的感恩继而产生的私人友情，还有左翼文学青年对文学的憧憬、追求，和对文豪鲁迅的崇敬与追随。"[1]

关于萧红和他的祖父鲁迅，周令飞说："是文学的魔力把两个诸多元素截然相悖的人放在一起，成就了一段近代文学史上的美谈。"

是的，是一段美谈；当鲁迅见到萧红，成就了文学史上一段佳话。

他们，萧红与鲁迅；当萧红得遇鲁迅，恰便似人世间最美的相逢！

---

[1] 周令飞：《在纪念萧红诞辰百年学术研讨会上的致辞》，《百年视域论萧红》，哈尔滨：黑龙江人民出版社，2013年2月，12页。

1957年8月15日,萧红骨灰安放于广州市郊银河公墓

1992年11月6日,萧红纪念碑在呼兰西岗公园建成

附 录

鲁迅和萧红交往年表

1927年—1929年
中学时代的初读
1927年秋,萧红经过与父亲的艰苦抗争,进入哈尔滨"东省特别区区立第一女子中学"(简称"东特女一中")初中部就读;在这所受新思潮影响的新型学校里,在国文教师的指导下,这些刚进入中学的女孩子开始接触新文学作品,其中包括鲁迅的《野草》等作品。

1934年
10月初　寄居青岛的萧军和萧红从荒岛书店向鲁迅发出了第一封求教信。
10月9日　鲁迅首次回复两萧;日记中有记:"得萧军信,即复。"
10月22日　鲁迅收到萧军的第二封信(即对鲁迅首次回信的回复)。
10月28日　鲁迅收到萧军寄的书稿、照片和《跋涉》一书;日记中有记:"午后得萧军信并稿"。
从中秋节前后开始,青岛的局势持续恶化,他们不得不考虑离开。
11月1日　两萧和梅林乘船离开青岛。
11月2日　三人抵达上海。

11月3日　致信鲁迅，表达想见的愿望；鲁迅即复："见面的事，我以为可以从缓。"

11月4日　致信鲁迅，再申前请。

11月5日　鲁迅复信，再一次婉拒他们见面的请求。

11月8日前后　两萧致信鲁迅，不解并且"抗议"分别被称为"先生、太太"。

11月12日　鲁迅复信解释并请"俪安"！

11月14日　因为没有任何收入，初到上海安家后，生活已难以为继；给鲁迅的信里，请他帮忙找工作，同时，也已开口向鲁迅借钱。

11月17日　鲁迅回信说工作不好找，但"（借钱事）我可以预备着的，不成问题"。

11月27日　鲁迅信约两萧30日到"书店"会面。

11月30日　在内山书店和吃茶店，两萧初次见到鲁迅一家；他病后的衰老和那个装有20元钱的信封，深深刺痛了两萧。

12月17日　鲁迅和许广平邀请两萧到梁园吃饭。

12月18日　鲁迅冒着小雨专程前往梁园定菜；同一天，为此次赴宴，萧红连夜为萧军缝制了一件山寨版高加索式的新"礼服"。

12月19日　宴席间，两萧结识茅盾、叶紫和聂绀弩夫妇等新师朋；萧红以一对枣木镟成的"小棒槌"，两个醉红色的核桃赠海婴。

12月底　两萧搬家"福显坊"，鲁迅致信表示羡慕他们"有大草地可看"。

1935年

1月21日　鲁迅信中告知，要把他们的作品介绍到《文学》和良友公司去试试。

1月26日　萧红完成散文《小六》。

2月3日　在萧军和叶紫撺掇下，萧红写信给鲁迅，希望先生请客吃一顿，并寄《小六》等稿。

2月9日　鲁迅将萧红作品《小六》寄给《太白》主编陈望道。

3月5日　承鲁迅举荐，《小六》发表于《太白》半月刊第一卷第12期；加上萧军的《职业》在《文学》第四卷第三期刊出，这是他们在上海文坛初试啼声；当晚，鲁迅请两萧和叶紫等人"往桥香夜饭"，席间讨论了要以"奴隶社"的名义出版"奴隶丛书"。

3月17日　鲁迅单独复函"悄吟太太"说收到稿子，并告知海婴烫伤了脚，"等他能走路，我们再来看您吧。"

4月初　两萧搬家到拉都路351号。

4月上旬　萧红在早点摊上得到的油条包装纸居然是鲁迅的译文手稿。

5月2日　上午，鲁迅一家突然光临拉都路351号，访萧红萧军并同到"盛福午饭"，离开时带走了他们的稿子。

5月5日　鲁迅寄信向《文学》编辑黄源推荐萧红的散文《饿》。

5月15日　散文集《商市街》脱稿。

6月1日　萧红的散文《饿》发表在《文学》第四卷第六号。

6月3日　鲁迅将稿费单寄两萧。在这前后，由鲁迅介绍，结识了文艺理论家胡风。

6月间　两萧搬家到萨坡赛路190号二楼。

7月2日　鲁迅再次向陈望道推荐萧红的散文《三个无聊人》；同一天，也向主持《新小说》的郑伯奇寄荐了两萧的作品。

7月16日　鲁迅复函两萧，贺贺他们的"同居三年纪念"。

8月5日　《三个无聊人》载第二卷第10期《太白》。

8月下旬　鲁迅致信告知两萧，《生死场》的"稿子退回来了"。

9月11日　鲁迅信中帮文化生活出版社组稿，萧军的《羊》入选第一集。

10月中　最初叫《麦场》的中篇最终由胡风定名《生死场》，鲁迅信中说"这个名目很好"。

10月27日　鲁迅一家往萨坡赛路190号访两萧不遇。

11月4日　鲁迅致信两萧，邀请他们到大陆新村"吃夜饭"。

11月6日　两萧首访大陆新村九号鲁宅，并在那里谈到很晚才出来。

11月14日　为《生死场》，鲁迅"夜里写了一点序文"，次日寄给两萧。

11月16日　鲁迅复信两萧，对萧红索要他亲笔签名制板的要求，觉得有些孩子气又无可奈何。

12月中　《生死场》出版，前有鲁迅序文，后有胡风的读后记，在上海文坛引起轰动。

1936年

1月19日　鲁迅梁园请客，包括两萧共11人，一来辞旧迎新，二来贺《海燕》出版。

1月21日　鲁迅在信中向曹靖华推荐《八月的乡村》和《生死场》。

2月下旬　两萧搬家到北四川路附近的"永安里"，那里离大陆新村不远。此后一段，过从很密，萧红常到大陆新村一展厨艺，制葱油饼、包水饺等等，和鲁迅一家其乐融融。

3月23日　在鲁迅家中见到来访的美国记者史沫特莱。

5月1日　萧红和文化生活出版社签约，《商市街》和《桥》入选巴金主编的《文学丛刊》。

5月上旬　针对萧红衣着搭配存在的问题，对她进行服装色彩搭配的启蒙。鲁迅答美国记者斯诺之问，言及萧红是"当今中国最有前途的女作家"。

6月中旬　两萧追随鲁迅，一起首批联署《中国文艺工作者宣言》。

7月15日　萧红即将东渡日本，鲁迅在家设晚宴为她送行。

在那前后，鲁迅身体状况非常不好，他听从须藤医生的建议，打算去日本疗养一段。最终未能成行。

10月5日　鲁迅复信茅盾："萧红一去之后，并未给我一信，通知地址。近闻已将回沪，然亦不知其详，所以来意不能转达也。"

10月13日　给萧军信，提到她惦记着的鲁迅先生："在电影上我看到了北四川路，我也看到了施高塔路，（那）一刻我的心是忐忑不安的。我想到了病老而且又在奔波里的人了。"

10月22日　在东京确认了鲁迅病逝的噩耗。

10月24日　致信萧军，让他替送一个花圈；鲁迅丧仪上有她和十六个作家同献的花圈；此信后以《海外的悲悼》为题在《中流》刊出。此后一直沉浸在大悲痛中。

11月19日　致信萧军，为鲁迅全集事，表示想找朋友们立刻就商量起来。此后信中每每谈到鲁迅。

1937年

1月13日　从日本回国。不久之后，专程拜谒鲁迅墓。

3月8日　写下《拜墓》诗，4月23日发表在《大公报》上。

6—7月　参与《鲁迅先生纪念集》和《鲁迅先生纪念册》的编辑整理工作，具体负责丧仪新闻报道的剪辑和订正。

9月底　和部分文化工作者一起撤离上海，把重要的随身物品、影集、诗歌手稿等托付存放在了许广平处。

10月16日　散文《在东京》被见于武汉复刊的《七月》第一期。

10月18日　散文《万年青》，发表于武汉《战斗旬刊》第一卷第4期"鲁迅先生周年祭特辑"。

10月20日　散文《逝者已矣！》，刊于《大公报》副刊《战线》第二十九号。

1938年

3—4月间　在与聂绀弩的谈话中阐述对鲁迅的看法和感想。

4月底　在《七月》召开的座谈会上发表异议，表明作家不属于某个阶级，作家写作的出发点，永远都是对着人类的愚昧；这和鲁迅倡导的改造民族灵魂的文学观点一脉相承。

1939年

3月　致信许广平，大谈她想要筹办一个叫《鲁迅》的刊物。

在那前后，为鲁迅逝世三周年之故，已经开始构思回忆文章。

9—10月间　《鲁迅先生生活散记——为纪念鲁迅先生三周年祭而作》、《记忆中的鲁迅先生》和《记我们的导师——鲁迅先生的生活片断》先后问世；10月下旬，《回忆鲁迅先生》也最后完稿。

11月中　与塔斯社记者罗果夫在枇杷山谈鲁迅。

1940年

7月间　《回忆鲁迅先生》单行本，由重庆妇女生活社出版。

这前后，接受《大公报》文艺副刊编辑杨刚提议，在端木的帮助下，开始写作哑剧剧本《民族魂——鲁迅》。

8月3日　在鲁迅六十诞辰纪念会上报告鲁迅生平。

10月21日起　哑剧剧本《民族魂——鲁迅》开始在《大公报》连载。

1941年

3月中　《回忆鲁迅先生》再版。

1942年

1月中　病危中嘱托端木蕻良和骆宾基把她送回上海，葬在鲁迅先生墓边。

1945年

10月　生活书店出版《回忆鲁迅先生》。

11月28日　许广平撰文《忆萧红》，刊登于上海《大公报·文艺》。

1946年

1月　生活书店再版《回忆鲁迅先生》。

7月1日　许广平在《文艺复兴》第1卷第6期刊发《追忆萧红》。

12月前后　周海婴和朋友一起拜访浅水湾萧红墓。

1948年

8月　生活书店出版《回忆鲁迅先生》（第三版）。

1949年

10月　上海三联书店出版《回忆鲁迅先生》。

1956年

3月　留在许广平处的萧红遗物，随同大批鲁迅书籍等一同捐赠北京鲁迅博物馆永久保存。

2001年

9月　鲁迅之子周海婴出版《鲁迅与我七十年》，书中有对萧红生动的记忆。

2011年

6月　鲁迅长孙周令飞应邀出席"萧红百年诞辰研讨会"，并在开幕式上发表了热情洋溢的贺词。

后　记

这是一本专论萧红与鲁迅之间交往和影响的书，经过了认真的爬梳和钩沉。

书的起缘有点怪异，不是为研究，不是为探讨，甚至也不是为了单纯的梳理，很大程度上竟然是为了"辩诬"——因为近年来围绕着他们师生之间的有关说法未免太诡异太离谱，甚至是太荒唐。这些个诡异离谱和荒唐叠加在一起，酝酿成轻浮浅陋的云霓，无形之中混淆了视听，甚至本末倒置，引发了不小的负面效应。

内心深处，很清楚自己对这些云里雾里捕风捉影的八卦之类是质疑的，同时也是拒斥的。

关于萧红与鲁迅的故事，我和绝大多数读者一样，长期以来，都泛泛地浅浅地将其认知为一段佳话，一段美谈；并在约略掌握的史实和资料的基础上，被这段佳话和美谈所感染，所慨叹，但究竟是"美"在哪里，又是怎么个"佳"法，倒也不甚了了。乘着此书写作之机，待到真的静下心来细究，我发现自己心中的感慨越发强烈，要加一个"更"字。

作为现代文学史上最著名的作家，细细过滤他们的交往始末，打动我的往往并不是那些"大事情"，比如《生死场》的出版，接受斯诺采访时称许萧红是"当今中国最有前途的女作家"，一起联署《中国文艺工作者

后 记

宣言》，一起创办《海燕》杂志等等，给了我强烈冲击的，反倒是一些看似上不了台面的"小儿科"，例如嘱咐两萧寄信要挂号以免丢失，信末问一声"俪安"什么的，叮嘱萧军不可跟那些俄国男女讲话，关心"吟太太"是否仍要困早觉，请客的前一天冒雨去餐馆订菜，当然还有携家人对拉都路351号的"突访"……更有在大陆新村当作晚餐的葱油饼，和鲁迅日记中有关的记载；至于说尚未谋面就答应援助他们，第一次见面就把钱借给他们，我无法归纳这是"大事情"还是"小儿科"，但我知道，这无疑就是最让人感动到迸泪的壮举了。

那个跟萧军一起闯入上海滩的萧红，显然也不是凡人，在承受沐浴了一份大爱之后，在被一双巨手推上文坛之后，这个深谙"滴水之恩当涌泉相报"之道的东北女孩，她对于师恩的报答落实到行动上，就是不停歇不间断地拼命地写作，且是越写越好，渐入佳境；为此，她已变成了吐丝的春蚕和啼血的杜鹃，这种奋不顾身的知恩图报颇具几分结草衔环之古风。

"新竹高于旧竹枝，全凭老干为扶持。"（[清]郑燮：《新竹》）这样一份知遇之恩很大程度上成就了萧红——距鲁迅远行三年之后，逃亡中的萧红，为现代文学史奉献出了传世之作《回忆鲁迅先生》，堪称是对恩师的最好报答。鲁迅的关爱和帮助，是萧红写作生涯后半程最主要的动力源之一。

愿此书能真实客观呈现出现代文学史上两代作家之间的交往始末，愿这些真实客观的呈现能引起大家更多的关注和思考。

感谢肖凤老师欣然做序，在我写作的过程中，一直得到肖凤老师的关心和鼓励，她出版于1980年底的《萧红传》（天津：百花文艺出版社），是1949年以后中国大陆第一部萧红的传记，作为晚辈，在萧红诞辰百年之际，拙著《萧红全传》由中国青年出版社推出。两代人，相隔三十年，相继为萧红立传，多么的令人感慨！在我们之间，萧红是一个说不完的话题，深盼广大读者，能有更多的人走近她并读她用生命留下的经典。

感谢本书的责编和华文出版社，他们付出的努力为此书增色不少。